지금 DJ라면

지금

DJ 라면

박지원

메디치

추천사

이재명(더불어민주당 대표)

박지원 전 국정원장님께서 지금까지의 경험과 김대중 대통령의 혜안을 담은 《지금 DJ라면》을 출간하셨습니다. 어려운 상황을 맞이할 때, '만일 김대중 대통령님이라면 어떤 선택을 하셨을까?' 하고 생각합니다.

민주주의가 후퇴하는 시기, 국민의 삶이 어려운 시기입니다. 국민을 향한 진심, 민주주의를 위한 선택을 하셨던 김대중 대통령의 선택이 지금의 위기를 극복할 수 있는 해답이 될 것입니다.

정치의 답은 결국 '국민 행복'임을 이 책이 말해줄 것입니다. DJ라는 거인의 어깨 위에서 국민 모두가 행복할 수 있는 나라를 향한 답을 찾아내겠습니다.

권노갑(더불어민주당 상임고문)

박지원 대표는 김대중 대통령과 이희호 여사를 극진하게 모셨다. 그 이상 할 수 없을 만큼 인간적으로도 최선을 다했고 정치적으로도 탁월했다. DJ께 직접 배운 그의 정치는 지금 이 순간 한국 정치의 소중한 자산이다. 박지원 대표의《지금 DJ라면》을 통해 윤석열 대통령과 정부가 변화하고 민주당은 더욱 강해지기를 바란다.

김희중(대주교, 한국종교지도자협의회 공동대표 의장)

김대중 대통령의 영원한 비서실장 박지원 전 국가정보원장이 《지금 DJ라면》이라는 책을 출판한다는 소식을 듣고 기뻤습니다. 이 책은 민주주의, 민생경제, 외교, 남북 관계가 심각하게 도전받는 현 상황에서 박지원님의 정치적 식견과 경륜으로 김대중 대통령의 정신과 사상에 입각한 가장 확실하고 구체적인 해법이 제시되는 책이라고 생각하기 때문입니다. 다시 한번 출간을 축하드리며 노고에 감사드립니다.

이부영(자유언론실천재단 명예이사장)

박지원 전 국정원장은 어린 시절 독립운동가 집안에서 태어나 친일파 세상에서 많은 고생을 했지만, 뉴욕에서 사업가로 이름을 날린 가장 모범적인 성공담의 주인공이기도 합니다. 그 사업가 능력을 김대중 대통령이라는 큰 어른에게 인정받아 발탁이 되었는데, 그만큼 정치에서도 능력이 출중합니다. 요즘의 활동을 보면 젊은 사람 둘을 보태놓은 것보다 더 왕성합니다. 또한 박지원 전 국정원장은 어려워진 남북 관계를 풀 능력이 충분하기 때문에 앞으로도 우리 역사에 남을 만한 일들을 해내실 것이라 봅니다.

함세웅(신부, 천주교정의구현전국사제단 고문)

남북 화해와 평화 공존 그리고 민주주의 실현을 위해 기꺼이 박해와 탄압을 이겨낸 김대중 대통령을 기리며 함께 다짐하고 기도합니다.

　DJ의 영원한 비서실장 박지원님의 증언을 통해 민족 공동체 구성원들은 위로받고 여야 정치인들은 남북 8천만 겨레를 위한 소명과 책무를 되새기는 은총의 계기가 되기를 바랍니다.

이재오(민주화운동기념사업회 이사장)

박지원 대표, 나는 그분을 형님이라 부르는 데 주저함이 없다. 나이로 보나 학식과 덕망과 정치력으로 보나 그분은 나에게 형님이다.

　국회의원을 할 때 늘 여야로 갈리고 정치적으로 다투고 욕하기도 했지만, 우리는 늘 웃는 얼굴이었다. 김대중 정부와 이명박 정부 내각에서 각자 장관을 했지만 우리는 서로 그 정부를 존중했다. 방송에 나가서도 서로 얼굴 한번 붉힌 적이 없다. 언제나 만나면 반갑고 오래 못 보면 궁금하다. 정치적으로 대한민국의 민주주의와 통일에 대해서도 많은 대화를 나누었고 정치인의 길에 대해서도 별반 차이가 없다. 그래서 나는 늘 존경하고 좋아하는 형님으로 모신다. 내 나이에 형님으로 모시는 분이 있다는 것이 즐겁다.

박석무(다산연구소 이사장)

'사상과 능변'이라는 김대중 대통령 연설문집 제목을 내가 붙였다. 돌이켜보면, 이 땅의 정치에서 '사상'이라고 할 만한 꿈과 비전을 지닌 분이 그를 제외하고 몇이나 되는가? 요즘 사상은 커녕 생각조차 없어 보이는 용렬하고 또 촉(促)하고 박(薄)한 여의도정치를 보면서 김대중 대통령을 간절히 생각하게 된다. '영원한 DJ 비서실장' 박지원의 저술은 그런 의미에서 오늘의 정치에 깨우침을 주는 생명수가 아닐 수 없다.

이준석(전 국민의힘 당 대표)

박지원 전 국정원장의 정치 여정이 파란만장했던 만큼, 작금의 정치를 바라보면서 김대중 대통령의 생각을 겹쳐낸 이 책역시 흥미진진하게 읽힌다. 기대하시라.

머리말

국가 재난시대, 국민 수난시대! 우리는 윤석열 대통령과 윤석열 정부가 자초한 민주주의, 민생 경제, 남북 관계, 외교, 4대 위기의 시대에 살고 있다. 2023년 10월, 강서구청장 보궐선거 패배 후, 국민과 언론은 대통령이 변할 것이라고 기대했지만 역시 대통령은 변하지 않았다. 이 글을 쓸 당시보다도 위기는 더욱 심각해졌다.

나는 국정원장 퇴임 후 고소·고발 사건들로 수사를 받았고 재판도 받고 있다. 애초에 방송, 강연 활동에 매진하면서 정치 활동을 마무리하려 했던 계획은 일순간 무너지고 나는 다시 현실 정치로 불려 나왔다. DJ께서 마지막 순간까지 mb정부 3대 위기와 싸우셨던 것처럼 DJ 마지막 비서실장이었던 나도 지금 윤석열 정부가 만든 4대 위기에 직면해 있다. '지금 DJ라면 윤석열 대통령에게, 그리고 민주당과 박지원에게는 국민을 위해서 무엇을 하라고 하셨을까.' 나는 지난 1년 반 동안 이와 같은 고민과 씨름했고, 이 책을 출간하게 되었다.

1992년 12월 18일, 마포 당사 개표상황실. 우리 모두가 이번에는 꼭 승리하리라고 믿었던 총재님은 대통령 선거에서 또 패배하셨다. 개표가 진행되고 패색이 짙어지자 나는 이상하리만치 잠이 쏟아졌다. 권노갑, 조승형 당시 총재 비서실장께서 동교동으로 보고하러 가자고 깨웠지만 나는 기자실 소파에서 계속 잤다. 얼마나 더 잤을까. 아무도 없는 정적 속에서 일어나 홀로 동교동으로 갔다. 도착해보니 총재님은 정계 은퇴 선언문을 구술하시고, 이희호 여사님은 이를 적고 계셨다. 나는 "그러면 우리에게 희망이 없습니다. 5년 전에도 패배했지만 우리는 총재님은 꼭 이긴다는 희망을 가지고 5년을 견뎌왔습니다. 지금도 마찬가지입니다. 5년 후에는 또 희망이 있습니다"라고 울면서 말렸다. 그러나 결국 나는 성명서를 복사할 수밖에 없었다. 아침 일찍 당사에 출근해 성명서를 배포하고 총재님의 정계은퇴 선언을 지켜보았다. 세상 서럽게 울던 신순범 의원을 비롯해서 가슴으로 커억커억 슬픔을 삼키던 동지들, 함께 슬퍼했던 언론인들…. 그러나 이미 간밤에 원없이 울었던 나는 '총재님은 반드시 돌아오시고, 우리는 반드시 이긴다'며 희망을 다짐했다. 우리는 그렇게 버티고 싸워서 5년 후 마침내 역사적인 정권교체를 이룩했다.

윤석열 정부 4대 위기! 대통령이 위기를 인정하지 않고 변화하지 않기에 더욱 절망적이다. 그러나 나는 지금도 그날 아침을 떠올리며 다시 희망을 생각한다. 남은 우리가 포기하지 않고, 더 절박하고 더 치열해진다면 위대한 우리 국민은 반드시 윤석열 정부 폭정과 싸워 이길 것이며, 4대 위기도 극복할 것이다. 내가 오늘도 방송에 출연하고 강연에 나가고, 걸으면서 사람들을 만나는 이유다.

이 책은 주로 나의 방송 및 인터뷰, 그리고 강연 내용들을 다룬 것이지만 DJ 자서전(삼인출판사)이 없었더라면 감히 글로 쓸 엄두를 내지 못했을 것이다. 나의 기억과 DJ 자서전은 많은 부분에서 사실관계는 일치했지만, 같은 사실일지라도 DJ 당신의 고민의 깊이는 내가 범접할 수 있는 것이 아니었다. 따라서 나는 DJ의 말씀과 행동을 내가 기억하고 있는 그대로 알려 전할 뿐이다. 그렇게 해서 윤석열 대통령은 제발 반성하고 변하기를, 민주당은 더욱 단결해서 강한 야당이 되기를 간절히 바라며 이 글을 쓴다.

이 책의 내용을 채워주신 김대중 대통령님, 이희호 여사님, 너무나도 고마운 권노갑, 김옥두 형님을 비롯한 수많은 선후배 동지 여러분들, 역사의 현장에서 늘 함께했던 친구

12

그 이상이었던 언론인 여러분, 그리고 김대중도서관, 김대중 평화센터, 김대중 자서전 편찬 관계자 여러분께 감사드린다. 끝으로 이 책이 세상에 나올 수 있도록 처음부터 끝까지 교정 등 모든 업무를 꼼꼼하게 처리하고 배려해주신 ㈜메디치미디어의 관계자 여러분께 깊이 감사드린다.

차례

1부 내가 정치를 하는 이유

1. 정치와 운동

2. 정치와 방송

3. 정치와 정당

14

2부 다시 새로운 시작을 위하여

3부 국가 재난시대, 국민 수난시대

5부 서민 민생경제의 위기

6부 남북 관계 위기

7부 외교의 위기

8부 지금 DJ라면

1부 내가 정치를 하는 이유

1. 정치와 운동

세상의 전부인 두 여성과의 약속

고 미카엘라 이선자. 2018년 10월 15일 오후 1시 5분, 아내가 떠났다. 걷다 보면 늘 아내 생각이 난다. 아내는 1년 365일 비가 오나 눈이 오나 운동을 했다. 아내는 나의 인생의 전부였고, 최고의 운동 파트너였다. 아내 덕에 나도 거의 매일 운동을 했는데 바쁜 일정 때문에 주로 심야 시간에 집 주변 여의도 공원을 크게 두 바퀴 정도 걸었다. 어떤 날은 술에 취한 상태로 아내에게 끌려가다시피 운동을 갔다가 공원 벤치에서 SNS 글을 쓰다가 잠든 적도 있었다. 지금도 그 시간은 너무 그립고 영원히 잊지 못할 추억으로 남아 있다.

　나는 매일 약 1만 3천 보를 걷는다. 작년 가랑비가 내리는 날 하산 중에 맨홀 뚜껑 위에서 미끄러져 다리에 철심을 박기 전까지는 매일 1만 5천 보를 걸었다. 지금도 여의도 밤길을 걷고 있노라면 어린 시절에 봤던 만화영화의 한 장면처럼 달빛 환한 구름 속에서 아내와 DJ 내외분께서 나를 내려다보실 것만 같다. 오늘도 '살아보겠다'고 목숨을 걸고 개미처럼 걷는 나를 보고 어떤 표정, 어떤 생각을 하실까.

나에게 운동은 어머니, 아내, 즉 세상 모든 것이었던 두 여성과의 약속이다. 아버지는 6·25전쟁 2년 전, 1948년 여순사건이 터진 해에 돌아가셨다. 그래서 나는 아버지에 대한 기억이 거의 없다. 36세에 홀로 되신 어머니는 3남 1녀의 어머니이자 아버지이기도 하셨다. 나는 쇠약한 소년이었다. 고등학교 때까지 무려 일곱 번이나 늑막염을 앓았는데, 그 당시 늑막염은 결핵처럼 죽을병, 몹쓸 병으로 여겼다. 변변한 약도 없고 치료도 받을 수 없는 그때 그 시골에서 어머니의 지극정성으로 나는 일곱 번이나 지옥문에서 돌아올 수 있었다. 막내인 내가 늘 걱정이셨던 어머니는 나에게 커서 담배를 피우지 말라고 하셨고, 나는 지금까지 단 한 번도 담배를 피워본 적이 없다. 우리 형제들도 마찬가지다. 어머니는 나의 결혼 당시 아내에게 "박씨 집안 남자들은 일찍 죽을 수 있다, 과부가 되지 않으려면 남편 운동은 꼭 시켜야 한다"고 신신당부하셨다. 아내는 이 약속을 평생 지켰다.

나는 앞으로도 아내와 어머니를 위해서 운동하는 것, 이 약속을 어떤 경우에도 지키려 한다. 국회의원 시절에도 지방 출장을 가면 꼭 걷고, 산하기관 국정감사 중에는 점심을 일찍 먹고 오후 질의에 앞서 혼자 걸었다. 단 법원이나 검찰청 국정감사를 하러 가서는 '박지원이 또 수사 받으러 왔나 보다, 또 재판 받으러 왔나 보다' 하는 오해를 사기 싫어서 그때는 예외로 하고 말이다.

나는 그날 하루 목표로 했던 운동량을 채우지 못하면 아파트 계단을 걸어서 올라가고, 화장실 갈 때도 가장 먼 변기를 의식적으로 이용한다. 못 채운 운동을 해야 할 시간이 라디오 또는 전화를 이용한 방송 출연과 겹치면 여의도 공원을 걷다가 화장실에서 휴대폰 통화로 인터뷰를 한 적도 있다. 누군가 들었다면 정말 이상한 사람이라고 했을지도 모르겠다. 당시 급하셨을 누군가에게는 죄송스럽지만, 그러나 방송과 운동은 나에게 전부다. 하물며 이 두 가지를 동시에 할 수 있는 시간과 공간이면 화장실이든 언제 어디든 환영이다.

걸으면 보이는 것들

내가 운동, 걷기에 목숨을 거는 두 번째 이유가 있다.

자가용으로 출퇴근하면 자가용 인생만 보이고, 버스로 출퇴근하면 버스 인생은 물론 자가용 인생이 동시에 보인다. 하물며 걸어가면 어떻겠는가. 자가용과 버스 인생은 물론 온갖 세상이 보인다. 매일 오가는 같은 거리에서도 더 넓고 더 깊은 세상이 보인다. 바쁘게 걸어가는 사람, 울고 있는 아이, 폐지 더미 리어카를 끄는 사람, 청소하는 아저씨·아줌마 등 삼라만상이 눈과 가슴에 콕콕 박힌다. 여러분들도 걸어보시라. 또 다른 인생이 보일 것이다.

걸으며 시민을 만나 이야기하는 재미도 쏠쏠하다. "방금 TV에서 봤는데, 언제 또 나왔냐", "방송 잘 봤다", "민주당이 도대체 왜 그렇게 매가리가 없냐", "대통령이 정말 잘못하고 있는데 더 세게 해라"는 등 즉석에서 노변정담이 열린다. 요즘에는 직장인 동호회로 보이는 한 무리의 선남선녀들이 퇴근 후 조깅하는 모습도 자주 본다. 정기적으로 만나다 보니 이제는 서로 손을 흔들고 응원의 구호를 외친다. 휴대폰 공화국답게 시민들은 휴대폰만 들면 용감해진다. 처음에는 젊은이들이 주로 알은체하고 사진을 찍자고 요청했지만 이제는 노장년층도 먼저 다가와 스스럼없이 사진을 요청한다. 정치인은 현장에 있어야 한다. 생생한 현장의 소리를 들어야 문제의 핵심을 짚고 해결할 수 있는 가능성도 커지기 때문이다. 내가 목숨을 걸고 걷는 이유다.

2023년 9월 초, 여의도 공원을 걷다 수만 명의 인파를 만났다. 돌아가신 서이초등학교 교사의 사십구재로 기억한다. 집회 참가자 전원이 단정한 검은색 복장을 하고 질서정연하게 추모하고 있었다. 내가 본 집회 중 가장 단정하고 진중하면서도 가장 울림이 컸다. 당시 교육 당국은 이들의 동맹 휴업 및 집회 참가에 책임을 묻겠다고 했다. 그러나 만약 시위 현장에 교육 당국 관계자가 있었더라면 그러한 오만방자한 생각은 아예 할 수 없었을 것이다. 나는 검은 바둑알처럼 질서 정연한 집회 현장을 걸으며 정부가 이 문제에 대해 제대로 대응하지 못하면 큰 낭패를 당할 수 있다는 것을 직감했다. 인파 사이를 걸으며 가볍게 목례하는 것으로 그들을 응원했고, 걷다가 잠시 쉬면서 SNS에 그들의 집회에 대한 응원의 글을 올렸다. 그날 밤 정부는 집회 참가 교사들에게 법적인 책임을 묻지 않겠다고 했다.

이렇듯 현장에서 걷다 보면 느낄 수 있다. 운동 좋아하는 이명박(mb)도 비록 걷지는 않았지만 청와대 뒷산에 올라가 광화문 거리에서 촛불을 들고 〈아침이슬〉을 부르는 시민들을 보고 눈물을 흘렸고, 결국 대국민 사과를 하지 않았던가. 쇼로서 걷는 것이 아니라, 그냥 모든 것을 내려놓고 걸으면 공감 능력이 길러지고 문제 해결의 길이 보인다.

가족은 나의 현재, 과거, 미래

나는 또한 건강하게 오래 살기 위해 걷는다.

건강과 관련해서는 작고하신 김종필(JP) 총재 말씀을 지금도 잊을 수가 없다. 당시 김대중 정부는 새정치국민회의와 자유민주연합 공동정부였다. 1999년 10월 22일, 한나라당에서는 '나의 조카라는 사람이 한빛은행에서 대출을 받는 과정에 내가 외압을 행사했다'는 말도 안 되는 의혹을 빌미로 당시 문화관광부 장관이었던 나에 대한 해임 건의안을 제출해 그날 본회의 표결이 있었다. 여담이지만 추후 《동아일보》의 현지 취재로 이 조카라는 사람의 족보를 추적해보니 나의 31촌뻘이었다.

당시 새정치국민회의에서는 105명이 전원 참석했고, 자민련은 55명 중 49명, 한나라당은 132명 중 128명이 본회의 표결에 참석했다. "국회의원 수첩을 펴놓고 해임 건의안 표결 전까지 모든 의원에게 다섯 번씩 전화하라"는 DJ의 말씀대로 국회의원들에게 다섯 번씩 전화해서 읍소를 했다. 세 번째쯤 전화를 하니 "박 선배 이제 그만해도 돼요. 제발 전화 안 해도 됩니다. 저를 못 믿나요" 하는 이야기까지 들었다. 그러나 그렇게 전화하고 사정했는데도 만약 해임안이 가결이라도 된다면 국민의 정부에 행여 누가 될까 봐 불안했다.

자민련 출신으로 당시 국무총리였던 JP도 이날 표결에 참석했다. 표결이 끝나고 나는 국무위원 대기실에서 초조하게 결과를 기다리고 있었다. DJ의 말씀을 충실하게 이행한 덕인지 반대 153표, 찬성 129표로 부결되었다. 때마침 국무위원 대기실로 온 JP에게 나는 "총리님, 직접 표결해주시고 결과까지 지켜봐주셔서 감사드립니다" 하며 요즘말로 '90도 폴더 인사'를 드렸다. JP는 내 어깨를 툭 치며 커다란 목소리로 "박 장관, 건강하게 오래 사세요. 미운 놈 죽는 것 보고 죽은 사람이 이기는 겁니다"라고 말했다. 역시 JP였다. 이렇게라도 해서 대통령이 못 된 2인자의 설움을 이기고 사시는구나, 하고 생각했다. 나는 3김이 살아 계실 때 언론이나 사람들의 입에서 3김의 건강 이야기가 나올 적마다 이때 일을 생각하면서 "JP께서 3김 중 가장 나중에 돌아가실 것"이라고 농담 삼아 주변 지인들에게 이야기하곤 했는데, 나중에 정말로 그렇게 되었다.

나에게 미운 사람은 없다. 건강하게 오래 살고 싶은 이유는 바로 사랑하는 손자를 더 오래 보고 싶고, 내가 하고싶은 일을 더 하기 위해서다. 가족은 참 묘하다. 손자 얼굴에는 딸아이 얼굴도 있고, 아내 얼굴도 있고, 내 얼굴도 있다. 우리 부부의 어떤 얼굴이 있는지 콕 집어서 설명할 수는 없지만 말이다. "한 사람이 오면 그 사람의 인생이 온다"는 말이 있지만 나에게 손자는 나와 우리 가족의 과거, 현재, 미래 3대의 인생 그 자체다. 일주일에 서너 번 손자와 함께하는 30분 내외의 시간은 하늘에 있는 아내와 가까이 있는 딸과 함께 이야기하는 시간이기도 하다. 사랑하는 손자야! 너는 나의 오래된 미래다.

나는 늘 넥타이를 단정하게 매는 데 신경 쓰고 머리를 짧게 깎고 염색한다. "정치인은 늘 단정해야 하는데 흰머리를 왜 염색하지 않느냐, 넥타이를 왜 비딱하게 매느냐"고 지금은 중진이 된 후배 의원들에게 핀잔을 주시던 DJ를 생각하면서 꼬박꼬박 이발하고 염색한다.

내가 1996년 《넥타이를 잘 매는 남자》라는 책을 냈을 때 DJ는 정치인의 단정함에 대해 강조하며 과분하게도 추천사에서 당시 대한민국 최고의 여배우가 출연해 화제가 되었던 광고의 문구를 인용해 '산소 같은 남자'라는 별칭을 붙여주셨다. 그즈음 나는 유명 패션 기업으로부터 CF 모델 제안도 받았다. 모델료가 무려 2억으로 엄청나게 큰돈이었지만 당시 사회 분위기는 정치인이 그런 CF를 찍는 것을 터부시했다.

나는 모델료를 기부하는 방법 등을 고려하며 당 홍보를 위해서라도 광고에 출연하면 어떨지 고민했다. 당시 DJ로부터는 별말씀 듣지 못했지만, 추천사에 그러한 내용을 언급한 것을 봐서는 내가 어떻게 처리할지 두고 보셨던 모양이다. 노심초사하며 아무 말씀도 하지 않으셨던 이희호 여사님께 광고를 찍지 않기로 했다고 말씀드리자 안도의 한숨을 쉬셨던 것을 기억한다. 당시 내가 광고 촬영에 응하지 않은 이유는 정치인은 정치력으로 승부해야 한다는 생각 때문이었다.

내가 10일 간격으로 머리를 스포츠형으로 짧게 깎는 이유도 아내 때문이다. 아내는 병상에서 나와 데이트하던 젊은 시절이 인생에서 가장 행복한 시기였다며 그리워했는데 갓 군대에서 제대한 그때의 내 짧은 머리가 좋았던 모양이다. 평생 아내에게 해준 것 없이 마음고생, 몸 고생만 시킨 나는 아내와의 이별이 코앞에 다가왔을 때 의사에게 "제발 조금만, 두 시간만 연명시켜 달라"고 간절히 부탁했다. 부랴부랴 병실을 나와서 머리를 깎고 다시 병실로 돌아와 짧은 머리를 보여주며 아내의 손을 마지막으로 꼬옥 잡았다. 지금도 아내 손의 그 온기가 내 손에 고스란히 퍼져 있다. 나는 아내를 위해 죽을 때까지 '짧은 스포츠형 머리' 약속을 지킬 것이다.

다시 금귀월래(金歸月來)

최근에 오랜 꿈을 이뤘다.

섬에서 태어난 사람들은 일종의 친근감을 담아 거칠게 자신들을 "섬놈"이라고 부른다. 나는 진도에서 태어나 미국에서는 뉴욕의 섬, 맨해튼에 살았고, 한국으로 돌아와서는 서울의 섬, 여의도에 살았다. 그런데 지금은 해남에 주소지를 옮기고 조그마한 아파트도 구했다. 섬놈이 진짜 육지 사람이 된 것이다. 18평짜리 주공아파트에서 나의 새로운 인생이 시작되고 있다. 가구도, 가전도 모든 것이 부족하지만 이 집에서 이제 막 새롭게 시작하는 사람처럼 하루하루 희망에 넘쳐 살고 있다.

"부자는 맨션에 살고 가난한 사람은 맨손으로 산다"는 말이 있다. 오늘도 내 빈손에 명함을 한가득 쥐고 걸으며 고향 사람들을 만난다. 다시 시작된 금귀월래(金歸月來)! 고향에 내려가면 열렬히 반겨주는 고맙고 정겨운 사람들이 있고, 고향 길을 걷다 보면 어릴 적 맡았던 흙과 바다 냄새를 다시 맡는다. 아마 인간의 기억에 가장 강렬하게 남는 것은 냄새가 아닐까. 해남, 완도, 진도의 공기와 바닷바람 그 어딘가에 분명 어머니의 체취도 있다. 내가 목포 지역구 국회의원이 되었을 때 "나는 IMF 빚을 갚은 대통령이

어서 고향에 해준 것이 없으니 박 실장이 내 몫까지 호남 예산을 챙기라"는 DJ의 의정 활동 당부 말씀을 새기며, 이곳 고향에서 내가 할 일을 희망에 넘쳐 찾고 있다.

지인들과 함께 걷다 보면 아이디어가 생기고, 방송에 나가 전할 수 있는 좋은 메시지들이 떠오른다. 길 위에서 답을 찾는 것이다. 그러나 아내가 떠난 뒤로는 심야에 홀로 걸을 수밖에 없었다. 늦은 밤이라 안전 문제도 있고, 시민 여러분의 사진 촬영 요청 등이 있어 이제는 오래전부터 알고 지냈던 후배와 함께 여의도를 걷는다. 함께 걷자는 나의 요청에 "저도 살아야 한다, 개인 시간이 없다"며 투덜투덜대면서도 늦은 시각까지 두 시간 가까이 함께해주는 후배가 늘 고맙다. 그러나 후배님, 나도 아내 덕에 운동했듯이 후배님도 내 덕에 운동하는 것이여.

운동을 한다고 물리적인 나이를 거슬러 젊어질 수는 없다. 그러나 젊게 살 수는 있다. 젊게 살려고 노력하는 것도 의무다. 건강을 위해 운동하고 젊은 사람들을 자주 만나고 특히 현장에 있는 사람들을 자주 만나야 한다. 나는 젊은 사람들과의 대화를 본능적으로 즐긴다. 격에 구애받지 않고 자유롭게 이야기하다 보면 많은 것을 배운다. 내가 평소에 "아이 러브 말진(출입처 기자들 중에서 가장 연차가 낮은 기자들을 일컫는 말)"이라고 외치며 언론사의 가장 젊은 출입 기자들과 각별하게 소통하는 것도, 현장에 있는 그들이 언론사 간부들은 알지 못하는 생생하고 구체적인 목소리를 듣고 전하기 때문이다.

DJ는 늘 지도자가 되려면 변화를 선도해야 하고, 그렇게 하지 못한다면 최소한 적응이라도 해야 한다고 일렀다. 가끔 민주당, 국민의힘 등의 청년 정치인들이 만든 포럼에 초청받아 그들과 함께 식사도 하고 대화도 한다. 아쉬운 것은 민주당보다 국민의힘에서 젊은 친구들이 정치에 더 많이 도전하려 한다는 것이다. 대한민국 보수 정치의 아이콘이자 웬만한 중진 정치인들보다도 더 노련한 국민의힘 이준석 전 대표의 영향 때문인지는 모르겠지만 아무튼 그런 느낌을 받았다.

정당은 노년의 경륜과 경험, 장년의 추진력, 청년의 패기가 조화를 이룰 때 가장 잘 돌아가고 탄탄한 민주 정당이 된다. 정당에서 청년들의 목소리가 들리지 않는다면 그 당의 미래는 어두울 수밖에 없다. 한번은 내가 민주당 소속으로 활동하고 있는 청년 정치인들에게 "왜 당에서 더 큰 도전을 하지 않느냐"고 묻자, 그들은 "도전을 하려고 해도 민주당의 벽이 너무 높다"고 말했다. 그리고 나이에 따른 인위적인 물갈이로는 자신들이 정치의 전면에 나설 수 없다고도 했다.

즉 앞을 잘라내면 뒤의 젊은 청년들에게 기회가 오는 것이 아니라, 차례를 기다리는 그다음 누군가가 청년 몫의 그 자리를 대체할 뿐이라고 하소연했다. 선거 때마다 제기되는 소위 '물갈이'의 또 다른 이면인 것이다. 이러한 문제를 해결하려면 더 과감한 방식으로 청년 정치인들을 배려해야 한다. 청년들에게 도전할 기회와 비전, 동기를 더 적극적으로 마련해주어야 한다. 정당마다 청년 최고위원, 청년 비례대표 제도가 있었지만, 이에 더해 청년 정치인들을 육성하는 더 파격적이고 장기적인 고민을 해야 할 것이다.

물론 청년 정치인들도 현실에 안주하지 말고 더 도전해야 한다. 정치인은 누가 키워주는 것이 아니라 스스로 크는 것이기 때문이다. 정당은 대의제 민주주의의 꽃이고, 어떤 의미에서는 21세기 정치를 선도하는 집단 지도자라고 할 수 있다. 따라서 DJ의 말씀처럼 정당이 시대 흐름을 선도해야 하고, 선도하지 못한다면 최소한 시대의 흐름에 적응이라도 해야 한다.

지금 우리 사회는 청년층이 줄어들고 고령층은 늘고 있는 초고령 사회다. 정당이 사회 현실을 반영하는 구조라면 정당의 구성도 이러한 시대의 흐름을 반영하고, 예측되는 부작용을 고쳐 나가야 한다. 오늘날 우리 정당들은 청년과 노년의 조화, 얼핏 잘 섞일 것 같지 않아 보이는 이 두 계층을 포괄할 수 있어야 한다. 정치 인생을 시작하는 청년과 정치 인생을 잘 정리하고 마감해야 하는 노년을 반목하게 해서는 안 된다. 장년의 역할과 책임이 여기에 있지 않을까.

2. 정치와 방송

마이크 대통령

나에게 방송, 언론 인터뷰는 국민과의 대화요, 정치 활동이다. 방송, 언론 인터뷰를 위해 DJ에게 배운 것처럼 나도 꼼꼼히 기록한다.

나는 하루가 시간대별로 구분되어 있는 일정 기록 수첩, 그리고 연설문 초안이나 다른 분들의 중요한 이야기나 제보, 신문 기사 등 자료를 기록하는 수첩, 이 두 가지를 항상 지니고 다닌다. 중요하거나 꼭 필요한 자료들을 수첩에 기록하는 것도 결국 방송과 강연을 위해서인데, 이것도 일종의 정치 활동이다.

DJ는 똑같은 수첩 두 개를 동시에 사용했다. 하나에는 일정을 기록하고, 다른 하나에는 메모만 하셨다. 이렇게 수첩 두 개를 6월 말까지 사용하고 정확하게 7월 1일이 되면 서로 바꾸어, 즉 메모 수첩을 하반기 일정 수첩으로, 일정 수첩은 메모 수첩으로 사용하셨다.

나는 기록할 때 빨강, 파랑, 검정, 세 가지 색깔의 펜을 사용한다. 여기에 확정되지 않은 가안 일정을 기록하는 연필까지 포함하면 모두 네 가지 색 필기도구를 사용하고 있다. 양복 안주머니에는 늘 펜 세 자루가 꽂혀 있다. 방송 출연이나 언론 인터뷰 등은 빨간색 펜으로, 즉 최우선 사항으로 기록한다. 검은색 펜은 만남 일정, 파란색 펜은 회의 일정 등을 표시할 때 쓴다. 검은색, 파란색 일정이 지워지고 빨간색으로 교체되는 경우는 다반사다.

방송과 언론에서 출연 및 인터뷰 요청이 오면 가능한 한 모두 응하려고 노력한다. 시간과 장소가 문제면 시간을 변경하거나 전화 통화로라도 출연하려고 한다. 내가 유일하게 방송에 응할 수 없는 때는 미리 잡힌 다른 방송 일정이 있거나, 사전에 타 방송국에서 녹화·녹음된 방송이 생방송 출연 시간대와 겹치는 경우뿐이다. 상도의상 동시간대 겹치기 출연은 안 된다. 물론 방송사가 양해해주면 그러한 출연에도 응한다. 그만큼 언론 인터뷰와 방송 출연은 나에게 중요한 정치 활동이다.

나는 2020년 7월 29일부터 2022년 5월 11일까지 문재인 정부의 제35대 국정원장으로 재직했다. 국정원장 시절에는 언론과 인터뷰를 할 수가 없다. 딱 한 번 기회가 있었는데, 2022년 5월 7일 퇴임 직전 《조선일보》와의 인터뷰였다. 나는 그 인터뷰에서 "퇴임 후에도 왕성하게 활동을 하겠다", "마이크 권력을 잡겠다", 즉 "마이크 대통령"이 되겠다고 했다. 퇴임쯤에 여기저기서 출연 요청이 쇄도했다.

첫 방송 일정은 2022년 6월 10일 CBS 라디오 〈김현정의 뉴스쇼〉 출연으로 잡았다. 기왕 방송과 언론 활동을 하기로 결심한 이상, 내 성격상 한 달을 참는다는 것은 여간 인내가 필요한 일이 아니다. 그러나 전직 국정원장으로서 퇴임하자마자 인터뷰를 하는 건 좀 그렇고, 특히 신임 국정원장에 대한 인사청문회가 예정된 상황에서 행여 방송 출연으로 영향을 미칠 수도 있어 피하는 것이 좋겠다는 것이 주변의 중론이었기에 나도 이러한 의견을 존중하기로 하였다.

다른 방송 출연과 언론 인터뷰는 새 국정원장이 임명되고 지방선거가 끝날 때까지 기다렸다. 그 사이에 해야 할 일이 있었는데, 국정원장으로 임명되었을 때 서초구 내곡동에 이름을 묻었던 '정치인 박지원'을 세상으로 불러내는 신고식이 그것이었다.

2022년 6월 초에 목포·광주·봉하·평산마을을 찾아서 김대중·노무현·문재인 대통령님, 권양숙·김정숙 여사님에게 퇴직 보고 인사를 드렸다. 그리고 과분하게도 늘 나를 지지해주신 국민 여러분, 호남 여러분께 퇴직 신고를 겸했다. 이러한 일정을 마치고 SNS에 "정치는 생물이고 저는 정치의 물에 사는 물고기다. 정치를 떠나서는 살 수 없다. 지난 6년 동안 우여곡절과 공직 활동으로 민주당을 떠나 있었다. 지난 4일 동안 목포·광주·봉하·양산을 방문해서 반갑고 그리운 분들을 뵈었다. 이번 일정은 제게 있어서 지난 6년을 되돌아보고 민주주의의 뿌리, 민주당의 적통을 확인한 시간이었다"는 글을 올리며 앞으로 있을 방송 출연 계획들이 나에게는 정치 활동에 다름이 아님을 국민에게 보고드렸다.

내가 굳이 6년, 그리고 민주당의 적통을 언급한 것은 안철수의 국민의당에 합류해서 민주당을 떠난 시간에 대한 반성의 의미를 담고 싶었기 때문이다. 국민의당이 바른미래당과 합당할 때 나는 이를 거부하고 민생당에 남아서 21대 총선에 출마했으나 낙선했다. 낙선 후 국정원장에 지명되기 전까지 약 4개월 동안 방송가와 언론계는 가히 '박지원 천국'이었다. 선거 후 보좌관들과 상의해 방송과 언론의 섭외 요청을 정리해 출연 일정을 잡아보니 참으로 빼곡했다.

한 주, 두 주, 빨간색 메모가 수첩을 가득 채웠다. 나와 보좌관들은 KBS·TBS·MBC·CBS·YTN 순으로 매주 월요일~금요일 아침에 라디오 출연 일정을 배치했다. 아침 시간 후반에는 가톨릭평화방송과 불교방송 등 종교방송 라디오, 광주전남 등 지역 라디오 방송 출연 등을 배치했다. 오전과 오후에는 지상파·종편 TV와 라디오 방송 출연을 배치하고 그사이 비는 시간에는 유튜브 방송 출연을 배치했다. 주말 휴일에는 지상파·종편의 일요 특집 기획 방송에 출연했다. 일정을 짜보니 일주일에 최소 약 열다섯 개 프로그램에 고정 출연했고, 많게는 주 25회 이상 출연하게 되었다. 선거에서는 떨어졌지만 방송계에서는 연일 상종가였다. 어떤 날은 내가 의도한 것은 아니었지만 같은 시간대에 사전에 녹화, 녹음해둔 방송들이 동시에 방영되는 일도 종종 있었다. 그러나 나에게는 이 모든 일이 정치 활동의 일환이기에 전혀 피곤하거나 힘들지 않았다. 오히려 엔도르핀이 돌았다.

내가 그 시절 방송에 많이 출연할 수 있었던 이유는 크게 세 가지가 아닐까 한다.

첫째, 방송국에서는 공정성과 형평성을 위해서 정당 간 출연자 비율을 맞춰야 하는데 나는 거대 양당 소속이 아니었기 때문에 방송국 입장에서는 이러한 기준에서 비교적 자유로운 나를 섭외하기가 용이했을 것이다.

둘째, 나의 정치적 콘텐츠와 정치적 성향이 극한 진보, 극한 보수가 아니기 때문이다. 나는 방송과 언론에 자유롭게 모든 정당을 비판하고, 거침없이 말했다. 이 점이 성역 없는 비판을 해야 하는 방송과 언론의 생리와 맞았을 것이다.

세 번째, 가장 본질적인 이유인 시청률과 조회수가 나쁘지 않았기 때문이 아닐까 한다. 나는 방송 출연을 하거나 인터뷰를 하러 갈 때 언론인들이 직업적(?) 용어로 사용하는 속칭 '야마', 즉 기삿거리, 뉴스거리를 꼭 하나씩은 준비해간다. '야마'가 없는 방송은 소위 '앙금(앙코) 없는 찐빵'인데, 이렇게 방송이 끝나버리면 제작진들보다 내가 더 찝찝하기 때문이다.

방송 출연과 언론 인터뷰를 할 때 내가 꼭 지키는 원칙들이 있다. 나는 매체의 이념, 성향, 규모에 따른 구별이나 호불호를 두지 않고, 가능하면 대부분의 출연 및 인터뷰 요청에 응한다. 또 하나의 원칙은 나도 먹고살아야 하기 때문에 방송국의 입장을 배려해서 고정 출연을 최우선 순위로 삼고, 나머지 방송 출연은 섭외가 들어온 순서대로 인터뷰를 한다는 것이다. 이것이 내가 당시 그 많은 방송 출연과 인터뷰에도 불구하고 섭외 측과 언성 한번 높이지 않았던 비결이다.

야당의 가장 강력한 투쟁 장소는 방송 언론

"야당의 가장 강력한 투쟁 장소는 국회"라는 DJ의 말씀처럼 요즘 소위 잘나가는 방송과 유튜브의 시청률이나 조회 수는 수백, 수십만을 훌쩍 넘는다. 한마디로 방송, 언론은 야당과 정치인에게 가장 크고 효율적인 투쟁 장소다. 과거에 정치를 할 때보다 품이 훨씬 덜 들고 효과는 더욱 크다. 방송으로 정치 활동을 하던 시대가 아닐 때는 합동 연설회, 시국 연설회가 유일하게 그런 공간이었다.

과거 DJ는 시국 연설회, 정당 합동 연설회에서 연설할 때면 먼저 평소에 기록했던 수첩과 책 등을 바탕으로 개략적으로 원고의 얼개를 만든 뒤 이후 초안을 잡고 연설문을 완성했다. 완성된 원고를 읽고 녹음하고, 녹음 속 당신의 음성을 몇 번이고 반복해서 들으며 숙지하고, 숙지가 끝나면 원고를 파기하고 메모한 초안만 들고 연설했다.

그러나 여기서 끝이 아니다. DJ가 연설 내용에 그렇게 많은 공을 들일 동안 소위 동지들은 사전에 연설 현장의 동선을 비롯해 돌발 상황이 일어날 가능성을 확인하는 등 정말 많은 시간을 투입해 준비했다. DJ의 강연 일정이 잡히면 DJ는 DJ대로, 참모들은 참모들대로 고생을 했다. 그때에 비하면 지금은 방송 언론만 잘 활용한다면 정치하기에 너무나 좋은 시대다. 방송에 나가 자신의 입장을 이야기하고, 또 현안이 생기면 그 즉시 SNS로 입장을 내면 끝이다. DJ를 대통령으로 만든 일등 공신은 대선 당시 최초로 생긴 TV 토론, 즉 미디어의 힘도 컸지만, 만약 DJ가 지금 같은 방송 및 언론, 디지털 환경에서 정치를 하셨더라면 훨씬 더 빨리, 그리고 그렇게 큰 고초를 겪지 않고 국민의 선택을 받으셨을 것이다. 40대 대통령으로!

나는 가장 보수적인 종편에 나가서도 진보의 목소리를 들려주는 것, 진보 패널 일색인 채널에 나가서도 다르게 생각할 수 있는 여지를 남기는 것이 DJ 정신에 충실한 태도라고 생각한다.

진보와 보수 어딘가에서 끊임없이 중도를 찾는 것, 이것이 비판적인 현실 정치인이었던 DJ가 항상 취했던 정치적 자세였다. 한때 민주당에는 소속 의원에게 특정 종편에 출연하지 못하게 하고, 특정 언론과의 인터뷰도 금지하는 공개적인 불문율이 있었다. 언론의 속성을 모르는 어리석은 일이었다. 집권 여당도 아니고, 야당에게 가장 크고 효과적인 투쟁의 장소인데 찬밥 더운밥을 가려서야 되겠는가. 당 내외부에서도 이러한 방침에 대해 많은 논란이 있었지만 결국 그 금기는 내가 가장 먼저 깼다. 그 뒤 다른 의원들도 이렇게 했음은 주지의 사실이다.

낙선 후 지상파 방송 등이 자본금 3억 원을 투자할 테니 함께 유튜브 채널을 만들어보자고 했고, 특정 방송국은 프로그램 MC 등 전속 요청을 해왔지만 모두 거절했다. 왜냐하면 진보와 보수가 대립할 때, 각종 세력과 계파가 대립할 때, '박지원이라면 이 문제를 어떻게 생각할까'를 궁금해하는 국민을 위해 마이크를 잡겠다고 다짐했기 때문이다. '마이크 대통령'은 진보나 보수 어느 한쪽 진영에 소속되는 것이 아니라, 내 자신이 국민의 상식과 호흡해서 만들어야 하는 것이기 때문이다. 국정원장 퇴임 후에도 비슷한 제안들을 받았지만 이 모든 제안을 뿌리치고 방송 출연을 준비했다. 나도 국정원장 퇴임 이후 첫 방송이 적잖게 신경이 쓰였다. 국민은 국정원장직을 마치고 정치로 돌아온 정치인 박지원의 방송 복귀를 어떻게 보실 것인가. 너무 빠른 것은 아닌가. 반응은 어떨까. 조금은 걱정도 했다.

CBS 라디오 〈김현정의 뉴스쇼〉 첫 방송은 대박이었다. 라디오와 함께 유튜브로도 동시에 중계되었는데, 유튜브 동시 접속자(요즘에는 '동접자'라고 한다)가 2만 2,000여 명이었다. 당시 김진오 CBS 사장이 SNS 단체방에 "역시 박지원이었습니다. 다시 정치의 전면에 서도 손색이 없는 정치적 지혜와 인사이트가 돋보였다는 평가입니다. 출연료를 올려 달라는 조크를 은근슬쩍 던지기도 해 압박을 받고 있습니다"라는 글을 남겼다.

나도 국정원장이라는 명예를 벗고 정치인 박지원으로 돌아와 하고 싶은 말을 했기에 무척 만족했던 기억이 난다. 무엇보다도 '국정원장으로서 못다 했던 일에 대한 아쉬움'을 묻는 사회자 질문에 나의 소신을 피력했다. 더 이상 국정원이 정치로 소환되기 않기를 바라는 전직 국정원장의 심정으로 "국정원의 어두운 과거사 관련 문건 등에 대해 국민적 합의를 통해서 국회가 정리하는 특별법을 제정해서 처리해야 한다"는 문제를 다시 제기했다. 첫 방송 이후 다시 방송 출연 제안이 물밀듯이 들어와서 나는 제2의 전성기를 구가하고 있었다.

〈박지원의 식탁〉을 차리다

그러던 중 나의 '방송 제2의 전성기'에 첫 번째 위기가 찾아왔다. 윤석열 정부 국가정보원은 7월 6일 "(2020년) 서해 공무원 피격 사건 관련해서 첩보 관련 보고서 등을 무단 삭제한 혐의 등으로 박지원 전 원장 등을 고발했다"고 언론에 밝혔다. 이미 6월 중순경 자체 감찰을 통해 당시 북한에 의해 서해 이북 해상에서 피살된 해양수산부 공무원 고이대준 씨의 '월북 의사' 등을 판단하는 근거로 활용된 국정원의 일부 자료들을 내가 삭제하라고 지시한 정황을 포착했다는 것이다. 나는 자택 압수수색 및 검찰 조사를 받았고, 지금은 재판을 받고 있다. 국정원에서 작성되는 모든 문서는 메인 서버에 저장된다고 믿고 있었던 나로서는 그러한 지시를 한다는 것은 상상할 수가 없거니와 무엇보다도 그러한 지시는 있지도 않았기에 이해도, 인정도 안 되는 일이었다. 이후 국정원과 관련된 사건들을 포함하여 몇 건의 고소·고발이 더 있었다. 내 휴대폰은 당시 틈만 나면 경찰청, 검찰청으로 여름휴가를 갔다 오기를 반복했다.

윤석열 정부로부터 비롯된 나에 대한 고소·고발은 방송 출연에 타격을 주었다. 주 1회 고정 출연하던 종편 방송에서 하차한 것을 시작으로 주 2회 고정 출연하던 종편 방송, 매주 월요일 아침부터 금요일까지 출연하던 지상파 라디오 방송, 격주로 화요일에 출연했던 보도채널 프로그램 두 곳에서도 연달아 하차했다. 물론 지금도 이들 프로그램 제작진으로부터 비정기적으로 출연 요청을 받고 있고 나도 출연에 응하고 있지만 아무튼 고정에서 하차한 것은 사실이다. 내가 생각해도 당시 다른 정치인들에 비해서 많은 방송에 출연하긴 했지만 이러한 고정 하차에는 여러 배경이 있을 것이다. 그러나 나는 방송과 언론의 이러한 결정을 존중하고 그 사정도 이해한다. 지금까지 계속 고정 출연하게 해주고 있는 방송국과 제작진들에게도 특히 고맙고, 또한 "미안하다"면서 가끔씩이라도 불러주는 방송과 언론이 있다는 것만으로도 감사할 따름이다. 그러나 아무튼 방송 프로그램 고정 패널에서 하차하면 영화나 드라마 초반에 극 중에서 비운을 맞이하는 역의 배우처럼 서운한 것은 사실이다.

나는 변화된 상황에 적응했다. 나에게 방송은 정치 활동, 곧 생존의 문제이기 때문이다. 유튜브에 좀 더 많은 공을 들이기로 했다. 우선 출판사 메디치미디어에 내 이름을 건 유튜브 방송 〈박지원의 식탁〉이라는 채널을 개설했다. 고정 출연이지만 내 이름을 건 유튜브 방송이기에 내 입장에서는 방송국을 하나 가진 셈이다. 〈박지원의 식탁〉은 매주 정치 현안을 주제로 잡아서 여기에 DJ와 관련된 경험을 비추어 분석하는 콘셉트로 시작했는데, 현재 시즌 4까지 진행하는 동안 김유정 전 국회의원,《한겨레신문》출신 김보협 전 기자, 이관후 건국대 교수 등을 비롯한 제작진이 큰 도움을 줬다. 시즌 2 때는 구독자 수가 10만 명을 넘어 유튜브 본사로부터 실버 메달을 받았고, 최근 방송에서는 누적 조회수 53만을 훌쩍 넘기기도 하였다. 이렇게 유튜브 〈박지원의 식탁〉을 시작하고, 동시에 주요 전문 유튜브 채널에 출연했다. 인기 있는 유튜브 방송은 실시간 동시 접속자가 수십만 명에 달하고, 1회 방송에 조회수가 100만, 150만 회를 훌쩍 넘는 경우가 다반사다. 옛날로 치면 여의도 유세, 장충단 공원 유세, 보라매 공원 유세가 매 시간마다 열리는 셈이다. 그러니 당연히 방송에 공을 들여야 하지 않겠는가.

방송 출연과 언론 인터뷰를 준비하는 과정은 DJ를 모실 때나 지금이나 비슷하다. 과거 내가 대변인을 '광화문 밤 인생'이라고 한 적이 있는데, 이제는 신문 가판을 확인하지는 않지만 당시 대변인으로서 당일 새벽에 집에 들어가더라도 늘 조간과 석간을 봐야 했다. 요즘에는 언제 어디서든 인터넷 기사를 휴대폰으로 수시로 확인한다. 아침 6시경에 12개의 조간 신문을 다 읽고, 혹시 빠진 부분이 있는지 보좌관과 통화해 체크하고 난 뒤에야 라디오 프로그램 등과 인터뷰를 한다. 집으로 배달 오는 각 신문사의 조간을 약 30분간 제목만 쭉 읽다 보면 그날의 일들이 일목요연하게 보인다.

조간만은 꼭 종이 신문을 고집하는 이유는 종이 신문을 보면 기사의 배치 등으로부터 언론이 해당 사안을 생각하는 비중이나 현안의 흐름 따위를 알 수 있기 때문이다. 특히 주요 신문 사설과 칼럼은 종이를 오려서라도 시간 날 때 꼭 읽는다. DJ는 "신문 사설을 읽는 사람은 대한민국에 수천 명밖에 없지만, 그 사람들이 우리 사회를 리드한다"
고 했을 만큼 신문 사설을 눈여겨보셨다. 이렇게 신문을
읽다 스르르 잠들기도 하는데 나에겐 지금도 이 시간이 가
장 포근하게 꿀잠을 자는 시간이다. 신문지 잉크 냄새는
익숙하고, 신문지만큼 따뜻한 이불이 없다.

　조간의 좋은 기사, 좋은 문구 등을 수첩에 메모하고 아
침 라디오 방송 출연을 끝내면 그날 하루의 메시지가 대충
정리된다. 다시 강조하고 싶거나 방송에서 부족하게 다룬
부분을 글로 더 깊이 있게 풀어 페이스북에 올린다. 이후
방송과 기사의 댓글 및 반응을 모니터링하고 다음 방송 언
론에 반영하는 식이다.

　내가 의식처럼 이렇게 방송에 공을 들이는 이유는 거듭
말하지만 방송 언론은 정치인, 특히 야당의 가장 강력하고
효율적인 투쟁 장소이자, 투쟁 방법이기 때문이다. "구슬
이 서 말이라도 꿰어야 보배"라는 말이 있듯이 방송은 국
민에게 야당이 있다는 것을, 야당 정치인이 있다는 것을
알려주는 가장 효율적인 방법이다. 그래서 정치인은, 특히
야당 정치인은 방송 언론에 많이 나오고 언급되어야 한다.

　그런데 지금 윤석열 정권하에서 방송 언론장악을 위한
무지막지한 일이 일어나고 있기에 방송 언론 자체가 하나
의 거대한 권력 투쟁의 장, 싸움판이 되었다. 민주당은 방

송과 언론을 보호하고 더욱 현명하게 활용해야 한다. 윤석열 대통령이 연일 때와 장소를 가리지 않고 공산 전체주의 세력, 추종 세력, 가짜뉴스 운운하니까 집권 여당을 비롯해 최근 사퇴한 방송통신위원장도 후보자 시절에 "공산당 기관지" 운운하고, 특히 재임 중에는 가짜뉴스를 보도하면 즉시 퇴출시킨다는 '원 스트라이크 아웃' 제도를 운운했던 것이다.

만약 지금 DJ가 살아 계신다면 행동하는 양심에 대해 더 구체적으로 정의하셨을 것이다. 즉 과거에는 "좋은 신문을 읽고, 좋은 정당에 투표하고, 그것도 안 되면 담벼락에다 대고 욕이라도 하라"고 하셨지만 지금은 아마도 "좋은 방송, 좋은 유튜브 채널에 출연하고, 좋은 유튜브 채널을 구독 및 시청하고, 좋은 SNS 댓글을 달고, 그것도 정 어려우면 '좋아요'라도 누르는 것이 행동하는 양심"이라고 하시지 않았을까. 이른바 '디지털 시대의 행동하는 양심, 신(新) 행동하는 양심'이다.

3. 정치와 정당

복당(復黨), DJ 비서실장답게 산다는 것

정당(政黨)의 당(黨)자는 무리, 한마을, 일가, 또는 친척을 의미한다. 즉 비슷한 사람들이 모여 있는 정치적 결사체가 정당이다. 2022년 12월 19일, 나는 더불어민주당 최고위원회의 의결로 복당되었다. 이재명 당 대표 요청으로 2022년 11월 15일에 복당을 신청했고 이후 더불어민주당의 당헌 당규에 정해진 절차 등을 밟아서 복당하게 되었다. 당헌 당규에는 과거 탈당할 당시 속했던 지역, 즉 전남 목포지역위원회에 나의 복당에 대한 의견을 수렴하도록 하고 있었는데, 목포 김원이 국회의원은 나의 복당을 적극 환영한다는 의견을 당에 전달했고 또한 공개적으로도 이러한 뜻을 밝혀주었다.

2022년 대통령 선거 시기 과거 민주당을 탈당한 많은 분이 복당했지만 나는 당시 국정원장에 재직 중이었고, 국정원장 임기를 마치고 퇴직했을 당시에도 당분간 현실 정치와 거리를 두기로 했기 때문에 민주당 복당을 적극적으로 고려하지는 않았다. 나는 자연인 박지원으로서 방송에 출연하고 시간을 내어 회고록을 쓸 생각이었다. 실제로 출판사 한길사와 그러한 계획을 구체적으로 주고받는 중이었다.

그러나 세상이 나를 그냥 두질 않았다. 퇴임 직후, 국정원을 비롯해 여러 곳에서 나에 대한 고소·고발이 넘쳐났고, 나는 경찰·검찰 수사, 재판까지 받게 되었다. 국민과 지지자들은 나에게 "가만히 앉아 당할 수는 없다, 정치적으로 명예를 회복해야 하지 않느냐"고 했고, 나도 그러한 생각에 동의할 수밖에 없었다.

특히 무엇보다도 반성하지 않는 윤석열 정부의 독선적인 국정운영을 매일매일 경험하면서도 내가 할 수 있는 일이 방송에 출연하고 수사받고 재판받는 것 외에는 없다는 현실을 생각할 때마다 이러한 독주를 견제하는 데 뜻을 함께하는 무리 속으로 들어가야 한다는 충동이 끓어올랐다. 즉 윤석열 대통령, 윤석열 정부가 나를 현실 정치로 강하게 몰고 있었다.

나는 국정원에서 나온 지 6개월 만에 결국 정치를 다시하겠다고 마음을 굳혔다. 정치를 하겠다고 결심한 이상 당인(黨人)이 되어서 활동하는 것이 당연한 순리이기에 복당을 신청했다. 복당과 동시에 더불어민주당 고문 직책을 받았다. 내가 당을 위해 무엇을 해야 하는지 여러 사람과 상의하다가 봉사하는 마음으로 일요일 또는 주말 하루 상근하는 당의 부대변인을 맡는 것이 좋지 않겠느냐는 아이디어 차원의 의견이 나오기도 했다. 그러나 그 또한 당에 부담이 될까 봐 나는 복당 시에 이를 요청하지 않았다.

자연인이었다가 정당에 소속되면 많은 변화가 있다. 우선 방송에 나가 소신껏 이야기를 하더라도 늘 당의 입장을 고려해야 한다. 그래서 당이 돌아가는 사정을 잘 알아야 한다. 복당 전에도 동료 후배들과 많이 교류했지만 복당 후에는 국정원장 2년간의 공백을 극복하기 위해 국회의원을 비롯해 당직자들과 젊은 정치인들을 많이 만났다. 방송국도 복당한 나를 출연시킬 때에는 정치적 형평성 때문에 다른 당 출연자들과 출연 회수 등을 균등하게 배분했다. 방송 출연 횟수도 반으로 줄었다. 주 1회 출연이었다가 격주 1회 출연으로 바뀌거나, 단독 출연보다는 주로 다른 당 출신 파트너가 있으면 함께 출연하게 되었다.

민주화운동기념사업회 이사장으로 재직 중인 이재오 전 장관과 주로 방송 파트너가 되어 지상파, 종합편성 채널, 유튜브 채널 등에 함께 출연했다. 시청률도 높았고 많은 화제가 되었다. 이재오 전 장관은 mb정부 2인자로, 내가 민주당 원내대표였던 시절에 mb정권 성공을 위해 나에게 많은 협조를 부탁했고, 때로는 허심탄회하게 하소연도 했다. 장관 인선에 대해서도 상의해오고 청문회 인준 협조 등을 요청해왔다. 원내대표인 나도 장관·국무총리 후보자를 천거했던 기억도 있고, 또 부산 G20 회의 준비 등을 위해 당시 외교부 장관 후보자에 대한 신속한 청문회 보고서 채택 등에도 전적으로 협조한 기억이 있다. 이재오 이사장은 정치의 맛과 멋을 아는 소위 말이 잘 통하는 정치인이다. 나는 방송에서도 이야기했지만, 그가 지금 정치를 했더라면, 특히 윤석열 대통령의 비서실장을 했더라면 윤석열 정부가 지금 이렇게까지 망가지지는 않았을 것이고, 야당과 불통하는 분열의 정치로 가지는 않았을 것이라고 생각한다. 그래서 가끔 방송에서 이재오 전 장관 이야기가 나오면 "이재오 전 장관이 정권에 입바른 소리만 하니까 그 입을 막으려고 민주화운동기념사업회 이사장 자리로 뽑아낸 것"이라고 농담 아닌 농담을 하곤 했다. 지금 이재오 이사장은 자신의 이력에 맞게 민주화운동기념사업회에서 일하는 것을 자랑스럽게 생각하고 있다. 언젠가 그와 다시 방송에서 만나는 날이 있을 것이다.

더불어민주당에 복당하는 날, 나는 'DJ가 만든 당에 DJ

비서실장이 다시 돌아가는 것'이라고 다짐하며 어떤 경우에도 DJ 비서실장답게 정치를 하고, 행동하겠다고 마음을 추스렸다. 나에게 민주당은 DJ가 만든 당이며, 특히 지금 윤석열 정부와 맞서 싸우기 위해서는 DJ, 노무현, 문재인, 그리고 김근태 세력까지 단합해서 강한 야당이 되어야 하기 때문이다. DJ가 mb정부에서 초래된 민주주의, 서민 민생경제, 남북 관계, 3대 위기를 극복하기 위해 재야 시민단체, 민주화 운동 세력 등 과거 10년 집권했던 진보 세력들이 총단결해서 "하나의 링에서 싸우라"고 하신 것처럼 나도 민주당에서 민주당을 중심으로 그러한 일을 해야 한다고 믿고 있었다. 그리고 DJ 정신을 주변에 설파하고 민주당이 DJ 정신에 충실한 당이 되는 길에 벽돌 한 장이라도 놓겠다고 다짐했다.

국민과 당원이 원하는 민주당

때마침 당에서 전국 당원 교육, 당원 대상 특강, 도당 주최 시민 대상 특강 등을 해달라는 요청이 쇄도했고, 나는 이러한 요청에 적극적으로 응했다. 대구·광주·부산·창원·원주·전주·제주·대전·용인·수원·천안·청주·안양·서울 각 지역위원회 등 전국을 다니며 DJ의 '행동하는 양심'과 민주당의 나아갈 길에 대해 시민과 당원들과 이야기했다. 약 1년 동안의 이 시간은 어떤 의미에서는 내가 특강을 한 것이 아니라 민심과 당심이 박지원에게 해야 할 일을 가르쳐준 특강이었던 셈이며, 나는 수강생이었다. 내가 방송 출연에만 안주하면서 복당하지 않았더라면 들을 수 없었을 시민과 당원의 살아 있는 말과 고충을 듣는 소중한 시간이었다. 전국 특강을 하면서 그들이 말하는 윤석열 대통령과 윤석열 정부의 문제점, 그리고 이에 대처하는 민주당의 문제점들이 하나하나씩 날것으로 날아와 머리와 가슴에 꽂혔다. 정권에 대한 실망과 분노, 그리고 민주당에 대한 기대와 반감, 애증이 내가 생각했던 것보다 훨씬 더 크다는 것을 생생하게 느꼈다.

시민과 당원들은 윤석열 정부의 위기 즉, 민주주의 위기, 서민 민생경제 위기, 남북 관계 위기, 그리고 무엇보다 외교에 관한 위기를 강하게 비판하고 질책했다. 그리고 이 모든 문제가 윤석열 대통령에게서 비롯된 것임을 이야기했다. 대통령 탄핵을 주장하는 시민과 당원들의 발언 빈도나 강도가 높아지고 있었지만 동시에, 그렇다면 국회 제1당, 야당인 민주당은 "도대체 무엇을 하고 있느냐"는 질책도 많이 받았다.

당시 국민과 당원들의 민주당에 대한 질책은 크게 두 가지였다. 첫째는 이재명 대표 사법 리스크 및 이와 관련된 당 대표 거취, 둘째는 소위 '개딸 수박' 논쟁에 관한 질책이었다. 나도 강연을 열정적으로 하는 편이지만 이 주제에 대한 시민과 당원들의 열정과 분노는 상상 이상이었고, 중간중간에 내가 조금만 자제하자고 설득해야 하는 경우도 많았다. 그러나 그런 자리에 와서 자신이 하고 싶은 말을 속 시원하게 하고, 어디에서도 들어주지 않는 정치 이야기와 하소연, 심지어 욕이라도 해야 그날 밤 조금이라도 편히 잘 수 있는 국민이 단 한 명이라도 있다면 그분들을 위해서라도 시민 및 당원과의 대화는 계속되어야 한다는 생각으로 특강에 임했다. 그것이 또한 정당이 주최하는 대중 강연의 매력이기도 하다.

당시 내가 가장 많이 들었던 말은 정권 차원에서 이재명 대표와 그 주변 인물들에 대해 400회 가까이 압수수색 등을 하며 대대적 수사를 하고 주변인들을 하루걸러 소환, 구속하는 등, 온통 당이 이재명 대표와 관련된 뉴스에 휘말려 당의 다른 활동들이 묻혀 당의 존재감이 없어진다는 것이었다. 이 문제를 해결하려면 당 대표와 지도부의 거취에 대한 결단이 있어야 한다는 주장도 있었다.

그러나 나는 당시 "오지도 않은 이재명 사법 리스크를 미리 가불해서 걱정할 필요가 없다, 내일 지구가 멸망하더라도 오늘은 한 그루 사과나무를 심는 심정으로 민주당은 이재명 대표를 중심으로 똘똘 뭉쳐야 한다"고 주장했다. 이와 같은 주장에 공감하면서도 "그럼 내일 지구가 멸망하면 어떻게 해야 하느냐"고 하는 반론도 만만치 않았다. 나는 "그건 그때 가서 또 생각해야지 왜 지금 생각하느냐" 하고 다시 반문했다. 이재명 사법 리스크는 근본적으로 정권 차원에서, 즉 외부 수사 과정에서 제기되는 문제이지 당에서 제기된 문제가 아니었다. 따라서 부지런하게 미리 답을 준비하는 것이 아니라 검찰 수사를 지켜보고 대응을 하는 것이 정답이었다. "코끼리를 생각하지 마라"고 하면 자꾸 코끼리가 생각나듯이 당이 오지도 않은 일에 대해 이렇게 자꾸 답을 만들려고 하고, 그 과정에서 당이 분열하고 정체되면 안 된다는 것이 내 생각이었다.

때로는 답이 없는 상황에서도 앞으로 나아가는 것이 정답일 때가 있다. 나아가다 보면 답이 나올 수도 있기 때문이다. 그래서 나는 그와 비슷한 문제, 즉 '이재명 대표의 체포 영장에 대한 국회 본회의 처리 문제, 당 대표의 거취 문제' 등의 사안에 대해서도 마찬가지로 오지도 않은 상황을 지금 미리 답을 정해놓고 걱정만 하면 안 된다고 주장했다. 검찰이 기획한 수사 프레임과 일정 속에서 우리 당이 '윤석열 대통령과 국민의힘이 원하는 분열의 민주당이 되지 않기 위해서' 말이다.

일부 언론을 통해 이재명 대표 관련 소위 '플랜 B'가 제기되었을 때도 나는 그러한 말들이 당 대표 주변 사람들에 의해서 나오는 것 자체가 당과 이재명 대표를 힘들게 하는 것이라는 의견을 전했다. 지금 이재명 대표 관련 사법 리스크는 구속 영장 청구가 기각되어 결과적으로 많은 부분이 해소되었는데, 이 과정에서 체포동의안 가결에 찬성해 당 대표와 당의 운명을 수사기관의 손에 넘긴 일부 동료 의원들은 비판받아 마땅하다. 그러나 지금 그들을 색출해 징계를 추진한다고 해서 과연 무슨 실익이 있겠는가. 이 또한 당을 분열케 하는 씨앗이 될 것이다. 무리 당, 즉 뜻을 함께하는 식구, 일가들은 누구를 쫓아내지는 않는 법이며 다만 당이 싫은 사람들은 그 자신이 떠나면 그만인 것이다. 과거 나도 당을 떠난 적이 있고, 지금도 나에게 새로운 당을 만들어보자고 하는 분들이 있지만 나는 그런 분들에게 "나가면 춥고 배고프다"고 이야기한다. 내가 농담처럼 이야기하는 듯하지만 모든 정당의 창당에는 시대정신이 있어야 하는데 지금은 민주당을 중심으로 뭉쳐야 윤석열 정부의 독주를 막을 수 있다. 이것이 이 시대 당인으로서의 시대정신이고 의무다.

소위 '개딸 수박' 논쟁에 대해서도 많은 토론과 소통이 있었다. 나는 강연을 통해서 "정치인에게 팬덤은 힘이다. 자신을 열렬하게 지지해주는 사람이 있으면 얼마나 큰 힘이 되는가. 그렇지만 정치인이 모든 결정을 팬덤에만 의존하면 지도자가 될 수 없다. 결국 팬덤이 문제가 아니라 정치인이 문제다. 팬덤을 잘 관리할 수 있는 정치인이냐, 팬덤에 휘둘리는 정치인이냐, 이것이 문제"라고 지적했다. 즉 "정치인들은 개딸에게도 수박에게도 감사해야 하지만 거기에만 머물러서는 안 된다. 팬덤도 당의 일부분일 뿐이다. DJ는 야당 총재 시절에도, 그리고 대통령이 되어서도 당 운영과 국가 운영에 있어서 소수파를 배려하며 소통·조정·통합의 정치를 했다"고 당원과 시민들에게 이야기했다. 또한 윤석열 정부의 독선적 국정운영을 막기 위해서는 민주당이 내부 총질로 적전(敵前) 분열하지 않고 단합하는 것이 최고의 혁신, 최고의 개혁이라고 이야기했다.

내가 국민과 당원에게 배운 것들

시민, 당원과의 진지하고 열정적인 특강은 1년이 지난 지금도 계속되고 있다. 지금 생각해봐도 이 특강들이 민주당에 복당해서 내가 할 수 있었던 가장 가치 있는 일이 아닐까 한다. 나는 이 강연에서 보고 들었던 내용을 기록하고 정리해서 방송 등에 활용했고 당 지도부에도 여론을 전달했다. 특히 강연을 통해 앞으로 '해가 지기 전에 내가 몇 마일을 더 가야만 하는 이유', 민주당의 당원으로서 활동해야 할 이유가 더욱 분명하고 또렷해졌다.

첫째, 나를 낳아주고 키워준 호남에 대한 감사, 호남 발전과 호남 예산을 챙기는 일이다. 이것은 나의 정치 활동 목표이기도 하지만 DJ 비서실장으로서 DJ께서 호남에 못다 한 약속을 대신 지키는 일이기도 하다.

둘째, DJ 비서실장으로서 남북 관계를 개선하는 것이다. 과거《주간경향》에 나의 오랜 꿈이 초대 평양 대사라고 했던 것은 빈말이 아니다. 그날이 오기만 한다면 초대 평양대사가 아니라 문지기라도 할 것이다. 남북 관계가 개선되면 우리는 해양은 물론 대륙을 품을 수가 있다. 우리 젊은이들이 부산·목포에서 기차를 타고 북한·중국·시베리아·유럽에서 일자리를 찾고, 역으로 그곳의 젊은이들과 물자들이 대한민국으로 들어오는 날이 오게 될 것이다. 얼마나 웅대하고 가슴 벅찬 일인가. 이 일에 우리 정치인 모두가 달려들어야 하고 나도 그 길에 벽돌 한 장이라도 놓을 것이다.

셋째, 21세기 대한민국이 정치의 영역에서 해결해야 할 숙제인 '87년 체제'를 뛰어넘어 통합과 조정의 정치 체제를 만드는 것이다. DJ도 mb의 폭정을 보시고 돌아가시기 전에는 대통령제에 대해 회의를 갖기 시작했다. 1971년도 대선 공약이었던 대통령 4년 중임제, 정부통령제 도입에 더해서 이제는 우리 국민의 수준과 민주주의가 높아졌기 때문에 내각제, 이원집정부제로의 개헌도 생각해볼 만하지 않을까. 이러한 DJ의 변화가 있기까지 나도 DJ와 많은 대화를 나누었다. 내 개인적으로는 내각제가 아니라 프랑스식 이원집정부제를 검토해볼 만하다고 생각한다. 왜냐하면 우리 국민은 내 손으로 대통령을 뽑는 대통령 직선제를 선호하고 있으며, 총리는 국회에서 선출하면 정권과 정치가 안정될 수 있기 때문이다. 물론 이러한 권력 구조 개편 작업은 헌법 개정을 수반하고, 국민이 동의하지 않으면 할 수가 없다. 그러나 이러한 승자독식의 정치 체제에서 누가 대통령이 되어도 전 정권에 대한 보복과 분열이 계속되는 한 대한민국은 정권이 바뀔 때마다 더듬이가 고장나길 잃은 개미처럼 헤매는 일이 반복될 것이다. 결국 국민들만 손해이고, 대한민국만 거덜 나게 된다.

넷째, 21세기 대한민국의 또 하나의 과제, 경제·사회·문화적으로 '97년 체제'의 후유증을 극복하는 것이다. 1997년 외환 위기를 극복하는 과정에서 구조 조정, 빅딜 등의 여파로 글로벌스탠더드에 급속하게 편입된 우리는 그 자본주의의 폐해까지 함께 경험하고 있다. 실패하더라도 도전한다면 누구에게나 다시 기회가 오고, 약자에게는 한 번이라도 더 기회를 주는, 조금이라도 더 따뜻한 시장경제, 보편적 복지사회를 만들어야 한다. 외환 위기는 위대한 국민의 힘으로 극복되었지만 그 상처는 아직 극복되지 않았고 여전히 진행 중이다. 우리 사회 모두 더 나은 복지와 민주주의를 함께 고민해야 한다. 특히 외환 위기 극복의 전 과정을 DJ 옆에서 보고 배운 나로서는 외환 위기의 상처와 후유증을 극복하는 것이 더욱 각별한 목표다.

다섯째, 예정에 없던 문재인 정부 국정원장을 역임한 나로서는 국정원을 위해서도 일해야 한다. 나는 지금도 개혁된 국정원을 사랑하고, 국정원 직원들을 존경한다. 퇴임할 때 밖으로 나가게 되면 개혁된 국정원과 국정원 직원의 대변인이 되겠다고 감사한 마음으로 약속했다. 이들을 위해서 내가 할 수 있는 가장 큰 일은 전직 국정원장으로서 더 이상 국정원이 정치에 소환되지 않도록 방패막이가 되어주는 것이다. 즉 국정원의 어두운 과거사가 더 이상 정치에 이용되지 않도록 국정원의 과거사 문제 정리를 위한 특별법 제정 등의 제도적인 방안을 마련하는 것이다. 그러나 이 모든 숙제를 하기 위해서는 지금 당장 윤석열 정부가 만든 위기 극복이 최우선이다. 내가 정치를 중단했던 지난 2년 동안, 세상은 더 넓어졌고 할 일은 더 많아졌다.

1. 대한민국 국가정보원장, 그 음지와 양지

국정원장 임명 사유

"아~." 2020년 7월 3일 오후 3시, 문재인 정부 국정원장에 박지원! 당시 청와대를 출입했던 현장 기자들에게 들은 후일담에 의하면 문재인 정부 청와대 강민석 대변인의 발표에 기자들은 망치로 뒤통수를 얻어맞은 것처럼 멍했고, 춘추관에는 일순간 정적과 탄성이 흘렀다고 한다.

지인과 민주당 지지자들은 "문재인 대통령의 가장 잘한 인사", "신의 한 수"라고 평가했다. 언론도 "문재인, DJ 대북 특사 박지원 국정원장 파격 지명", "문모닝 박지원 문재인 정부 국정원장 지명" 등 "파격과 통합의 인사"라고 대서특필했다. 당시 《오마이뉴스》가 의뢰한 여론 조사에 의하면 국민의 51.3%, 그리고 광주·전라에서는 71.4%가 '잘한 인사'라고 평가했다. 언론은 문재인 정부에서 두 차례 남북정상회담, 한 차례의 정상 간 만남 이후 진전이 없던 남북 관계를 복원하기 위해 2000년 6·15 남북정상회담의 밀사, 특사를 역임한 나를 지명한 것이라고 분석했다.

나는 2015년 말 무소속으로 활동하다, 2016년 총선 전 안철수 대표가 창당한 국민의당에 합류하여 원내대표와 당 대표를 역임했고, 19대 대통령 선거에서는 안철수 후보의 당선을 위해 더불어민주당 문재인 당시 대통령 후보와 치열하게 싸웠다. 당시 제3당 후보로서 정치 경험이 짧고 화력이 약했던 안철수 대선 후보를 위해 상임선대위원장으로서 매일 거대 야당 더불어민주당, 문재인 후보를 공격했다. 민주당은 당시 내가 매일 아침 눈만 뜨면 문재인 후보를 비판한다고 해서 나의 이러한 활동을 '문모닝'이라고 칭했다. 그러한 전력이 있는 나를 문재인 정부의 국정원장으로 임명했으니 통 큰 인사로 언론과 국민 평가가 후했던 것이다.

대선 패배 후, 나는 국민의당이 바른미래당과 통합할 때 합류하지 않고 민주평화당, 민생당을 전전하며 2020년 21대 총선에 출마했지만 낙선했다. 낙선 후 당시 나에게는 방송이 전부였다. 나는 방송에서 문재인 정부를 소신껏 격려하고 비판했다. 특히 문재인 정부의 남북 관계 정책, 즉 대북 포용 정책은 DJ의 햇볕정책을 계승한 것이기에 전폭적으로 지지했다. 특히 나의 경험과 제언이 조금이나마 도움이 될 수 있도록 청와대 인사는 물론 여러 채널을 통해 공개·비공개적으로 많은 조언을 했다. 일부는 나의 그러한 모습이 문재인 정부의 청와대 눈에 들기 위한 것이며, 그러한 말에 청와대가 나를 결국 국정원장에 임명한 것이라고 하지만 전혀 사실과 다른 이야기다.

나는 2018년 문재인 정부가 4·27 판문점 정상회담을 준비할 때 원로 자문단으로 참여했고, 야당 인사로서는 유일하게 판문점 남북정상회담 만찬장에 초청되었고, 그해 9월 평양 정상회담 때 대통령 특별수행원으로 방북했다. 또한 북한이 2020년 6월 16일 대북 전단 살포 등을 문제 삼아 남북공동연락사무소를 폭파했을 당시, 문재인 대통령이 남북 관계 전문가 등을 초청해 자문을 들었을 때도 나는 참여했다. 나는 국민의당으로 당선된 20대 총선 직후 청와대에서 문재인 대통령을 뵈었을 때 "대통령님, 지난 대선 과정에서 제가 한 말에 대해서는 괘념치 마십시오"라고 진심 어린 사과를 했다. 그러자 평소에도 반응이나 제스처가 크지 않은 문재인 대통령은 내 손을 덥석 잡으면서 "대표님, 무슨 말씀을 하십니까. 저는 다 잊었습니다. 지금 방송에 나와서 얼마나 많이 저를 도와주고 있습니까. 대표님이 나오는 방송을 전부 보고 받고 있습니다. 앞으로도 계속 말씀해주십시오"라고 했다. 또한 21대 총선을 앞두고는 구체적으로 출처를 밝힐 수는 없지만 문재인 정부의 책임 있는 인사로부터 총선 불출마를 전제로 총리 제안을 받기도 했지만 나는 총선에 출마했고, 낙선한 후에는 부총리급 통일부 장관 제안을 받기도 했다.

그만큼 문재인 대통령은 재임 중에 세 번 남북 정상 간 만남을 하고도 교착 상태에 빠진 남북 관계를 개선하기 위해 안간힘을 쓰고 있었다. 그러나 국정원장 지명은 나에게도 충격이었다. 나는 DJ정부 출범 초기에 국정원장으로 갈 기회가 있었지만 정치인 박지원으로 남기 위해 거절한 바 있다. 문재인 정부 국정원은 과거 국정원 댓글 사건 등의 폐해로 국정원의 국내 정치 개입 근절을 위해 소위 국정원 IO, 즉 국정원 정보관의 기관 출입을 금지하는 등 국내 정보의 수집을 이미 금지, 실천하고 있었다. 대한민국 현대사에서 국정원장이라는 자리가 얼마나 수난이 많은 자리인가. 그러나 급격하게 악화되고 있는 남북 관계에 조금이나마 힘을 보태는 것이 DJ의 햇볕정책을 계승 및 발전시키는 길이었기에 나는 감사한 마음으로 흔쾌히 국정원장 지명을 수락했다.

청와대와 당시 여당 인사들은 북한 정권 수뇌부는 물론 미 행정부의 신뢰를 얻는 데 내가 역할을 할 수 있다는 문재인 대통령의 기대가 작용한 것 같다고 분석했다. 당시

《국민일보》손병호 논설위원은 남북 관계를 풀기 위해서는 미국을 설득해야 하는데, 미국 내 인맥이 있는 박지원이 적임자라고 칼럼에 썼다. 청와대 대변인은 나의 지명 사유에 대해 "메시지가 간결하면서 명쾌하고 정보력과 상황 판단이 탁월할 뿐 아니라 18~20대 국회 정보위원회에서 활동하여 국가정보원 업무에 정통하다. 박지원 후보자는 2000년 남북정상회담 합의를 이끌어내는 데 기여했으며, 현 정부에서도 남북 문제에 대한 자문 역할을 하는 등 북한에 대한 전문성이 높다"고 설명했다.

간첩 국정원장?

지금 국민의힘 전신이었던 당시 야당 미래통합당은 문재인 대통령에게 보낸 공개 질의에서 "작금의 남북 관계가 긴장되고 민감한 상황에서 대통령님께서 국가 안보 최일선에 있는 국가 최고의 정보기관에 헌법상 반국가 단체이자 국가보안법상 이적 단체인 북한과 긴밀한 관계를 지속하고 있는 후보자를 수장으로 지명하신 이유는 무엇인지, 그리고 임명 과정에서 북한과 협의가 있었다는 보도에 관한 입장도 밝혀주시기 바랍니다"라며 나의 임명에 대해 색깔론을 제기했다. 또한 지금 윤석열 정부 외교 안보 라인에서 핵심 역할을 하고 있는 당시 미래통합당의 한 인사는 "대북 비선 접촉을 염두에 두고 있는 것 같다. 정치적인 인물을 지명했다"는 우려를 표명했다.

나는 개의치 않았다. 어차피 박지원에 대한 '호불호'는 늘 있기 마련이고, 특히 국정원장이라는 자리가 대한민국에서 얼마나 많은 곡절과 논란을 겪었던 자리인지 잘 알고 있었기 때문이다. 문재인 대통령이 나를 국정원장으로 임명한 또 하나의 이유는 중단 없는 국정원 개혁을 추진하라는 뜻이라고 생각했다. 문재인 대통령과 나는 전직 대통령 비서실장으로서 정권 말기 권력 속성을 누구보다 잘 안다. 따라서 국정원을 개혁하는 데 강력한 의지를 가지고 있었던 문재인 대통령은 나를 임명함으로써 국정원장이 감옥에 가는 일은 절대로 해서는 안 된다는 강력한 메시지를 낸 것이고, 나도 이러한 사실을 미루어 잘 알고 있었다.

나는 SNS에 당분간 마지막이 될 수도 있는 공식 입장을 발표했다. "감사합니다. 국정원장 후보자로 내정되었다는 통보를 청와대로부터 받았습니다. 만약 소정의 절차를 거쳐 공식 임명을 받으면 각오를 밝히겠습니다만, 먼저 제가 느낀 최초 소회를 밝힙니다. 역사와 대한민국 그리고 문재인 대통령님을 위해 애국심을 가지고 충성을 다하겠습니다. 앞으로 제 입에서는 정치라는 정(政)자도 올리지도 않고 국정원 본연의 임무에 충실하며 국정원 개혁에 매진하겠습니다. SNS 활동과 전화 소통도 중단합니다. 후보자로 임명해주신 문재인 대통령님께 감사드리며 김대중·노무현 전 대통령님과 이희호 여사님이 하염없이 떠오릅니다"라고 밝혔다. 야당에서는 대통령에게 충성하겠다는 점을 딱 꼬집어 비난했는데 그만큼 나를 국정원장 후보자로 지명한 것에 민감하게 반응했다. 가장 '정치적인 정치인'이 가장 비정치적이어야 할 국정원장을 맡은 것이 고양이에게 생선을 맡긴 꼴이라는 것이다. 그러나 나는 감옥에 갈 일은 절대로 하지 말라는 대통령의 무언의 메시지를 잘 알고 있었기에 국정원장직을 맡게 된 동시에 나의 파란만장한 정치 인생도 끝나간다는 것을 직감하고 있었다. 이제 공개적으로 말하고 싶어도 말할 수 없고, 입이 있어도 침묵해야 하는 정치의 암흑기가 나에게 온 것이다. 국정원장의 음지와 양지다.

나는 이제 더 이상 정치를 할 수도 없고, 하지 않겠다고 했다. 2020년 7월 27일 국회 정보위원회 인사청문회에서 "대통령께서 제게 과분한 소임을 맡기신 뜻은 경색된 남북 관계 물꼬를 트라는 국민의 열망을 반영한 것이라고 생각한다. 특히 측근도, 여당 출신도 아닌 저를 지명한 것은 역대 국정원장들의 불행한 역사를 반복하지 않겠다는 단호한 개혁 의지를 보여주신 것이라고 생각한다. 제가 국정원장으로 봉사할 수 있게 된다면 이 점을 명심, 또 명심하겠다"고 야당 등 일부의 우려를 불식시키기 위해 몇 번이고 다짐을 놓았다.

실제로 국정원장 시절 나는 정치에 일절 개입하지 않았고 직원들도 마찬가지였다. 2020년 7월 10일, 모처에서 인사청문회를 준비했을 때다. 고 박원순 서울시장이 생을 달리했을 때, 나는 절대 정치를 하지 않겠다는 다짐 때문에 국정원 직원 누구에게도 그 일에 대해 묻지도 않았고, 국정원 직원 누구도 나에게 그러한 사실을 알려주지 않았다. 그렇다고 국정원장이 그것도 모르냐는 핀잔을 감수하면서까지 언론인들에게 물어볼 수도 없는 노릇이었다. 그만큼 나는 국정원장 임기 시작부터 정치적 중립을 철저히 지키기 위해 노력했다.

심지어 대통령 선거가 가까워지자 당시 더불어민주당 지지자들 일부와 인터넷 댓글 등에서는 "대선에서 승리하려면 박지원 의원이 국정원장을 관두고 선거에 뛰어야 한다"는 이야기들도 심심치 않게 나왔다. 선거일이 다가오고 선거 운동이 치열해지면서 "과거에는 국정원에서 정권 재창출에 앞장섰다고 하는데, 지금 박지원이는 뭐냐", "대통령 비서실장으로서 정권을 재창출한 경험이 있는 박지원이는 뭐하고 있냐"는 볼멘소리부터 "박지원 원장이 지금도 반드시 뭔가를 하고 있을 것이다"라는 의심에 찬 공격을 소위 정치 좀 안다는 여야 지지 성향의 네티즌들로부터 동시에 받았다. 그러나 나는 국정원 직원들을 추슬렀다. 나와 국정원 직원들은 대선에 일절 개입하지 않았다. 대선이 끝나고 인터넷상에는 윤석열 대통령이 당선된 것은 "대한민국 문재인 정부의 국정원, 그리고 박지원 원장이, 선거와 정치에 개입하지 않은 가장 확실한 증거"라는 우스갯소리까지 나왔다.

나는 국정원장 취임 때 "내곡동에 정치인 박지원은 묻겠다"고 역사와 국민, 그리고 국정원 직원들에게 다짐했다. 국정원장은 선출직, 비선출직을 포함하여 나의 마지막 공직이라고 생각했다. 퇴임 후에는 오직 방송 출연과 집필 활동만 할 생각이었다. 오죽하면 국정원장 임기 말, 절친한 현직 언론인들이 가끔 비보도를 전제로 정치 현안에 대해, 특히 대선에 대해 의견을 물어왔을 때도 "문재인 대통령께서 재임 중은 물론 퇴임 후에도 나의 입을 막기 위해, 나의 정치 활동을 막기 위해서 나를 국정원장으로 임명한 것"이라고 농담으로 일축했겠는가.

국회 정보위원회와 국정감사 등이 열리면, 나는 여야 의원 모두에게 공격당했다. 국정원과 오래된 구원이 있는 더불어민주당이 요구한 자료들을 순순히 제공하지 않을 때에는 "박지원 선배, 당신마저도 국정원에 가더니 국정원 직원이 다 되었다"는 후배 의원들의 비판이 이어졌다. 반대로 당시 야당은 야당대로 중요한 시기를 앞두고 내가 북한과 관련해 어떤 공작을 펼치고 있거나, 또는 과거 자신들의 경험에 비추어 선거를 앞둔 시기에 민간인과 정치인을 사찰하거나 또 다른 방식으로 정치에 개입하고 있을 것이라는 억측과 의심을 잔뜩 했다.

나는 국정원에 대한 이러한 정치권의 외압과 의심을 떨쳐내기 위해, 여야를 떠나서 누구도 의식하지 않고 국회 정보위원회에서 소신껏 발언했다. 정치인 출신 박지원 국정원장이 여야 모두로부터 불어오는 정치 외풍을 막아주는 것이 어두운 과거 우리 역사의 한가운데에 있었던 국정원의 정치 중립성을 지키는 길이라고 생각했기 때문이다. 사실 국정원 60년의 역사는 DJ 탄압의 역사다. 용서하고 화해하는 DJ의 길을 가는 것이 나도 살고, 국정원도 살고 문재인 정부가 사는 길이라고 나는 철석같이 믿고 실천했다. 그러나 내게 정치는 숙명, 마치 신내림처럼 피한다고 피할 수 있는 것이 아니었다. 국정원장 퇴임을 전후로 내 의지와 무관하게 나는 정치의 한가운데로 성큼 밀려가고 있었다.

2. 국가정보원장 퇴임 후 찾아온 것들

현직 국정원장의 언론 인터뷰

윤석열 대통령 취임 3일 전인 2022년 5월 7일자로 보도된 《조선일보》 인터뷰 기사가 발단이 아닐까. 인터뷰는 보도가 나가기 이틀 전 시내 모처에서 이루어졌다. 현직 국정원장이 이례적으로 언론과 인터뷰를 하게 된 배경에는 취임하는 윤석열 당시 당선자, 북한 김정은 국무위원장, 그리고 미국 바이든 대통령에게 동시에 메시지를 보내고자 했던 내 나름의 뜻이 있었다.

2022년 5월 초, 당시 대한민국 상황은 매우 긴박했다. 윤석열 당선자의 대통령직 취임은 10일, 미국 바이든 대통령의 방한은 같은 달 20일로 예정되었다. 당시 북한 김정은 위원장은 함경북도 풍계리 3번 갱도에서 핵무기의 소형화·경량화를 위한 제7차 핵실험을 할 수 있는 모든 준비를 완료

한 상황이었고 실제로 핵실험을 위한 여러 가지 징후가 포착되었다.

나는 이처럼 한반도에 중요한 이벤트가 있는 중차대한 시기에 김 위원장을 향해 "한미 정보 당국이 예의주시하고 있다, 오판하지 말라"는 경고를 해야 했다. 그러나 취임식 등을 고려할 때 국회 정보위원회가 열릴 수 없는 상황이어서 이러한 공개적 메시지 전달은 애초에 불가능했다. 윤석열 당시 당선자가 인터뷰에서 밝힌 바 있듯이, 취임 이후 국정원장 독대를 받지 않겠다는 방침에 따라서 나는 물론 국정원은 당선자에게 직보할 기회가 없었다. 따라서 당시 언론 인터뷰는 윤석열 대통령 취임 전, 문재인 정부 국정원장으로서 당선자에게 보고 아닌 보고, 즉 메시지를 전달할 수 있는 유일한 시간이자 유일한 방법이었다. 물론 당시 문재인 정부 청와대의 암묵적인 승인도 이러한 인터뷰를 할 수 있게 한 요인 중 하나다.

인터뷰는 성공적이었고 언론사는 애초에 신문의 지면 후반부 인터뷰 코너에서 이를 다루려고 했지만, 내용이 좋아서 기사처럼 신문 1면의 헤드라인 기사, 그리고 바로 이어 2면으로 싣게 되었다고 한다. 나는 인터뷰에서 첫째, "정권이 바뀌었어도 (후임자 청문회 때문에) 한 달 이상 윤석열 대통령을 모셔야 한다. 지금 문재인 대통령에게 충성을 다하듯 며칠이 있으면 새 대통령을 위해서 이 기간은 충성을 해야 한다. 그래서 내가 조언할 수 있는 시기는 취임 전인 지금뿐이다", 둘째, "중국이 최근 북한에 대륙간탄도미사일(ICBM) 시험 발사와 핵실험 중단을 수차례 요청했고 러시아도 같은 뜻을 전달했다, 그렇지만 북한은 계속 미사일을 쏘고 핵실험을 할 것이다", 셋째, "그러나 김정은이 지금처럼 계속 핵을 가지고 폐쇄 정책을 하면 북한도 붕괴된다고 생각한다, 북미가 싱가포르회담으로 돌아가서 다시 시작해야 한다", 넷째, "mb·박근혜 정부도 북한과 대결을 했지만 남북 간의 대화는 추진했다. 윤석열 정부도 대화해야 한다. 그래야만 문제가 풀린다"고 했다.

특히 "윤석열 당선자를 직속상관으로 섬기게 되었다"는 질문에 "불사이군(不事二君, 두 임금을 섬기지 않음)이란 말이 있는데 난 삼군(三君)을 하게 됐다. 어찌 되었든 나는 충성할 것이다. 국정원의 일이 그렇다. 그래서 그 전에 하고 싶은 말이 있다"라고 전제한 뒤 당시 언론 등에 보도되고 있는 윤석열 정부의 남북 관계 및 외교와 관련한 몇 가지 의견과 우려를 전달했다. 그 내용은 "대통령직인수위원회가 '북한 비핵화'라는 표현을 썼던데 미국도 이러한 용어를 사용하지 않고 '한반도 비핵화'라고 용어를 쓰는데, 우리가 핵을 보유할 수 없기 때문"이라고 말했다. 또한 한미일 군사훈련과 관련해서 "아직은 때가 아니다"라고 얘기했고, 윤석열 당선자에 대해서는 "중요한 것은 윤석열 대통령도 문재인 정부 5년을 인정하고 거기서 출발해야 한다"고 말했다. 나는 당시 후임자가 지명되면 물러나게 될 국정원장으로서 진심으로 윤석열 정부가 성공하기를 바라는 마음을 담아 인터뷰에 임했다.

갑작스러운 해임 통보

윤석열 대통령이 취임한 5월 10일, 신임 국정원장·1차장 인사가 있을 것이라는 보도들이 나오기 시작했다. 통상 국정원장 인사청문회를 거치고 신임 원장이 차장 인사를 하는데 1차장이 같이 발표된다는 소식에 의아해했지만 대수롭지 않게 생각했다. 나는 "5월 9일까지는 국가와 국민은 물론 문재인 대통령께, 그리고 5월 10일 (윤석열) 당선자께서 대통령에 취임하고 원장이 오기 전까지는 새 대통령께도 충성하는 것이 도리"라고 공공연하게 밝혀왔던 것처럼 자리에 연연하지 않았다. 하물며 내가 나고 들 자리를 모르겠는가.

5월 11일 오전, 직원으로부터 '신임 국정원 1차장 임명을 제청해주라'는 요청과 나를 비롯한 국정원 각 차장, 기조실장 정무직 전원에 대해서 사퇴를 해달라는 통보가 왔다'는 보고를 받았다. 보고하는 직원도 당황했고 나도 황당했다. 그날 오후 2시경, 신임 원장, 1차장이 지명 발표되었다. 당시 일부 언론은 이와 같은 인사 발표에 대해서 "국정원장은 국회 인사청문회 대상이기 때문에 인사청문회법에 따른 청문 보고서 채택 등의 절차를 따르면 최소 2주 이상이 걸린다. 따라서 정부가 아무리 빨리 인사 청문 요청안을 국회에 송부하고 국회가 청문회를 연다고 해도 당분간 국정원은 수장이 없는 상태로 운영된다"고 비판했다. 당시 이 보도를 했던 기자는 국정원이 1차장 직무대행 체제로 운영될 것이라고 했는데, 나는 국정원장과 1차장이 동시에 지명된 이유를 비로소 알게 되었다. 당시 신임 원장은 5월 27일에 임명장을 받았는데 실제로 약 2주간의 정보기관 수장 공백이 있었던 셈이다.

나는 대통령실 비서실장, 장관, 당 대표 및 원내대표를 역임해서 인사와 관련한 의전에 대해 잘 안다. 기관 수장 공백이 없는 인사가 모든 인사의 기본이다. 하물며 당에서도 당 대표가 사퇴해 비상대책위를 만들 때면 원내대표가 자연스럽게 비상대책위원장을 겸임하도록 해서 신임 비상대책위원장을 선출 또는 영입하는 모양새를 취한다. 장관이 없는 차관 인사는 없으며, 새 정부에서 장관을 임명할 때도 전임 정부의 국무총리가 제청안을 올린다. 특히 정보기관, 군 등 국가 안보 관련 기관장 인사는 국민의 생명과 안전에 직결되기 때문에 공백을 만들지 않는 것이 상식이다.

나의 사퇴 과정에 대해 개인적인 감정은 물론 특별히 할 말은 없다. 피할 수 없는 현실이라면 담담히 받아들이자는 것이 당시 심정이었다. 국정원에서는 나의 전격적인 사퇴를 전혀 예상치 못했다. 그러나 역시 능력 있는 직원들은 갑작스러운 퇴임이었지만 불과 몇 시간 만에 성대한 이임식을 준비하고 진심으로 환송해주었다. 다시 한번 직원들에게 감사를 드린다. 나는 급히 대변인실을 통해서 이임사 주요 내용을 구술해주고, 오후 4시 대국민 이임사를 발표했다.

"저는 국정원을 개혁의 대상이 아니라 개혁의 주체로 세우고 보복을 단절시켰다. 이제는 미래로 가야 한다. 과거 국정원장은 날아가는 새도 떨어뜨렸다고 하지만 이제는 제가 걸어가도 땅에 있는 새가 안 날아간다. 문재인 정부에서 국정원은 완전히 개혁됐고 지금도 개혁 중이다. 그동안 고마웠다. 국정원 직원 여러분의 원장이어서 진심으로 행복했다. 성원해주신 국민 여러분께도 감사드린다. 저는 개혁된 국정원을 존경하고 직원 여러분을 사랑한다"고 밝혔다. 내가 콕 집어서 "개혁된 국정원"을 언급한 이유가 있었다. 어떤 시련이 와도 앞으로 닥칠 수난을 극복하고 계속 개혁해야 한다는 의미에서 "개혁된 국정원"을 존경하고, 개혁된 국정원을 지키기 위해서 일하는 직원들을 사랑한다고 강조한 것이다.

그러나 이후 불행하게도 국정원은 정권 교체의 후폭풍에 휩싸였다. 언론 보도에 의하면 그사이 국정원에서 많은 일들이 있었지만 세세한 언급은 자제하겠다. 그러나 간간이 나오는 보도를 보고 있노라면 과연 국가 최고 정보기관인 국정원의 내부에서 무슨 일이 벌어지고 있는지 의아할 뿐이다.

어떤 조직이든 인사가 만사다. 인사와 관련된 잡음이 반복되고 특히 안보 관련 기관의 인사 잡음이 외부로 알려지게 되면 조직의 기강이 무너지는 것은 물론 국민이 불안해한다. 나는 지금도 묵묵히 자신의 위치에서 국가와 국민을 위해 한없이 헌신과 봉사를 하고 있을 국정원 직원들을 생각하면 가슴이 아프다.

광화문·여의도·서초동 인생

국정원장에서 물러난 후 나 또한 경찰과 검찰의 조사·수사를 받았고, 지금은 재판을 받고 있다. 검찰 수사와 관련해서 내 인생은 롤러코스터 인생이다. 실제로 언론에 보도된 바 있는데 나는 국민의 정부 임기 말에는 대통령 비서실장으로서 소위 '대신한다는 의미의 대신 代 자'를 쓴 대통령(代統領)이라는 실세로 천당에 있었다. 그러나 정권이 재창출된 노무현 정부에서는 대북송금특검으로 기소되어 곧장 지옥으로 추락해 감옥에서 보냈다. mb·박근혜 정부 때는 감옥에서 나와 지상에는 있었지만 두 정권 내내 검찰 수사와 재판을 받았다.

15년 동안 검찰과 싸우고 15년 동안 재판을 받았는데, 문재인 정부가 끝나고 서해 공무원 사망 사건에 대한 수사를 기점으로 다시 그 싸움이 시작된 것이다. 그런데 이 싸움은 과거와 달리 검찰은 물론 경찰, 감사원 등까지 포함하여 전방위로 진행되고 있다. 예를 들면 서해 공무원 사망 사건과 관련해서도 나는 당시 검찰 조사를 받고 있었는데, 감사원도 이 사건과 관련해 나에게 출석 조사를 요구했다. 나는 "이미 국정원에 의해서 동일 사건으로 고발되어 검찰의 수사를 받고 있었던 상황이었고, 퇴직한 공무원으로서 감사원 조사 대상이 아니기 때문에 감사원의 조사에 출석할 의무가 없다"고 하는 변호사의 조언에 따라서 불출석했고, 이러한 의견을 변호인을 통해 감사원 측에 전달했다. 그러나 감사원의 계속된 출석 요구에 나와 변호사는 "그렇게 정히 꼭 조사하겠다고 하면 서면 조사에 응하겠다"는 의견을 전했지만 결국 감사원은 이러한 요청을 거부하고 감사원 조사 불출석으로 고발해 결국 경찰 수사, 검찰 송치 수순을 밟게 되었다.

이뿐만이 아니다. 국정원장 퇴임 후 각종 보수 시민단체, 정치권, 그리고 개인이 고소·고발한 수많은 사건이 밀물처럼 밀려왔다. 학교 다니면서 숙제가 밀린다는 말은 들어봤지만 정치하면서 이렇게 수사가 밀려본 경험은 나도 처음 겪었다. 나는 방송 출연 및 언론 인터뷰, 전국 특강 등을 하면서 동시에 경찰과 검찰의 조사·압수수색·재판까지 받느라 지금도 본의 아니게 바쁜 날들을 보내고 있다. 그러나 국정원장직에서 물러나면서 서초동을 떠났지만 또 다른 이유로 서초동을 벗어날 수가 없는 것이 나의 운명이라 생각하고 담담하게 받아들이고 있다.

나의 무죄와 무혐의를 변호하는 것은 이 글의 목적이 아니다. 나의 재판과 관련해서는 유능하고 또 무엇보다 헌신적으로 일하는 소동기 변호사에게 일임하고 있다. DJ 말씀처럼 잘못했으면 인정하고 사과를 하지만, 진실이 아니면 끝까지 싸워야 한다. 나는 어떤 경우에도 DJ 비서실장답게 행동할 것이다. 국정원장 퇴임 후 나에 대한 압수수색 등 관련 보도가 나왔던 때나, 요즘도 내가 법원에 재판을 받기 위해서 출석하는 방송 보도가 나올 때면 많은 분이 전화를 걸어와 안부를 묻고 걱정해주신다.

그럴 때마다 "윤석열 정부가 나를 감옥에 가두면 나는 다음번 대통령 배지를 달고 나오는 셈이다. 만약 배지를 안 주면 내가 만들어서라도 나올 것"이라는 농담으로 고마운 분들을 안심시키곤 한다. 하지만 나도 언제까지 이 지루한 싸움을 해야 하는지 알 수는 없다. 그러나 재판에 성실하게 임하면서 끝까지 싸울 것이라는 사실만은 분명하다. 나에게는 내가 믿고 의지하는 국민과 당원이 있고, DJ 내외분, 그리고 아내와 가족이 있기 때문이다.

3. 국정원을 위한 변명

원죄, 어두운 국정원 과거사

나는 국정원장 재임 중에 자랑스러운 국정원 직원들과 함께 국정원이 해야 할 일과 하지 말아야 할 일을 명확하게 규정한 국정원법 전면 개정안을 국회의 협조로 통과시켰다. 명실상부한 법과 제도에 의한 국정원 개혁을 완성했다. 당시 문재인 정부의 청와대에서는 국정원 개혁의 일환으로 국정원의 명칭을 대외정보연구원이라고 바꾸는 것을 선호했지만, 국정원 직원들과 많은 국민이 DJ정부에서 만든 국가정보원이라는 기관명에 애정을 가지고 있었기 때문에 나는 이 이름을 지켰다. 말도 많고 탈 많은 국정원 대공수사권 경찰 이관 문제도 3년 유예 기간을 두고, 그사이 경찰과 업무 협의체를 만들어서 국정원이 보유한 노하우를 경찰과 공유하도록 했으며, 이 과정에서 국가보안법

위반 혐의와 관련된 단체에 대한 조사 및 기소도 하였다.

그러나 내가 가장 큰 역점을 두었다고 자부하는 일은 치열한 선거 운동 과정에서 국정원의 과거 어두운 역사를 취사선택해서 정치의 한가운데로 소환하려는 정치권의 시도에 방패막이가 되려고 했던 점이다. 나의 이러한 노력에는 우선 정치에 개입하지 않았던 국정원 직원들의 노력과 협조가 절대적이었다는 것은 두말할 나위도 없다. 국정원은 이제 법 개정을 통해서 국내 정보를 수집할 수도 없고, 정치에는 더더욱 개입할 수도 없게 되었다. 적어도 국정원 스스로에 의해서 국내 및 정치에 관한 정보를 수집하여 정치에 개입할 개연성은 거의 줄어든 것이다.

그러나 정치의 계절, 선거 때만 되면 국정원은 자신의 어두운 과거사가 원죄가 되어 어김없이 정치의 한가운데로 소환된다. 나는 지방선거와 대선 시기에 국정원의 정치적 중립을 강조하는 포스터를 국정원 곳곳에 붙여놓았고, 전 직원을 대상으로 정치 중립성 교육을 일상화했다. 공개·비공개 석상에서는, 만약 유력 캠프에 줄을 대거나 유력 인사들을 만나 정보 제공을 시도하는 등, 정치에 개입하는 시도를 하는 직원이 있다면 엄벌하겠다고 공언했고 직원들은 당연히 이 약속을 실천했다. 그런데 내부적으로 아무리 철저히 준비하고 실천해도 정치권은 국정원을 그냥 두지 않는다. 대표적인 일화가 몇 가지 있다.

2021년 2월 중순, 4월에 있을 모 광역자치단체장 보궐선거를 앞두고, mb정부 청와대가 국정원으로 하여금 정치인을 사찰하게 했다는 것과 관련된 문건이 언론에 보도되었다. 보도에 의하면 18대 국회의원은 물론, 언론계·문화계 등에 대한 전방위적인 사찰 등 불법적인 방법이 아니면 수집할 수 없는 정보들도 있었다. 시민단체와 당사자들은 정보공개청구소송을 통한 법원의 판결로 관련 문서를 제공받았는데 어떤 경위인지는 알 수 없지만 해당 문건이 언론에 보도되면서 mb정부 당시 국정원과 청와대에 의한 정치인 및 민간인 사찰이 알려졌다.

사실 이 내용들은 문재인 정부 출범 당시 소위 국정원 적폐 청산 수사, 댓글 사건 수사 등을 통해 이미 알려진 바가 있다. 여당인 더불어민주당은 당사자가 요구하지 않더라도 불법 사찰 문건이기 때문에 문건의 완전한 공개를 주장했으며, 야당은 이러한 특정한 시기의 특정한 문서가 공개 및 보도가 된 것은 지방선거에 개입하기 위한 국정원발 정치 공작이라고 강하게 비판했다. mb정부 청와대 출신 정치인이 보궐선거에 출마했기 때문에 더불어민주당으로서는 당시의 불법 사찰 자료를 더 많이 공개하는 것이 선거에 득이 될 상황이었고, 반대로 야당은 자료 공개를 반대하거나, 만약 자료를 공개한다면 과거 국정원에 국내 정보 수집 기능이 있었기 때문에 진보 정부 시절에도 국정원 사찰 문건이 존재할 것이니 이것도 함께 공개해야 한다고 주장했다.

당시 더불어민주당 일부에서는 "박지원 원장이 국정원에 들어가더니 이제 국정원 사람이 다 되어서 국정원을 보호하려고 한다"고 비판했고, 의원단이 국정원으로 항의 방문을 하여 국정원의 자료 공개를 압박했다. 야당은 야당대로 선거를 앞둔 국정원의 정치 개입이라고 국정원 정문 앞에서 시위를 하는 등 국정원은 그야말로 동네북 신세였다. 나는 국회 정보위원회에서 불법 사찰 문건 자료는 "어떤 경우에도 법과 원칙에 의한 공개를 할 것이며, 국회 정보위원회 3분의 2의 의결, 또는 정보 공개 관련 법령에 따라서 당사자의 정보공개청구가 있으면 이를 검토하여 최대한 협조를 하겠다"고 단호하게 대응했다.

그러나 논란은 쉽게 수그러들지 않았다. 박근혜 정부는 물론 DJ·노무현·문재인 정부를 넘어 국정원의 60년간 불법적으로 수집된 자료 공개 논쟁으로 비화되었다. 소모적인 논쟁이었지만 어두운 국정원의 과거사가 자초한 현실이었다. 그러나 당시 핵심 관련자가 모두 퇴직한 데다, 대부분의 사건들은 공소시효가 지났음에도 불구하고, 선거

시기 정치권의 이러한 논쟁 때문에 미래로 나아가려는 현재의 국정원이 또다시 정치의 한가운데로 소환되었다는 것은 부인할 수 없는 사실이었다.

동네북 국정원과 국정원장의 역할

이러한 사례는 또 있다. 2022년 2월 14일, 대통령 선거를 앞두고 국민의힘은 "국정원의 정기적인 노후 서버 교체 작업에 대해 국정원 존안 자료가 저장된 메인 서버를 교체하는 것"이라며 증거 인멸을 주장했다. 당시 서버 교체는 자료를 저장하는 DB 서버를 교체하는 것도 아니고 국정원이 공개적으로 밝힌 바와 같이 내구연한이 도래한 행정기관 전자문서 유통 및 홈페이지 운영 등과 관련된 시스템 서버를 순차적으로 교체하는 일상적인 일이었다. 국회 정보위원회에 관련 사업과 예산이 진작 보고되어 승인된 것으로 이미 추진 중인 사업이었다.

그럼에도 일부에서는 박지원 원장이 정권이 바뀔 것 같으니 메인 서버를 교체해 문재인 정부 관련 문서를 다 삭제하려 한다는 허무맹랑한 이야기까지 나왔다. 당시 국민의힘은 대선 선거대책본부 차원에서 긴급 기자회견을 했다. 국정원은 국회를 찾아가 소상하게 설명했지만 이미 의혹은 세상에 퍼진 상태였다. 그러나 국정원은 대선 시기의 또 다른 정치 개입 논란이 될까 봐 두려워 정치권의 '아니면 말고'식의 폭로에 아무 대응도 하지 못하고 속수무책으로 당할 수밖에 없었다.

내 개인적으로도 이러한 경험이 있다. 소위 2021년 9월 터진 '고발 사주' 사건이 그것이다. 윤석열 당시 전 검찰총장은 대선 출마를 선언하고 국민의힘에 입당해 경선을 준비하고 있었다. 공익 제보자 폭로로 고발 사주 사건이 터지자, 국민의힘 윤석열대선경선후보자캠프 측 등은 박지원이 이러한 의혹을 언론에 제보토록 했다는, 소위 '제보 사주' 사건으로 역공했다. 나와 공익 제보자, 그리고 나중에 당시 국민의힘 홍준표대선경선후보자캠프 인사로 밝혀졌지만, 국정원 퇴직 직원, 이렇게 세 사람이 모여서 '고발 사주' 사건을 언론에 제보하려고 모의했다는 주장이었다. '박지원 게이트' 등 별의별 의혹이 제기되었고 차마 입에 담을 수 없는 마타도어가 난무했다.

윤석열캠프와 국민의힘은 나와 공익 제보자, 그리고 성명 불상의 국정원 퇴직 직원을 고발했다. 공수처는 나를 불기소하고, 당시 내가 언론에 윤석열 후보자에 대해 발언한 사실만 공직선거법위반, 명예훼손 혐의로 기소 의견으로 검찰에 송치했다. 그러나 이마저도 검찰은 불기소 처분

했다. 2022년 11월, 법원도 국민의힘의 재정 신청에 대해서 공수처 등의 불기소 처분이 정당하다는 판결을 했다. 당시 국민의힘 대선 캠프의 주장에 대해 기자들의 반론 보도 취재 요청이 엄청나게 쏟아졌지만 나는 거의 거절했다.

나의 입장을 묻는 일부 언론에 "나는 국정원이 정치에 개입해서는 절대 안 된다는 김대중 전 대통령, 문재인 전 대통령의 말씀을 지켜왔다. 내가 만약 그런 일을 했다고 하면 어떻게 그분들 앞에서 얼굴을 들 수가 있겠냐, 가만히 있는 호랑이 꼬리를 밟지 말라"면서 국민의힘과 윤석열캠프를 향해 경고했다.

나는 그때 정말로 국정원장직을 사퇴할까 아주 잠시 순간적으로 고민했다. 앉아서 당할 바에는 자유롭게 말할 수 있는 세상에 나가서 내가 하고 싶은 이야기를 다 하자는 생각이 들기도 했던 것이다. 나는 국회 법제사법위원이었던 2013년 10월, 서울고등검찰청 국정감사에서 기관 증인으로 출석한 윤석열 당시 여주지청장에게 '국정원 댓글 사건 수사 과정에서 외압이 있었느냐'는 취지로 물은 적이 있다. 윤석열 당시 지청장은 나의 질문에 "예"라고 답변하여 외압의 실체가 세상에 드러나게 되었고, 당시 국정감사장에 있던 법무부와 검찰 간부들이 "아" 하는 탄성을 내뱉었던 기억이 또렷하다.

또한 나는 문재인 정부 청와대의 조국 민정수석 시절, 윤석열 대통령의 검찰총장 임명 과정, 그리고 이후 조국 민정수석과 윤석열 검찰총장 사이에서 메신저 역할을 하면서 문재인 정부 성공을 위해 둘 사이 갈등을 중재하고 서로를 이해시키려고 나름 노력해왔다. 소통의 내용을 자세히 밝힐 수는 없지만 나는 당시 조국 수석과도, 윤석열 총장과도 막역하게 소통하고 있었다. 윤석열 대통령은 서울중앙지검장 시절 내 아내 빈소에도 친히 조문을 온 바가 있다.

이러한 사정을 잘 알고 있는 윤석열 당시 대선 경선 후보가 아무리 정치적 수사라고 할지라도 "정치 공작" 운운했을 때는 솔직히 조금은 서운했고, 잠시 평정심을 잃기도 했다. 이후 대선은 윤석열 후보의 승리로 끝났다. 나는 대선 결과와 상관없이 국정원의 정치 개입 및 직원의 정치 개입이 없었다는 사실에 안도했을 뿐, 선거 과정에서 벌어진 이러한 일들은 다 잊고 있었다. 그러나 윤석열 대통령이 취임하자마자 신임 원장이 임명되기도 전에 국정원장 사퇴 통보를 받았을 때는 다시 이러한 인연과 악연이 떠올라 만감이 교차했다.

어두운 국정원 과거사 정리를 위하여

퇴임 후 첫 방송으로 CBS 라디오 〈김현정의 뉴스쇼〉에 출연했을 때, 사회자가 본격적인 인터뷰에 앞서 의례적으로 재임 시절에 가장 아쉬운 점이 무엇이냐고 질문했다. 나는 "국정원에 보관 중인 과거사 관련 자료들이 이제 더 이상 정치적으로 이용당하지 않도록 당사자들의 동의하에 열람하고 폐기하는 특별법 제정을 국회가 수용하도록 설득하지 못한 일이 가장 아쉽다"고 답했다.

이렇게 해서 나는 소위 '국정원 X파일'로 방송을 요란하게 다시 시작하게 되었다. 나는 종종 "국정원 60년 역사는 김대중 탄압사"라고 이야기해왔다. 사실이다. 그러나 나는 과거 국정원에서 소위 김대중, 김홍업 의원, 박지원이 해외로 빼돌렸다는 부동산 등 은닉 재산을 찾기 위해 대한민국 국세청, 미국 중앙정보국(CIA), 연방수사국(FBI), 국세청(IRS)까지 동원해서 비밀리에 이루어진 정치 공작, 일명 '데이비슨 작전', 또한 노무현 전 대통령 친인척과 관련된 '연어 작전' 등에 대한 자료를 보려고 하지도 않았고, 당시 이 일에 관련된 사람들이 지금 어디서 무엇을 하는지도 묻지 않았다.

대통령 당선 이후 DJ와 이희호 여사께서 전두환과 노태우를 용서했던 것처럼 나도 배운 그대로 행동에 옮겼다. 이러한 복수의 악순환을 끊지 않으면 국정원의 어두운 과거사는 권력이 바뀔 때마다 어떤 식으로든 정치적 목적에 의해 활용될 것이 뻔하기 때문이다.

나는 기회 있을 때마다 국정원 간부와 직원들에게 "박정희·김종필의 중앙정보부도, 전두환·노태우의 안전기획부도, 김대중과 문재인의 국정원도 다 국정원의 역사다. 과거 잘못이 있다면 직원들은 단지 대통령, 원장을 잘못 만나서 그런 일을 하게 된 것"이라며 "지금 자신의 자리에서 엄정한 정치 중립을 실천하면 국정원은 국민의 사랑을 받는 최고 국가 정보기관으로 다시 태어날 수 있다"고 강조했다.

이제 국정원은 더 이상 국내 정치에 개입하지 않는다. 국정원법 개정으로 국내 정보 수집 등을 완전히 차단하여 국정원 스스로 정치에 발을 들여놓는 것은 애초에 불가능하다. 그러나 정치권에서는 어떤 식으로든 과거 국정원의 역사를 현재로 소환해 정쟁의 대상으로 삼고 있다. 특히 선거 시기에는 더욱 그러하다. 국정원이 정치권에 의해 자신의 의지와 무관하게 활용된다면 이만큼 불합리한 일이 어디 있겠는가. 국정원의 절대 다수 직원들은 국가와 국민을 위해 한없이 충성하고 헌신하며 미래로 나아가고 있다.

그러나 국정원을 보는 정치권의 시각은 여전히 진영 논리에 갇혀 있다. 국정원이 정권의 1호 전리품이 된다는 것은 다른 말로 하면 새로운 정권의 1호 폐기물이 된다는 의미다. 당장 5년 또는 10년마다 이것을 직접 경험하는 국정원 구성원들이 제대로 일할 수 있겠는가. 이러한 상황에서는 국정원이 다시 과거로 돌아가려는 유혹을 끊임없이 받을 수 있고, 누군가는 실제로 일탈할 수도 있다.

국정원의 과거사와 관련된 자료를 어떻게 해결하는 것이 최선인지 나는 잘 모른다. 그러나 과거의 일로 인해 오늘의 국정원이 망가진다면 진지하게 해결 방법을 찾아야 한다. 국정원의 어두운 과거를 덮자는 이야기가 아니다. 어두운 과거사도 국정원의 역사다. 그러나 진상을 규명해 피해자의 명예를 회복하는 것과 선거·정치에 과거사를 이용하려는 시도는 다르다. 세계는 우주·환경 기후 정보, 양자 역학, 산업 스파이, 사이버 등을 둘러싼 최첨단 미래 전쟁의 시대에 있다. 우리만 과거 어두운 역사를 꺼내서 국가 최고 정보기관을 무력화하는 우를 범해서는 안 된다. 국회와 윤석열 대통령이 이와 같은 악순환을 끊어내야 한다. 시간이 얼마나 걸릴지는 모르지만, 피해자와 당사자들의 의견을 최대한 수렴해 해결 방안을 도출해야 한다. 내가 국회에 요청한 것처럼 과거 국정원이 국내 정보를 수집해서 국내 정치에 개입하고, 인권을 탄압하고 민주주의를 말살했던 데에 활용된 불법 자료(대부분 공소시효가 끝난 자료)들을 처리하는 특별법을 제정해야 한다.

물론 이 과정에서 피해자의 동의, 그리고 이들에 대한 명예 회복과 진상 규명도 함께 이루어져야 한다. 국정원도 철저히 협조해야 한다. 동시에 국정원의 구성원들도 달라져야 한다. 특히 정보기관의 특성상 상명하복과 보안이 생명이지만 시대 변화를 수용하고, 정치권의 외압에도 당당하게 대처해야 한다. 특히 정무직을 비롯한 간부들이 이러한 외압에 정면으로 맞서야 한다. 국민의 대표 기관인 국회에서 결정된 의결 사항과 의견은 반드시 존중해야 하지만, 정당 등 정치권의 부당한 요구는 당당히 거절해야 한다. 조직 이기주의가 아니라 오직 국가와 국민을 위해 품위 있고 현명하게 반대할 수 있어야 한다. 그래야 험난한 대한민국 정치판에서 국정원은 살아남을 것이고, 국정원을 지킬 수 있을 것이다.

나는 전직 국정원장으로서 내게 새롭게 부여된 정치적 소명 중 하나가 바로 이것이라고 생각한다. 국정원을 놓고 벌이는 정치권의 이전투구를 끝내는 일, 국정원과 우리 정치, 그리고 궁극적으로는 대한민국 발전을 위해 국정원의 어두웠던 과거 역사를 국민적 합의로 정리하는 것, 이것이

나의 남은 정치 인생에서 국정원 직원에게 봉사하고, 국민에게 봉사하는 길이라고 믿는다. 제발 다음 선거 때에는 국정원의 어두운 과거 역사가 소환되지 않기를 바랄 뿐이다.

3부 국가 재난시대, 국민 수난시대

1. 윤석열 정부의 4대 위기

외환 위기보다 더 심각한 위기

나는 매일 아침 DJ와 대화한다.

죽을 때까지 계속될 의식(儀式), 루틴이다. 나는 김대중 총재 대변인 시절부터 매일 새벽 5시에 일어나 아침 신문을 보고, 6시 반까지 DJ의 동교동, 일산 자택으로 출근했다. 대통령 당선자 대변인 시절에도 마찬가지였다.

어슴푸레한 새벽, '끼~익' 하고 대문 열리는 소리, 어딘가에서 개 짖는 소리, 자택 안의 인기척 소리. 지금도 그 새벽들이 눈과 귀에 선하다. 새벽, DJ는 항상 정자세로 앉아서 신문을 정독하시거나 무언가 메모를 하셨다. DJ와의 대화는 짧다. 간밤 상황을 보고하고, 아침 신문에 보도된 현안에 대한 대응을 간단히 정리하고, 하루 일정을 확인하는 것이다. 밤새 광화문·마포·여의도에서 기자들, 정치인들

과 헤매고 다녀도 DJ와의 새벽 대화는 어김없이 이루어졌
다. 해외에서도, 청와대에 들어가서도 마찬가지였다. 김대
중 총재님, 대통령님은 늘 그 자리에 계셨고, 나도 늘 함께
있었다.

당신은 떠나셨지만 나는 지금도 눈을 뜨면 '지금 DJ라면'
으로 하루를 시작한다. '만약 지금 대통령께서 살아 계신
다면 이 일을 어떻게 처리하셨을까. 국민에게 어떤 말씀을
하셨을까. 박지원에게는 어떻게 하라고 하셨을까.' 매일 아
침 30분간 조간을 훑어보면서 여쭈어본다. YTN과 연합뉴
스TV의 자막 뉴스가 국제·정치·경제·사회·스포츠까지 한
바퀴를 돌게 되면 비로소 DJ와의 대화는 끝난다. DJ와의
대화가 끝나면 예정된 아침 방송을 시작한다.

2022년 9월 19일, 《전남매일》이 운영하는 '제4기 CEO
경제 아카데미'에서 특강을 요청해왔다. 주최 측과 함께
강연 주제와 제목에 대해 상의했는데, 나는 주저 없이 '지
금 DJ라면'으로 강연 제목을 잡았다. 주변에서는 "제목이
너무 간결하다", "먹는 라면 생각이 난다"라는 등 다양한
의견도 있었지만, 공보 분야에서 오래 활동해 언론 감각이
탁월한 김정현 전 민주당 수석부대변인 등 많은 지인들이
이 제목과 주제가 "나에게 특화된 콘텐츠"라며 좋은 제목
이라고 했다. 나는 이 책을 쓰고 있는 지금까지 50회 넘게

'지금 DJ라면'을 주제로 특강을 해왔다.

지금 DJ라면 윤석열 정부 2년차, 우리 시대를 "국가 재난시대, 국민 수난시대"라고 하셨을 것이다. 민주주의는 파괴되었고, 서민 민생경제는 피폐해졌고, 남북 관계는 일촉즉발이며, 외교는 파탄이 났다. 꽃다운 젊음을 앗아간 이태원 참사, 어이없는 오송 지하 차도 참사, 서이초등학교 한 교사의 죽음을 시작으로 계속된 교원들의 죽음, 문재인 정권에 대한 대대적인 수사, 고 채수근 상병 사망 사건의 수사를 담당했던 박정훈 전 수사단장에 대한 국방부 등 윗선의 외압 의혹, 감사원 등 헌법기관의 혼란과 갈등, 방송통신위원회·방송문화진흥회·KBS 등 언론 기관에 대한 정권의 대대적인 외압 등…. 국가적으로, 국민적으로도 형언할 수 없는 참사가 벌어지고 있다. 마치 mb정부 출범 1년 만에 민주주의, 서민 민생경제, 남북 관계가 파탄났을 때와 흡사한 상황이다.

mb가 대선 후보 시절 동교동을 찾았을 때, 당시 DJ는 혼신의 힘을 다해 햇볕정책을 역설했다. 내 기억으로 mb는 다섯 번이나 DJ의 그 말씀이 옳다고 했다. mb가 당선되었을 때 DJ도 처음에는 mb정권에 일말의 기대를 걸었다. 실용주의자이고 또 사업으로 성과를 냈던 사람으로서 국가를 잘 경영하리라 생각했다.

그러나 mb정부는 2008년 출범 후 어긋나기 시작했다. DJ는 2008년 미국산 수입 소고기 반대 등으로 촉발된 촛불집회를 보면서 마침내 기대를 접게 되었다. DJ는 "꿈만 같다. 민주정부 10년으로 민주주의는 반석 위에 있는 줄 알았다. 내가 착각했다"면서 2009년 새해 벽두, mb정부를 향해 "민주주의 위기, 서민 민생경제 위기, 남북 관계 위기, 이 3대 위기의 정부"라고 규정했다.

그러나 지금 윤석열 정부의 위기는 더욱 심각하고 치명적이다.

mb정부의 3대 위기에 외교의 위기가 추가되었는데, 이 4대 위기는 각각 다른 위기에 영향을 주고 있다. 민주주의 위기는 정치에서 끝나지 않고 서민 민생경제 위기로, 외교의 위기는 경제 위기·남북 관계 위기로 연결되고, 또 남북 관계의 위기는 다시 외교의 위기로 연결되는 것처럼 윤석열 정부 4대 위기들이 실타래처럼 얽혀 있다. 그래서 이 위기는 총체적이고 위기를 극복하는 일 또한 간단치 않아 보인다. 여기에는 다음과 같은 근본적인 이유가 있다.

정치 경험과 정치적 부채 의식 없는 대통령

첫째, 대통령과 관련된 문제다. 윤석열 대통령은 대한민국 역사상 가장 단시간에, 어떤 의미에서는 가장 쉽게 대통령이 되었다. 2021년 3월 4일 검찰총장직 사퇴, 2021년 6월 29일 대통령 선거 출마 공식 선언, 2021년 7월 30일 국민의힘 입당, 2021년 11월 5일 국민의힘 대통령 후보 선출, 2022년 3월 9일 제20대 대한민국 대통령 당선. 이것이 윤석열 대통령이 가진 정치 이력의 전부이다. 정통 특수부 검사, 검찰총장에서 바로 대통령이 되었다. 정치 경험은 전무하고 수사 경험만 넘친다.

대통령이라는 직책은 평생을 준비해도 쉽게 될 수 없고, 또 되어서도 성공하기 쉽지 않다. 1997년 12월 19일, DJ가 대통령에 당선된 첫날 아침, 나는 DJ 내외분과 여느 때처럼 일산 자택에서 아침을 먹고 있었다. 내가 "총재님, 오늘은 기분이 이상합니다. 제가 이렇게 대통령님 내외분과 식사를 하고 있으니 말입니다"라고 하자, DJ는 "어허! 이 사람" 하며 쑥스러워하시면서도 좋아하셨다. 이희호 여사는 파안대소하셨다. 그런데 그때 비서를 통해서 가지고 온 노트에는 이미 청와대 비서실 조직도가 자세히 그려져 있었다. 준비된 대통령, DJ!

평생을 준비했지만 실패하고, 다시 도전하고, 그러나 또다시 실패하고 도전하여 마침내 지도자가 되었던 '준비된 대통령' DJ도 국정운영에 늘 골머리를 앓고 어려움을 겪으셨다. 하물며 정치를 모르고 대통령을 준비한 기간보다 대통령 재직 기간이 더 긴 대통령이 자신이 자초한 이 위기를 순순히 인정하고 극복할 수 있을까. 검찰 출신 측근들이 대거 주변에 포진해 있고 검찰총장식 정치를 하는 대통령이, 자신이 자초한 이 위기를 수사가 아닌 어떤 방식으로 적극적으로 극복해나갈 수 있을까. 최근 들어서 나는 점점 더 회의적이다.

윤석열 정부는 검정일체(檢政一體) 정부다. 수사와 정치 사이에 경계가 없다. 아니, 수사로 정치를 끌고 가는 형국이다. '대통령은 정치를 수사하듯이 하고, 검찰은 수사를 정치하듯이 한다.' 본디 수사는 무자비하다. 직전 대선에서 0.73% 차이로 패배한 국회 제1당, 야당 대표와 관련해 정권 출범 전후 지금까지 수없이 압수수색을 하고, 야당 대표가 단식 10일째를 맞고 있었던 상황에서 무슨 죽을죄를 지었는지 모르겠지만 1차 소환해서 11시간 동안 조사하고, 2차 소환 조사에 이어 국회 회기가 열릴 때를 기다려 체포동의안을 청구하는가. 수사가 아니고서는 정치의 영역에서는 도저히 설명할 수 없다.

수사는 성역이 없지만, 그러나 정치는 상대가 있다. 좋든 싫든 상대를 인정해야만 한다. 수사는 선악의 이분법이다. 그러나 정치는 현실 어딘가에서 타협하고 그러기 위해서는 서로 양보해야 한다. 수사는 상명하복이다. 그러나 정치는 숙의와 토론, 여론과 민심을 고려해야 한다. 민심이 두렵기 때문에 대통령을 배출했던 정당이 대통령을 출당시키기도 하고, 대통령을 탄핵하기도 한다. 윤석열 정부 출범 이후 정치는 없고 수사만 있다.

2023년 9월 5일 〈더탐사〉가 공개한 녹취록, 당시 자연인 신분이었던 윤석열 대통령이 검찰총장직을 그만두고 국민의힘에 입당하기 전 모 인사와 나눈 대화 녹취록은 아무리 사적인 통화라고 해도 정말 충격적이다. 언론 보도에 의하면 윤석열 대통령이 하고자 하는 정치의 목적은 오직 분노이며, 정치철학의 빈곤이 곳곳에서 드러나고 있다. 언론에 보도된 몇 가지만 인용해보겠다. "나는 정권 교체하러 온 사람이지 대통령 하려고 나온 사람이 아니다", "나는 대통령도 그런 자리가 나한테는 귀찮다", "국힘에 이걸(정권 교체) 할 사람이 없어서 내가 나간다", "이준석이 아무리 까불어봤자 3개월짜리다", "후보가 되면 비대위원장이 돼서 당 대표부터 전부 해임할 수 있다. 걱정 말라" 등등. 아무리 사적인 대화이지만 일국의 대통령이 되겠다는 사람이 정당 제도, 의회 민주주의 등의 헌법적 가치를 완전히 무시하고 있다. 이 녹취록을 듣고 있노라면 공직자 윤석열 검사는 능력 있고 수사 잘하는 강단 있는 검사였을지 모르겠지만 대통령으로서 과연 그에 걸맞은 민주주의에 대한 이해와 소양을 갖추었는지는 의문이다.

전직 대통령은 물론 야당 대표 및 야당과의 소통 부재, 국회 무시, 국민의힘 전당대회에서 소위 '윤심' 논란 등, 윤석열 대통령 당선 이후 벌어진 일련의 일들은 이 녹취록을 생각해보면 우연이 아니다. 서로 죽일 듯이 싸워도 벼랑 끝에서 손을 잡고 환하게 웃으면서 돌아오는 것이 정치다. 그 맛에 정치를 하고, 국민은 그런 모습에 박수를 보낸다. 윤석열 대통령에게는 그런 정치 경험, 함께 손을 잡고 벼랑 끝에서 돌아오는 통합의 경험이 없다. 그래서 나는 이 위기가 더욱 심각하고 극복하기 힘든 위기라고 생각한다.

둘째, 윤석열 대통령은 정치적 부채 의식이 없다. 자신이 누군가에게 신세를 지고 있어서 이를 갚아야 한다고 생각하는 사람은 주변 사람들에게 늘 미안해하고 각별하게 대한다. 소위 '정치판'도 마찬가지다. 국회의원이 '내가 잘나서 당선된 것'이라고 생각하면 금세 목에 힘이 들어가고, 사람이 뻣뻣해진다. 따라서 책임감도 반성도 없다. 주변에 사람이 없어지는 것은 순식간이다. DJ는 자신 때문에 피해를 입고 고생했던 국민, 차별받은 호남, 그리고 핍박받은 동지들에게 돌아가실 때까지 미안해하셨다. 김대중 내란음모 조작사건으로 사형 선고를 받자 DJ는 최후 진술에서 "내 판단으로는 머지않아 1980년대에는 민주주의가 회복될 것입니다. 나는 그걸 확실히 믿고 있습니다. 그때가 되거든 먼저 죽어간 나를 위해서든, 또 다른 누구를 위해서든 정치적인 보복이 이 땅에서는 다시는 행해지지 않도록 부탁하고 싶습니다. 이것이야말로 내 마지막 남은 소망이기도 하고 하느님의 이름으로 하는 내 마지막 유언입니다"라며 독재정권의 집요한 전향 유혹을 거부하며 담담히 죽음을 받아들였지만 남은 동지들의 안위에 대해서는 마지막 순간까지 걱정하셨다.

DJ는 당신은 죽더라도 어떻게든 주변 사람과 국민을 구해보려고 했다. 다행히 DJ는 이후 무기징역으로 감형되고 미국으로 망명했는데, DJ가 망명을 받아들인 결정적인 이유도 구속된 동지들 때문이었다. 1982년 12월, 독재정권의 망명 제안을 거절했던 DJ는 결국 그 뜻을 접게 된다. "그래야 동지들이 살 수 있다, 동지들도 살려 주겠다는 약속을 받았다"는 이희호 여사의 간곡한 설득 때문이었다. 그해 12월 16일 DJ는 청주교도소에서 서울대학교 병원으로 이송되었고, 이날 정부는 'DJ와 가족의 요청으로 신병 치료 등의 인도적인 조치를 내린다'고 발표했다. 이후 구속 수감된 동지들도 대거 석방되었다. 동료와 동지들에 대한 정치적 부채 의식, 미안함 때문에 DJ는 죽음과도 바꾸지 않았던 명분과 소신을 접었던 것이다.

그러나 윤석열 대통령은 다르다. 앞서 녹취록에서 볼 수 있듯이 '자신 때문에 국민의힘이 정권을 잡았지, 안 그랬으면 다 죽었을 것'이라는 생각을 하고 있는 것은 아닐까. 정치적 부채 의식이 없는 것을 넘어 정치적 채권 의식이 넘쳐나는 것은 아닐까. 심지어 국민의힘 내 상당수도 윤석열 대통령에 대해서 마치 '죽어가는 당을 살린 메시아'로 생각하는 것 같다. 따라서 대통령이 절대적으로 옳기에 대통령의 잘못은 없고, 설사 또 잘못해도 사과는 없다. 더욱이 그 직업 특성상 검사들은 잘 사과하지 않는다. 수사해서 기소하면 그뿐이고, 설사 재판에서 지더라도 어떤 불이익도 받지 않는 것이 검찰이기 때문이다.

나는 국회 법제사법위원회 위원으로 활동할 때, 늘 검찰을 향해 "왜 어두운 과거사에 대해 유독 검찰만 사과하는 것을 주저하느냐. 법원도 자신의 판결로 과거 군사독재정권 시절의 잘못에 대해서 사과를 하는데, 이러한 사건들을 조작하고 기소한 검찰은 왜 사과하지 않느냐"고 수없이 촉구했다. 그러나 검찰은 끝내 사과하지 않는다. 지금까지 윤석열 정부에서 벌어진 잇단 국민적·외교적 참사에도 윤석열 대통령은 물론 대통령실, 그리고 정부 관계자 그 누구도 국민 앞에서 진솔한 사과를 한 적이 없다. 나아가 윤석열 정부 장관들을 비롯한 관계자 그 누구에게도 잘못에 대한 책임을 묻는 것을 국민은 본 적이 없다. 정치 부채 의식이 없고 정치적인 채권 의식만 있는 대통령이기 때문일 것이다. 그래서 대통령 장모 등 일가가 법정에서 구속 및 유죄 판결을 받아도 사과 한마디 없다. 강서구청장 보궐선거의 원인 제공자를 사면한 뒤 다시 공천해 선거에 지고도 아무도 사과하거나 책임지지 않는다. 자신들의 실수와 참사에 대해 사과를 하기는커녕 '바이든 날리면' 사건처럼 국가기관을 동원해 소송하고, 대통령을 비판하는 국민과 언론에 대해서는 공산 전체주의 세력, 공산주의 추종 사이비 진보 세력, 가짜뉴스를 앞세워 겁박하고 있다. 대통령 후보 시절 국민과 언론의 '사과 요구'에 과일 사과 사진을 SNS에 올렸던 것은 단순히 실무진 실수가 아니라 사과를 인정하지 않는 대통령, 그리고 윤석열 정권의 본질이다.

위기 극복은 위기를 위기로 인정하는 것에서 시작한다. 위기를 위기로 인정하지 않으면 위기는 재생산된다. 어쩌면 대통령은 지금 이 상황을 위기로 인정하지 않고, 특히 자신이 초래한 위기로 생각하지 않는 것 같다. 따라서 나는 지금의 이 위기가 더 악화될 것으로 본다.

셋째, 위기 극복을 위한 대외적 환경이 여의치 않다. 우리의 수출 달러 박스였던 중국과의 수출이 줄고, 중국 경제가 침체되고 있다. 국내외 전문가들의 전망에 의하면 내년 경제는 더 어려워진다는 것이다. 한반도는 지정학적으로 세계에서 가장 경제 규모가 크고, 가장 인구가 많고, 가장 자원이 풍부한 나라들에 둘러싸여 있다. 우리가 주변국과의 외교를 잘한다면 이러한 환경이 기회가 될 것이고, 못하면 족쇄가 될 것이다.

DJ는 "우리가 외교만 잘하면 평화도 얻고 돈도 벌 수 있다"고 하셨다. 그러나 지금 미국이 주도하는 한미일 블록이 강화되고 있고 이에 대한 반작용으로 북중러는 혈맹으로 더 강하게 뭉치고 있다. 신냉전적 질서가 부활한다는 우려도 나온다. 그러나 윤석열 정부는 이러한 변화에 적극적으로 대처하지 않고 오히려 안주하려 한다. 그래서 외교의 위기를 필두로 경제는 물론 총체적으로 위기에 빠져 있다.

넷째, 건강한 야당이 있어야 나라가 성공한다. 그러나 지금 더불어민주당은 덩치에 비해 약하다. 물론 근본적인 이유는 대통령과 대통령실이 야당, 야당 대표를 피의자로 취급할 뿐 대화 상대로 인정하지 않기 때문이다. 용산 여의도 출장소 국민의힘도 야당과 대화하기는커녕 대통령의 의중에 철저히 복무해 야당 공격에 혈안이 되어 있다. 그러나 이러한 현실을 인정한다고 해도 민주당은 과반수 넘는 의석을 가진 국회 제1당으로서의 존재감과 투쟁력이 부족하다. 다행히 최근 더 단합하고 투쟁력이 배가되고 있지만 여전히 부족하다.

이상과 같이 우리가 직면한 이 4대 위기는 대통령의 일천한 정치 경험과 정치에 대한 인식 문제, 대통령과 여당의 상명하복 관계, 또한 여기에서 비롯되는 윤석열 대통령의 검찰공화국 정치와 시스템 때문에 더욱 극복하기가 어렵다. 게다가 대내외적으로 심상치 않은 경제 상황과 국제 외교 환경, 그리고 대통령과 정부와 여당을 비판하고 견제할 야당이 무기력하다는 점에서 이 위기는 더욱 악화될 가능성이 크다. 그렇다면 윤석열 대통령과 정부, 그리고 정치권은 이 위기를 극복하기 위해 무엇을, 그리고 어떻게 해야 할 것인가.

2. DJ가 떠난 그 길에서 다시 시작하다

mb정부 3대 위기

매사에 목숨을 걸어야 한다. 그래야 이룰 수 있다. 나는 정치·방송·운동 이 세 가지에 목숨을 걸었다. 걷다 보면 DJ께 죄송스럽고 진한 아쉬움이 들 때가 한두 번이 아니다.

임기 말 청와대 주치의는 DJ에게 투석 치료를 강력하게 권유했다. 그러나 DJ는 몇 시간씩 걸리는 치료 시간이 아까워서 이를 거절했다. 당시 DJ를 강력하게 설득했더라면 조금이라도 더 우리 곁에 계셨을 수 있었을 텐데, 나는 그렇게 하지 못한 못난 비서실장이었다.

또 하나의 아쉬움은, DJ와 함께 걸을 수만 있었더라면 지금 내가 걸으면서 보고 듣는 것에 대해 진즉 많은 말씀을 들을 수 있었을 텐데, 하는 것이다. DJ는 박정희 정권 시절 교통사고를 위장한 살해 기도 이후 평생을 지팡이에 의지했다. 퇴임 후에는 이희호 여사께서 드라이브를 좋아해 두 분이 함께 한강 공원의 코스모스 정원 등까지 나가시기도 했지만, DJ가 편히 걸으실 수만 있었더라면 산책도 즐기셨을 것이다. DJ는 퇴임 후 비로소 일주일에 3회씩 매번 4~5시간 걸리는 투석 치료를 받으셨는데, 당신의 건강은 대한민국의 민주주의를 지키기 위함이라는 것을 마지막 순간까지 잊지 않으셨다. 2009년 1월, 2월, 4월 등 당신의 일기 곳곳에 "투석 치료. 4시간 누워 있기가 힘들다. … 끝까지 건강을 유지하여 지금의 3대 위기 해결을 위해 필요한 조언과 노력을 하겠다", "늙고 약한 몸이지만 서로 비장한 결심과 철저한 건강 관리로 우리가 할 수 있는 일을 다하자. 마지막 순간까지 아무도 없으면 나라도 나서야 한다. 지하에서 의사, 열사들이 뭐라고 하겠느냐"고 다짐했다.

2023년 올해는 DJ 서거 14주기, 노무현 전 대통령 서거 14주기로, 두 분은 사이좋은 하늘나라 동기이시다. 잘 알려진 바와 같이 2009년 5월 29일, DJ는 경복궁 앞 노무현 대통령 영결식장에서 오열하셨다. 동교동 비서진들은 만일의 사태를 대비해 경복궁 옆 담벼락에 앰뷸런스를 대기해놓았다. 나는 DJ의 건강이 너무 걱정되어 본래 경호원이 앉아야 할 DJ 바로 뒤에 있었다. 곁에서 DJ의 모습을 직접 지켜본 나는 지금도 DJ의 오열하는 사진을 보면 뭐라고 표현할 수 없는 감정이 밑바닥에서부터 밀려온다. 당시 DJ의 눈물과 슬픔은 이 세상에서 볼 수 있는 인간의 눈물과 슬픔이 아니었다. DJ의 눈물은 mb정부 3대 위기를 함께 극복해나가는 일을 이제 막 시작하려는 순간에 청천벽력처럼 찾아온 민주화 동지의 죽음에 대한 원망, 분노, 회한, 아쉬움이 피눈물로 범벅된 것이었다.

나는 노무현 전 대통령의 "깨어 있는 시민 정신"을 강연과 방송에서 자주 언급하는데, 그만큼 인간 노무현, 대통령 노무현을 존중한다. 과거 노무현 대통령은 김대중 도서관을 방문해 "전직 대통령 중 전시관이나 도서관을 만들 수 있는 유일한 대통령은 김대중 전 대통령뿐"이라며 자신은 "업적이 없어서, 그리고 자료도 별도로 수집하지 않았기 때문에 힘들다"며 자신을 한순간에 내려놓음으로써 상대방을 기분 좋게 하는 매력이 있는 인간적인 분이었다.

나도 김대중 정부 마지막 비서실장으로서 참여정부 정권 재창출에도 나름 기여한 바가 있다. 그러나 2003년 6월 한나라당이 발의한 대북송금특검법에 의해 구속되고 2007년 2월 사면, 그해 12월 복권될 때까지 노무현 정부 시절 대부분을 감옥과 병원에서 보냈다. 2006년 9월, 대법원에서 무죄 선고를 받았지만 노무현 정부 5년은 나에게 지옥이었다.

그러나 노무현 전 대통령에 대한 개인적 감정은 없다. 하지만 당시 DJ의 모든 것인 햇볕정책이 대북송금특검으로 인해서 노무현 정부에서 수난받고 왜곡되는 것은 참을 수 없었다. 노무현 대통령이 한나라당에서 발의한 대북송금특검을 수용했다는 사실을 도저히 인정할 수 없었다. 그 부당함을 알리는 것이 DJ를 모셨던 나로서는 당연하게 해야 할 일이라고 생각했다. 감옥에서 나가면 반드시 이러한 잘못을 비판하겠다고 다짐했다.

2003년 12월 서울중앙지법 결심 공판, 검찰은 나에게 20년을 구형했다. 나는 전날 직접 쓴 A4 용지 8장 분량의 최후 진술을 했다. "대북 송금 관계에 대해서는 저도 많은 변명할 점도 있지만 역사 속에 묻고 제가 모든 책임을 지고 어떠한 처벌도 민족과 국가, 통일을 위해 달게 받겠습니다. (중략) 퇴임 후에도 대통령님을 보좌하려고 했으나 불가능한 현실입니다"라고 말했다. 당장이라도 DJ를 만나 햇볕정책을 부정한 노무현 정부를 비판하고 싶었다.

감옥에서 석방된 뒤 2007년 6월 12일 연세대 행정대학원 '대통령학' 강연을 시작으로 서울대·전남대 등에서 노무현 대통령의 대북송금특검법 수용을 신랄하게 비판했다. 2008년 10월 1일, 전남대 강연이 끝나고 광주 숙소에 있을 때다. MBC 저녁 뉴스 등에 나의 비판이 대서특필된 것을 보신 DJ는 전화를 걸어왔다. "당장 지금 서울로 올라오라." 나는 늦은 시각이라 그날 올라가지 못하고 다음 날 상경해 DJ 앞에 불려갔다. DJ는 "mb정부가 하는 것을 봐라. 우리가 이룩해놓은 민주주의, IMF 외환 위기를 극복하며 살려낸 서민 경제, 박지원 실장이 감옥에 가면서까지 지켜낸 남북 관계가 파탄 지경이다. 그래도 노무현 대통령이 우리 대통령인데 어떻게 그런 비판을 할 수 있는가. 하지 마라"고 하시면서 "mb정부의 3대 위기를 극복해야 한다. 김대중 세력과 노무현 세력은 하나로 뭉쳐야 한다. 민주정부 10년의 집권 세력이 하나로 뭉쳐야 한다. 이게 내 뜻이다"라고 하셨다.

DJ는 2002년 12월, 노무현 대통령이 당선되자 "이제는 내가 편하게 마음 놓고 퇴임할 수 있게 되었다"고 굉장히 기뻐했는데 정작 노무현 대통령이 대북송금특검법을 수용하자, 민주당이 열린우리당으로 분당할 때만큼이나 실망하고 분노했다. 그러나 DJ는 대북송금특검 이후, 그리고 퇴임 후에도 항상 노무현 대통령에 대해 전직 대통령으로서 존경했음은 물론, 재임 중에는 남북정상회담을 추진하라고 제안하는 등 동지로서 노무현 대통령을 잊지 않으셨던 것이다. 그날 이후 나는 노무현 정부의 대북송금특검 수용, 남북정상회담 늦장 추진 등에 대한 비난을 일절 삼갔다.

노무현 대통령 퇴임 후 검찰 수사 압박이 다가오고 권양숙 여사 등에 대한 소환 조사 일정이 언론에 흘러나오는 것을 보고 나는 노무현 대통령의 심정이 걱정되어 동교동을 찾았다. 당시 나의 걱정을 말씀드렸더니 DJ는 "민주당 의원들이 법무부 장관과 검찰총장에게 부당한 조사에 대해서 항의하고, 조사를 하겠다면 서면 조사를 하도록 촉구하는 서명 운동을 하라"는 지시를 내렸다. 나는 직접 준비한 서명문을 들고 일일이 민주당 소속 국회의원실들을 방문해 직접 서명을 받았다. 그리고 이를 최종 취합해 검찰에 제출하려고 했다.

그런데 서명 운동 도중에 비극이 벌어졌다. 수사는 종결되었고, 검찰에 제출하려고 했던 서명부에 대해 DJ는 공개하지 말라고 하셔서 노무현 대통령 빈소를 찾았을 때 권양숙 여사에게 전달하였다. 세부적인 이름을 공개한 적은 없지만 당연히 서명 운동을 주도해야 할 일부 의원들이 "나는 서명할 수가 없다"고 하는 모습을 보면서 정치가 참으로 비정하다고 생각했다. 당시 DJ에게 노무현 전 대통령은 mb정부에서 파탄난 민주주의 위기, 서민 경제 위기, 남북 관계 위기라는 3대 위기를 극복하는 데 모든 것을 함께할 동지였다. DJ는 노무현 전 대통령과 함께 나서서 재야인사, 시민단체를 비롯한 제 단체를 총망라한 정치 연합체를 결성하시는 등, 모두를 단결시켜서 mb정부에 맞서 본격적으로 무엇인가를 해보려고 하셨다. 그런데 그 동지가 떠났다. 그래서 DJ가 영결식장에서 "평생의 민주화 동지를 잃었다"고 오열하신 것이다.

노무현 전 대통령 장례식은 처음에는 고인의 뜻에 따라 가족장으로 하기로 했으며 유족도 이를 원했다. 그러나 정부와 측근들은 국민장을 주장했다. DJ는 나에게 "노 대통령은 변호사 시절에도 인권운동을 하고 약자를 변호하면서 국민을 위해서 살았고 국회의원이 되어서도 마찬가지였고, 국민은 그를 사랑해서 대통령까지 시켰다. 그러니 국민이 바라는 대로 국민장으로 하는 것이 좋겠다"는 말씀을 전하라고 하셨다.

나는 이러한 DJ의 말씀을 당시 문재인 전 비서실장 등 노무현 대통령의 측근들에게 전했고, 직접 봉하마을에 내려가 설득하기도 했다. 만약 국민장을 하게 되면 mb정부 한승수 당시 총리가 조사를 하게 되어 있었다. 유족 측에서는 이것이 못마땅했던 것도 하나의 이유였던 것으로 기억하는데, 나는 노무현 정부의 마지막 총리를 공동위원장으로 삼으면 된다는 논리로 설득했고, 노 대통령의 측근들도 유가족을 설득해서 최종적으로 국민장으로 결정이 되었다. 노무현 정부 마지막 총리인 한덕수 전 총리는 mb정부에서 주미 대사로 임명되어 떠났기 때문에 그 직전 총리인 한명숙 전 총리가 추도사를 읊게 된 것이다.

애초에 DJ는 장례식장에서 낭독할 추도사를 직접 쓰셨다. 그러나 mb정부는 "여러 전직 대통령이 참석하는데 DJ만 추도사를 할 수는 없다"며 거절했다. DJ가 추도사를 낭독하셨더라면 mb정부를 향해 강력한 반성을 촉구하고 국민과 야당 등에게는 민주주의를 지키기 위해 모든 세력이 단결하라고 하셨을 것이다. DJ는 낭독하지 못한 추도사에서 "노 전 대통령 생전에 민주주의가 다시 위기에 처해서 아무래도 우리 둘이 나서야 할 때가 머지않아 올 것 같다고 생각했습니다. 그러던 차에 당신이 돌아가셨으니 내 몸의 반이 무너져내리는 것이라고 말했던 것입니다. 당신은 죽어서도 죽지 마십시오. 당신이 우리 마음속에 살아서 3대 위기를 헤쳐나가는 데 힘이 되어주십시오. 당신은 저승에서, 나는 이승에서 힘을 합쳐 민주주의를 지켜냅시다"라고 하셨다. 나는 지금도 이 추도사를 생각하면 비서실장으로서 재임 중에 대통령님이 투석 치료를 진즉 받으시게 하고, 퇴임 후에는 감옥에 가지 않고 곁에서 보좌했더라면 DJ가 우리를 위해 더 많은 일을 하셨을 것이라는 진한 아쉬움과 회한이 밀려온다.

DJ에게 묻는 윤석열 정부 4대 위기

2009년 새해 첫날, DJ는 당신의 일기장에 mb정부를 3대 위기 정부로 규정했다. 비통한 심정이었지만 당신이 해야 할 일을 벼리고 계셨다. 1월 17일 일기에서는 "여러 네티즌들의 '다시 한번 대통령 해달라', '상식이 통하는 세상을 다시 보고 싶다. 답답하다. 슬프다'는 댓글을 볼 때 국민이 불쌍해서 눈물이 난다. 몸은 늙고 병들었지만 힘닿는 데까지 헌신, 노력하겠다"고 적었다.

DJ의 마지막 비서관인 최경환 전 국회의원이 밝힌 바 있지만, DJ는 2009년 8월 18일 서거하시기까지 3대 위기를 극복하기 위해 국내외에서 활발한 활동을 전개하셨고 계획했다. 7월 13일, 연세대학교 세브란스 병실에 입원하시기 전날까지 "끝까지 건강을 유지하여 지금의 3대 위기인 민주주의 위기, 중소 서민 경제 위기, 남북 문제 위기 해결을 위해 필요한 조언과 노력을 하겠다"고 썼다.

당시 5월, DJ는 방한한 클린턴 전 대통령을 만났고, 4박 5일 일정으로 중국 베이징을 방문해 당시 시진핑 전 국가부주석, 탕자쉬안 전 국무위원 등 중국 고위 인사들을 만나 "북핵 문제는 절대로 용인할 수 없다, 6자회담은 계속되어야 한다, 남북 관계가 잘되어야 하고 미국도 좀 더 협력해야 한다"는 등의 의견을 피력하셨다. 6월에는《오마이뉴스》, BBC 등의 국내외 언론과 인터뷰했고, 7월 14일에는 유럽상공회의소 초청 특강에서 북핵 문제 해법으로 2005년 6자회담에서 합의한 '9·19로 돌아가자'는 주제로 연설을 하시기로 했다. 9월에는 5월에 한국을 방문했던 클린턴 전 대통령의 초청으로 미국을 방문해, 9월 19일에 워싱턴 내셔널프레스클럽(NPC)에서 연설하고, 23일 뉴욕 '클린턴 글로벌 이니셔티브(CGI)' 행사에 참석하시기로 하셨다.

그즈음 나는 목포 지역 국회의원으로 금귀월래를 하면서 목포에 있는 날에는 하루에도 몇 번씩 동교동 살림을 맡았던 윤철구 사무총장에게 전화해 DJ 안부를 물었다. 목포 지역구에서 잠을 잘 때는 전화기를 머리맡에 두고 행여 동교동에서 전화가 올까 봐 노심초사했다. 금귀월래만 아니었다면 당장 동교동 DJ 자택이나 DJ의 지근거리에 항상 있고 싶었다. 금귀월래가 끝나면 주중에는 매일 동교동으로 출근해 DJ를 찾아뵈었다.

사실 금귀월래는 내가 2008년 목포 국회의원에 당선되었을 때 DJ께서 당부하신 일이다. "과거에는 국회의원이 의정 활동과 지역 활동 중 어느 것 하나만 잘해도 국회의원이 되었지만, 이제 국회의원은 둘 다 잘해야 한다. 그러니 1년 52주 동안 50회 이상 금귀월래하라. 즉 금요일에 가서 활동하고 월요일 새벽에 여의도로 오라"고 하셨다. 내가 그 시절 DJ의 건강을 노심초사하면서도 DJ 곁을 매주 떠날 수밖에 없었던 이유다.

건강히 급속하게 악화되었지만 당시 DJ는 mb정부가 만든 3대 위기와 싸움에 당신의 남은 모든 것을 거셨다. 자신의 끝이 다가오는 것을 직감하면서도 남은 우리가 해야 할 일을 정리하고 나눠주고 계셨다. 정국 현안에 대해 나에게 "그건 이렇게 해보라, 저건 저렇게 해보라"라고 가쁜 숨을 참아가시며 조언하고 남은 우리가 해야 할 일들을 역설하셨다.

물론 DJ도 직접 나서셨다. 마지막 연설의 장이 되어버린 2009년 6·15 기념식에 휠체어를 타고 참석하셔서 저 유명한 "행동하는 양심"을 외치며 민주당을 포함한 민주 세력이 총단결해야 한다고 일렀고, 국민에게는 각자의 위치에서 할 수 있는 행동하는 양심을 촉구했다. DJ는 mb정부와 "하나의 링"에서 싸우라고도 하셨다. 그러나 이후 DJ는 떠나셨고, 우리는 하나의 링에서 싸우지 못하고 분열해 박근혜 정부가 탄생했고, 박근혜의 거듭된 실정으로 국민은 그를 탄핵했다.

나는 앞서 윤석열 정부의 위기가 mb정부의 그것보다 더욱 치명적이라고 지적했다. 만약 이 위기를 극복하지 못한다면 대한민국은 1997년 외환 위기 때보다 더 어려운 총체적인 위기 상황에 직면할 수도 있다. 즉 우리 힘으로 경제를 살릴 수 없는 '경제의 IMF 체제', 우리 스스로 정치 문제를 해결할 수 없는 '정치의 IMF 체제', 안보·외교 등에서 우리가 우리의 운명을 스스로 지킬 수 없는 '외교 IMF 체제', 이 모든 것이 동시다발적으로 올 수도 있다는 우려를 지울 수가 없다. 다시 망하고 나서야 눈물로 국민에게 고통 분담을 호소할 것인가. 이 위기에 윤석열 대통령과 정부, 야당은 어떻게 대처해야 하는가.

만약 지금 DJ라면 이 위기에서 어떤 말씀을 하셨을까, 어떻게 하셨을까. 안타깝게도 DJ는 mb정부 3대 위기와의 싸움을 목전에 두고 노무현 전 대통령을 떠나보내셨고, 당신도 떠나셨다. 그러나 역설적이지만 그래서 지금 윤석열 정부의 4대 위기를 맞이한 우리에게 더 많이 고민할 수 있게 하고, 또 스스로 답을 찾을 기회를 주신 것은 아닐까. 마치 낭독하지 못한 DJ의 노무현 대통령 추도사처럼, 출판되지 못하고 발견된 원고 초안, 즉 수고(手稿)처럼 말이다.

이제 DJ가 떠난 그 자리, 그 시점에서 다시 물어야 한다. 질문하는 자에게는 어떤 식으로든 늘 답이 생기기 마련이다. 따라서 중요한 것은 '어떻게 질문하느냐', 즉 질문을 하는 태도이기에 절박하게 묻고 처절하게 답변해야 한다. 윤석열 대통령은 스스로 자초한 이 위기 앞에서 과연 절박한가. 대통령 자신에게 이 위기를 극복할 수 있는 능력과 의지가 있는가. 더불어민주당도 마찬가지다. DJ로부터 정치를 배운 정당답게 mb정부 3대 위기를 해결하려고 했던 DJ의 절박함, 처절함, 치열함이 있는가. 나는 DJ의 말씀·행동·고민을 곱씹어 다시 한번 세상에 알려 윤석열 대통령과 윤석열 정부가 반성하고 달라지기를 바란다. 또한 야당은 비판 대안 세력으로서 더욱 강해지기를 바란다. 만약 그들이 이런 기대에 부응하지 못한다면 국민이 윤석열 대통령과 정부, 그리고 정치권을 향해 위기 극복에 나서도록 촉구해야 한다. DJ를 빌려 이 책을 쓰는 이유다.

3. 윤석열 정부를 위한 박지원의 4대 조언

윤석열 대통령, 실패한 정권의 길을 가다

DJ는 항상 "나라가 잘못된 길을 가고 있을 때 먼저 말해 경계하도록 하는 것이 대통령까지 지낸 사람으로서 당연히 할 일"이라고 하셨다. 1997년, 대통령에 당선되었지만 권력이 아닌 빚을 물려받았던 DJ는 나라가 망하면 국민이 얼마나 불행해지는지 뼈저리게 느꼈다. 그래서 대통령과 정권의 성공을 위해서 끊임없이 충고하고 당신의 일을 찾으신 것이다. DJ께 정치를 배운 나도 당연히 윤석열 대통령이 통합의 정치를 해서 성공하기를 진심으로 기원했다.

그러나 윤석열 대통령 당선 직후부터 문제들이 슬슬 터져나오기 시작했다. 나는 윤석열 정부가 출범하고 얼마 되지 않아서 "지금 세계 경제는 다 좋은데 유독 우리 경제만 나쁘고, 국회에서도 소수 권력인 윤석열 정부는 성공하기가 매우 어렵다, 따라서 다른 그 어떤 정부보다도 처음에 더 열심히 잘해야 한다"고 조언했다. 그리고 구체적으로 네 가지 조언 즉, '박지원의 4대 경고'를 했다. 첫째, 인사(人事)를 바꿔야 한다, 둘째, 정제된 메시지가 없는 위험한 대통령의 도어스테핑(door-stepping)은 중단해야 한다, 셋째, 김건희 여사와 관련된 각종 리스크가 크기 때문에 부속실을 두고 공적 관리를 해야 한다, 넷째, 경제 현실을 무시한 광범위한 사정(司正) 때문에 경제가 침체할 수 있기 때문에 수사·조사 등의 사정은 신속하게 해야 한다는 것으로 사실 경고가 아니라 진심 어린 조언이었다. 자세한 내용은 이 책 후반부 각 위기의 장에서 다루기로 하고 간단하게만 언급하겠다.

첫째, 인사 문제다. 윤석열 정권 출범 직전 대통령실 인사 발표는 국민에게 큰 충격을 주었다. 검찰 출신, 그것도 윤석열 대통령과 오랜 인연이 있는 검사들을 대통령실 비서관급으로 대거 발탁했다. 당시 대통령실 검찰 출신 측근 인사가 국민과 언론에 얼마나 충격을 주었는가 하면, 인사에 항상 따라다니는 비판인 '서오남' 인사, 즉 서울대 출신, 50대 편중, 남성 편중 인사, 그리고 호남 등의 지역 차별 인사는 상대적으로 이러한 검찰 측근 인사 논란에 가려졌을 정도다.

인사는 국정운영의 기본이며, 동시에 가장 강력한 정책 메시지라는 점에서 윤석열 대통령은 이미 최초의 인사에서 '마이웨이'를 선언한 것이나 다름이 없었다. DJ가 과거 당내에서 공천권 등의 절대 권력을 가졌던 야당 총재였을 때에도 항상 당직의 30, 40%는 소수파에게 배려하고, DJP 연합으로 집권했을 때에도 공동정부 정신의 원칙에 따라서 내각의 40% 이상을 JP 측에 배려한 것과는 비교할 수도 없는 검찰 측근 편중 인사였다. 나는 윤석열 대통령이 DJ의 길을 가지 않고 실패한 길로 가고 있다고 직감했다.

둘째, 도어스테핑 문제다. 2023년 5월 9일, MBC의 〈백분 토론〉 팀은 윤석열 정부 1년을 맞아 자체 여론조사를 실시했다. 윤석열 정부 1년, "가장 잘한 일이 무엇이냐"는 질문에 1위 응답은 "잘한 것이 없다"라는 응답이었는데 무려 응답자의 58.6%였다. 2위인 11.7%의 "한미동맹 강화"와 비교해봐도 압도적이다.

문제는 진보·보수·중도 성향과 상관없이 국민 전체가 "잘한 것이 없다"고 냉정하게 평가했다는 점이다. 나는 그나마 가장 잘한 일을 꼽으라면 자의 반 타의 반으로 도어스테핑을 중단한 것이라고 평가한다. 윤석열 대통령은 집무실을 청와대에서 용산으로 이전한 뒤 제왕적 권력, 그리고 기자들과의 출퇴근 문답으로 권위를 내려놓으려 했다.

아니, 정확하게 말하면 그렇게 희망했지만 도어스테핑은 잇단 구설에 올랐다.

대통령의 언어는 그 자체가 정책이고 대국민 메시지요 국격이다. 따라서 대통령의 메시지는 늘 정제되고 철저하게 검토되어서 나와야 하는데, 정치적 경험이 일천한 윤석열 대통령과 대통령실 참모들은 의욕만 앞선 나머지 도어스테핑을 할 때마다 구설에 올랐고, 매일매일이 사고였다.

나도 국민과의 소통을 강화하는 측면이 있다는 점에서 처음에는 도어스테핑을 지지했지만 연이은 구설을 보고 "차라리 기자회견이나 간담회를 하는 편이 낫다. 도어스테핑은 안 하는 것이 좋겠다"고 충고했다. 대통령의 잇단 발언을 우리는 물론 세계가 지켜보고 있기 때문이다. 당시 저명한 정치컨설턴트는 도어스테핑의 문제점에 대해 "대통령이 권위주의가 아니라 대통령의 권위를 버렸다"고 비판했다. 나는 최근 대통령의 이념 발언, 탄핵 등과 같은 거친 언사가 여과 없이 TV 뉴스 등에 생중계되는 것을 보며 그때 도어스테핑을 중단한 것은 국민을 위해서도, 그리고 무엇보다도 윤석열 대통령 자신을 위해서라도 천만다행이라고 생각한다.

세 번째 경고는 소위 김건희 여사 리스크에 관한 것이다. 나는 대한민국의 50대 퍼스트레이디가 국격을 올리고 대한민국을 선도하기를 희망했다. 일국의 퍼스트레이디는 존재 그 자체가 외교이고, 국격이다. 1961년 미국의 피그만 침공 사건으로 미국과 프랑스 관계가 껄끄러웠을 때 미국 존 F. 케네디 대통령 내외는 프랑스를 방문했다. 재클린 케네디 여사는 프랑스의 대표 패션 브랜드인 '지방시(GIVENCHY)'의 옷을 입고 나타나 프랑스인의 환대를 받고 양국의 관계 회복에도 크게 기여했다. 당시 케네디 대통령은 "내가 프랑스에 온 것이 아니라, 재키를 수행하러 온 것이다"라고 말했다. 그만큼 재클린 여사는 유럽인들의 미국에 대한 인식, 즉 문화와 예술의 빈국이라는 편견을 불식시키는 강력한 인상을 남겼다. 김건희 여사도 그러한 영부인이 되길 바랐다.

나는 가끔 "DJ는 이희호 여사로부터 만들어졌다"라고 감히 말한다. 그만큼 이희호 여사는 DJ의 동지이고 동반자이셨다. 동반하시는 행사장에서는 아무 말씀이 없다가도 두 분끼리만 계시면 자신의 의견을 조목조목 DJ에게 전달하셨다. 세상의 모든 퍼스트레이디는 대통령의 국정 파트너이고 진솔한 조언자이어야 한다. 그러나 김건희 여사와 관련해서는 대통령실의 과잉 의전, 부속실이 없는 상태에서 민간인이 김 여사의 행사 및 일정을 수행하는 논란, 해외 순방 중에 명품 쇼핑 매장을 방문한 일 등 국내외에서 논란과 사고가 끊이질 않고 있다. 나는 일찍이 이러한 사태를 방지하려면 차라리 부속실을 만들어 공적 관리를 받아야 한다고 주장했다. 그러나 이 글을 쓰는 지금도 부속실은 설치되지 않았다.

네 번째 충고는 경제 현실을 무시한 대대적인 검찰 수사와 사정에 관한 것이다. YS는 임기 초 하나회 척결, 금융실명제 등 대대적인 사정과 개혁 정책으로 90%에 가까운 국민적 지지를 얻었다. 그러나 경제 현실을 외면한 사정 때문에 실패의 길을 갔고 임기 말에는 외환 위기를 초래한 뒤 6%의 지지율로 퇴장했다. 윤석열 정부는 모든 것을 전 정부 탓으로 돌린다. 전 정부가 없으면 윤석열 정부는 아무것도 할 수 없는 듯이 보인다. 심지어 잼버리 대회 실패, 내년도 SOC 및 R&D 예산을 대폭 삭감한 이유도 문재인 정부의 준비 부족, 방만한 재정 운영 때문이라는 평계를 대었다. 나는 윤석열 정부가 임기를 마치고 전 정부를 수사한 것이 유일한 업적이 되는 정부는 되지 않아야 한다는 마음으로 "강력하고 신속한 수사·사정"을 충고했다. 그러나 문재인 정부 안보 관계자에 대한 수사를 비롯해 장관, 그리고 청와대 정책 관계자들에 대한 통계 조작 의혹 수사까지 이어졌으며 지금도 전 정부에 대한 수사는 확대 진행 중이다. 지금 생각해보면 이 문제는 윤석열 정부의 본질,

즉 검찰공화국과 관련된 문제로 어쩌면 정부가 끝날 때까지 고쳐질 수 없는 문제가 아닐까 한다.

민심과 탄핵

윤석열 대통령과 윤석열 정부를 향한 나의 4대 경고는 사실 대단한 것이 아니다. 국민의 상식이고, 언론의 우려를 담은 것이었다. 그러나 대통령과 정부는 이를 무시하고 실패한 YS·mb·박근혜 정부 시즌 2를 고집했다. 그래서 윤석열 정부는 4대 위기를 자초했고, 대한민국은 국가 재난시대, 국민 수난시대를 맞고 있다. 비판과 고언을 외면한 윤석열 대통령과 윤석열 정부는 개과천선의 여지가 있을까. DJ 말씀처럼 정치가 심산유곡에서 핀 한 떨기 백합화가 아니라 흙탕물 속에 피어난 연꽃이라면 윤석열 대통령은 자신이 만든 이 총체적인 흙탕물 속에서도 과연 위기를 극복할 수 있을까. 야당과 국민은 윤석열 대통령과 정부를 어떻게 해야 하는가.

이 글을 쓰고 있는 지금, 탄핵을 주장하는 국민이 점점 많아지고 있다. 민주당에서도 대통령 탄핵을 언급하는 의원들이 나오고 있다. 내가 작년 10월부터 2023년 상반기까지 전국으로 특강을 다녔을 때 대통령 탄핵을 언급하는 국민과 당원은 많아야 15%에 불과했다. 정확한 수치는 아니고 강연이 끝나고 시민들과의 질의응답 과정에서 나오는 이야기를 듣고 체감한 것이 그렇다는 이야기다. 그러나 최근에는 탄핵을 주장하는 국민이 30%를 훌쩍 넘었다. 박근혜를 탄핵한 위대한 국민은 탄핵에 민감하지 않다. 오히려 언론, 특히 정치권에서 탄핵과 관련된 메시지를 대선 불복과 연관 지어서 민감하게 반응하고, 확대 재생산한다. 이재명 대표는 2023년 9월 7일, 단식 7일 차에 유튜브 채널〈김어준의 겸손은 힘들다 뉴스공장〉인터뷰에서 "결국 링 위의 선수들이 국민을 위해서 일하는지 감시하고, 잘못할 경우에는 지적하고, 정말 국민의 뜻과 국리민복에 반하는 행위를 하면 끌어내려야 하는 것"이라며 "그게 민주주의"라고 말했다.

이재명 대표의 발언에 대해 여당은 국가 내란 선동이라고 호들갑을 떨었고, 언론은 나에게도 이 발언의 의미에 대해 물어왔다. 나는 "이재명 대표가 대통령에게 민심을 잘 알아야 한다는 차원에서 민심을 강하게 전달하고 경고한 원론적인 발언"이라고 답했다. 나는 탄핵이라는 말이 터부시되어서는 안 된다고 생각한다. 탄핵을 말하는 것도 국민의 자유로운 의견 개진이고, 또 야당 정치인도 이러한 민심을 받들어 잘못된 정부를 향해서 얼마든지 국민을 대신해 탄핵을 주장할 수 있다. 그러나 정치의 모든 이슈가 그러하듯 탄핵도 결국 국민이 결정한다. 민심의 분노가 임계점·비등점에 달했을 때 비로소 정치권은 탄핵을 논의하고 추진할 수 있다. 박근혜 탄핵도 국회가 아니라 결국은 거리에서 촛불을 든 위대한 국민이 결정한 것이다.

　그러나 정치권과 국회가 국민의 분노를 담아 탄핵 열차를 출발시키는 것은 또 다른 차원의 문제다. 철저하게 "서생적 문제 의식과 상인적 현실 감각"을 가져야 한다. 2016년 12월, 국회가 박근혜 탄핵안을 상정할 당시 나는 제3당 원내대표 겸 비상대책위원장으로서 국회에서 탄핵안 상정을 주도했다. 당시 다수당이었던 민주당은 12월 2일 탄핵안 상정 및 표결을 주장했다. 나는 "탄핵은 상정이 목표가 아니라 가결이 목표"라며 12월 9일 탄핵을 주장했다. 이러한 나의 주장에 대해 탄핵을 연기하려고 한다는 문자 폭탄 등의 숱한 비난이 쇄도했다. 나는 그 며칠 동안 난생처음으로 문자 폭탄 수신용 휴대폰을 새로 개설해 갖고 다니면서 탄핵안을 가결시키기 위해 백방으로 궁리하고 뛰어다녔다. 당시 새누리당이 아직 준비되지 못했다고 판단해 시간을 기다렸고, 그사이 고 노회찬 정의당 원내대표와 우상호 민주당 원내대표, 즉 원내대표 라인을 활용하여 이들과 함께 철저하게 소통하면서 마침내 12월 9일 탄핵안을 상정했다.

그날 16시 10분, 국회 본회의에서 탄핵안이 가결되고 박근혜 대통령은 직무가 정지되어 탄핵 심판 절차가 개시되었다. 그 후에도 수많은 탄핵 절차들이 남았다. 국회가 탄핵소추위원회를 꾸려야 했고, 당시 야당이었던 법제사법위원장이 그 일을 맡아야 했다. 탄핵 변호인단도 꾸려서 탄핵 변론이 이어졌다. 마침내 헌법재판소는 2017년 3월 10일 11시, 대통령 박근혜 탄핵을 인용했다. 이처럼 제도권의 탄핵은 복잡하다. 정치인이 쉽게 내뱉어서도 안 되지만 내뱉으면 책임을 져야 하는 것이 대통령 탄핵이다.

쇠귀에 경 읽기가 중요한 이유

내가 지금 탄핵을 언급하는 것은 윤석열 대통령에 대한 탄핵을 목표로 하자는 말이 아니다. 괴롭고 답답한 국민, 그리고 일부 야당 의원들의 뜻을 이해하지 못하는 바는 아니지만 탄핵은 야당이 일부 국민을 설득해서 이루어지는 것이 아니라 다수 국민이 야당을 압박해 탄핵에 대한 동의를 받아내고 이러한 흐름에 여당도 동조해서 이루어질 수밖에 없다.

그런 의미에서 나는 야당이 행여 일말의 기대감 속에서 '모 아니면 도'식으로 탄핵을 주장하는 것이라면 미몽에서

깨어나야 한다고 충고한다. 탄핵이 아니라면 국민과 야당이 할 수 있는 일은 무엇인가.

나는 방송·SNS 등을 통해 윤석열 정부에게 끊임없이 충고해왔다. 좀처럼 찾을 수 없지만 잘한 것은 잘했다고 칭찬하고 잘못한 것은 비판하며, 달라질 것을 주문해왔다. 그러나 이러한 나의 노력에 대한 댓글 등의 반응을 보면 '쇠귀에 경 읽기'라는 식의 반응을 가장 많이 볼 수 있다. 나도 윤석열 대통령이 정말 달라질 수 있을지 확신하지 못한다. 그러나 DJ의 말씀처럼 대통령이 실패하면 국민이 불행해지기 때문에 끊임없이 '경이라도 읽는 것'이다. 윤석열 대통령이 바뀌지 않는다고 분노하고 좌절하면서 대통령의 남은 임기를 보내는 것은 어리석은 일이며, 정신 건강에도 좋지 않다. 야당과 국민이 포기하지 않고 집요하게 비판하고 설득해서 대통령이 달라지면 국가적으로 좋은 일이다. 설사 달라지지 않더라도 바꿔보겠다는 국민과 야당의 노력을 역사가 평가한다. 이 자체가 민주주의이고, 민주주의를 지켜내는 일이다.

냉정한 현실 정치의 관점에서 볼 때 이러한 주장이 공자님 말씀처럼 느껴질지도 모르겠다. 그러나 이는 먼 훗날 후세로부터 평가받을 역사책에 기록될 법한 일이 아니다. 당장 내년 총선, 그리고 이후 대선에서 국민이 민주당의 이러한 노력을 평가할 것이다. '경이라도 읽는 심정'으로 조언하고, 비판하고 투쟁해야 하는 또 한 가지 중요한 이유가 있다. 다음 집권 세력이 새로운 정치를 할 때 지금 우리가 조금이라도 더 나은 세상을 만들어놓거나 최소한 상황이 더 악화하지 않도록 막는 것만으로도 미래 세대가 감내해야 할 시간과 비용, 그리고 무엇보다 시행착오와 오류를 줄일 수 있기 때문이다.

4부 민주주의 위기

1. 정치는 수사하듯 수사는 정치하듯

야당 대표를 만나지 않는 대통령

대한민국 민주주의가 위기다.

윤석열 대통령이 그렇게 강조하는 자유·공정·상식이 무너지고 있다. 삼권 분립, 대의 민주주의, 의회주의 등 헌법의 가치와 민주주의 시스템이 고장 났고 국민의 대표 기관 국회는 죽었다고 해도 과언이 아니다.

여기에 언론의 독립성, 검찰·경찰·국세청·국가정보원 등 권력기관의 중립성도 심각하게 훼손되었다. 전 정권 수사에 올인하는 검찰, 검찰에 수사 자료를 제공하는 1차 조사 기관으로 전락한 감사원, 이동관 위원장 임명 후 연일 언론탄압에 나서고 있는 방송통신위원회 등 헌법기관과 국가기관 곳곳에서 법치 운영의 원리가 부정되고 있다.

DJ의 정치를 소통·조정·통합이라고 한다면 윤석열 대

통령의 정치는 불통·고집·분열로 대변된다. 나는 지난 1년 동안 윤석열 정부에서 민주주의가 위기를 맞게 된 근본적 원인은 정치의 실종 때문이며, 그 책임은 대통령 자신에게 있다고 지적했다.

그 이유로는 첫째, 대통령의 정치경험이 일천하고 둘째, 여의도정치에 대한 대통령의 혐오와 무시, 무지가 심각하고, 셋째, 이러한 정치에 대한 반작용으로 윤석열 대통령이 자신이 옳다고 믿는 정치, 사실은 검찰총장식 정치를 하고 있기 때문이라고 설명했다. 즉 윤석열 정부 1년 반을 가장 압축적으로 설명할 수 있는 말은 '대통령은 정치를 수사하듯 하고, 검찰은 수사를 정치하듯' 하고 있다는 것이다. 윤석열 정부에서 '대통령의 수사 정치와 검찰의 정치 수사'는 동전의 양면이고 국정운영의 쌍두마차이자 유일한 동력이다. 내가 윤석열 대통령과 한동훈 법무부 장관을 서로 쌍둥이 형제라고 표현하는 이유도 여기에 있다.

윤석열 정부 출범 후 지금까지 벌어진 모든 일을 설명할 수 있는 유일한 단어는 수사, 그것도 전 정권에 대한 수사라고 해도 과언이 아니다. 사실 수사를 하는 검찰 입장에서는 국회 제1당의 대표일지라도 그가 피의자라고 한다면 대화하거나 소통할 필요는 없다. 전후 사정을 들을 필요도 없고 오직 조사·수사만 하면 된다. 그러나 대통령은 대외적으로는 대한민국을 대표하고 대내적으로는 국정운영을 책임지는 사람이지 검사가 아니다. 역대 대통령 중 집권 1년 반 동안 야당 대표를 만나지 않은 유일한 대통령이 바로 윤석열 대통령이다. 특히 야당 대표가 만나자고 수차례 제안하고, 주변 사람들을 포함해 수많은 이가 이러한 조언을 했는데도 야당 대표를 만나지 않는 것은 결국 야당 대표를 무시하는 것을 넘어 또 다른 이유가 있다고 생각할 수밖에 없다. 즉 대통령이 이재명 야당 대표를 정치 파트너로 인정하지 않고 수사상 피의자, 혐의자로 생각하기 때문에 만나지 않는다는 합리적인 추론 외에 달리 설명할 말이 있을까.

DJ는 당선자 시절, 많은 국민의 반대를 무릅쓰고 자신을 죽음으로 몰았던 전두환과 노태우의 사면을 YS에게 건의했다. 나도 DJ에게 "국민 중에는 과거 대통령님이 박해를 받았던 것을 생각해서 혹시 정치 보복을 하지나 않을까 생각하는 사람이 많습니다. 그래서 먼저 다 용서하시는 것이 좋습니다"라고 말씀을 드리곤 했다. DJ는 이 두 사람에 대한 용서는 물론 나아가 재임 중에는 정기적으로 전직 대통령들을 초청해서 오만찬을 가졌고, 2002년 월드컵 독일과의 4강전 때는 전직 대통령 내외분을 모두 초청해 함께 관람하기도 하였다. 한번은 전직 대통령 오만찬에서 전두환 내외는 YS에 대해 무안할 정도로 비판했지만 "그래도 김대중 정부 시절이 가장 편한 시절이었다"고 회고했다. DJ는 이렇게 자신을 죽이려 했던 사람까지 용서하고 대화했는데 윤석열 대통령이 아무런 정적 관계나 원한이 없는 이재명 대표를 만나지 않을 이유는 무엇인가. 나는 그 이유를 도저히 이해할 수가 없다.

나는 윤석열 정권 출범 후, 윤석열 대통령과 집권 여당이 '비리 이재명', '용공 문재인' 프레임을 작동할 것이라고 수없이 경고했다. 민주당을 향한 경고이기도 했지만, 동시에 정말 '이렇게 해서는 안 된다'는 생각에 윤석열 대통령을 향해 던진 조언과 경고이기도 했다. 대의제 민주주의 정치에서 입법·사법·행정의 조정자이자 꽃이어야 할 대통령이 국회 제1당이자 야당 대표, 그리고 전직 대통령을 피의자, 혐의자로 생각하면서 만날 이유가 없다는 식의 태도로 일관하는 것은 대통령 개인의 문제로만 끝나지 않는다. 검찰총장 출신 대통령이기에 검찰 입장에서는 진행 중인 수사에 '계속 더 강하게 수사하라'는 암묵적인 가이드라인이 될 수도 있고, 무엇보다 다음과 같은 제2, 제3의 문제를 야기해서 민주주의를 파괴하는 재앙으로 확대된다.

정치의 실종과 입법, 사법, 행정 시스템의 파괴

대통령이 야당 대표를 인정하지 않으면 첫째, 국가가 분열되고, 국민은 분노로 갈등, 반목하게 된다. 윤석열 대통령은 0.73%, 대한민국 대통령 선거 역사상 가장 적은 득표율 차이로 당선된 대통령이다. 정의당 심상정 당시 대선 후보의 득표율까지 포함하면 과반수를 넘은 것은 윤석열 대통령이 아니라 진보 진영이다. 대통령이 이재명 야당 대표를 만나지 않고 있다는 의미는 일차적으로 지난 대선에서 이재명 당시 더불어민주당 대선 후보를 지지했던 1,600여만 명의 국민을 만나지 않겠다는 것이다. 이는 국정운영에서 국민의 절반을 무시하는 것이고, 국민의 반이 대통령의 관심에서 사라지는 꼴이다.

만약 대선 결과가 바뀌어 이재명 대표에 의해 똑같은 일이 윤석열 대통령에게 벌어졌다면 어떠했을까. 즉 국회 제1당이 민주당인 상황에서 현직 대통령도 이재명이었다면 윤석열 후보, 윤석열 야당 대표는 어떻게 되었을까. 역지사지해야 한다. 대통령이 대화하지 않는다고 버티면 국회 제1당, 야당 대표가 사실상 할 수 있는 일은 거의 없다.

나는 과거 황교안 자유한국당 대표의 단식 투쟁에 대해 "21세기 국회의원이 하지 말아야 할 세 가지가 있다. 단식,

삭발, 의원직 사퇴다"라고 비판한 적이 있는데, 2023년 9월, 10월에 이재명 대표가 막상 단식할 수밖에 없는 현실을 보며 참으로 기가 막혔다. 윤석열 대통령이 19세기 이념 전쟁에 몰두하고, 1980년대 군사 독재 시절보다도 더 야당을 인정하지 않기 때문에 야당 대표가 할 수 있는 유일한 길이 '20세기식 단식 투쟁'밖에 없었다.

당시 이재명 대표의 24일간의 단식에 대해 대통령실과 집권 여당은 사법 리스크를 피하기 위한 정치쇼라는 등의 비아냥거림은 물론 인간적으로도 도저히 수긍할 수 없는 비판을 한 것이 전부였다. 따라서 "민주주의가 무너지고 있는데 야당은 제대로 싸우지도 못한다"고 비판하는 국민의 분노를 그나마 달래고, 대통령을 반성하게 할 수 있는 유일한 방법이 야당 대표의 단식밖에 없는 기괴한 현실이 누구의 책임인지 한번도 진지하게 생각해보지 않았던 것이다.

둘째, 대통령이 야당 대표를 만나지 않으면 국회가 죽게 된다. 대통령이 야당 대표를 만나지 않는데 집권 여당 대표도 야당 대표를 만날 이유가 없다. 대통령의 눈치를 살피고 대통령의 뜻을 받들어 야당 공격에 앞장설 수밖에 없다. 하다못해 국회에서 매일매일 만나야 할 원내대표 간 일상적인 만남도 불가능하다. 따라서 국회 차원의 어떤 결정도, 합의도 불가능하다.

그래도 더불어민주당 홍익표 원내대표, 그리고 그 이전 박광온 전 원내대표, 국민의힘의 윤재옥 원내대표가 서로 대화하고 타협할 수 있는 지도자들이라는 점에서 대통령의 이러한 태도는 더더욱 비판받아야 한다. 특히 윤석열 대통령은 정권 출범 초 허니문 기간에 아무런 국민 통합도, 국회 협조도 얻어내지 못했다는 것을 뼈저리게 반성해야 한다. 결국 이러한 대통령의 태도 때문에 취임 후 집권 여당은 대통령실 용산 출장소로 전락했고, 집권 여당 내부의 공당으로서의 기능마저도 죽게 된 것이다. 대통령실이 공공연하게 여당의 전당대회에 개입하고 전당대회 출마 후보자들을 사전에 정리하려 하는 등 정당 민주주의에 반하는 일들이 다반사로 벌어졌는데, 이렇게 집권 여당 내에서도 정치가 죽게 되면 국회가 할 일이 없어진다.

여의도정치를 혐오하는 지도자, 여의도정치 현실을 인정하지 않은 대통령치고 성공한 사람이 없다. 마찬가지로 여의도 일을 서초동 검찰의 일로 미룬 정당치고 국민의 심판을 받지 않은 정당이 없다. 2022년 2월 23일, 대선 후보로서 DJ 생가를 찾아 "3월 9일 부패 세력을 확실하게 심판해주신다면 양식 있고 존경받는 민주당 정치인들과 멋진 협치를 통해 국민 통합을 이루고 이 나라의 경제 발전을 이루어내겠다"고 했던 윤석열 대통령은 지금 어디에 있는가.

불통의 정치는 윤석열 대통령을 지지하는 사람들조차 걱정하고 비판하고 있다. 국민의힘 내부에서 홍준표 대구시장, 이준석, 유승민 전 대표의 비판이 국민의힘 당원과 국민 사이에서 설득력 있게 거론되는 이유다. 그런데 이렇게 불통의 정치, '분열의 정치'를 계속하려면 자양분이 필요하다. 나는 그 자양분이 바로 분노, 즉 문재인 전 정권의 모든 것을 부정·비판하고 필요하다면 수사라도 해서 잘잘못을 가려야 한다는 것이 윤석열 대통령식 분열의 정치를 키워왔다고 생각한다. 나는 일찍이 이러한 모습에 대해서 '국사찰' 패턴, 즉 국민의힘이 전 정권의 문제에 대해서 의혹을 제기하면, 감사원이 감사해서 수사를 의뢰하고 검찰은 이를 수사하는 패턴이 반복되고 있다고 지적했다. 심지어 이제는 잼버리 대회 실패·사회간접자본(SOC) 및 연구개발(R&D) 예산 축소와 같이 명백하게 현 정부에서 벌어진 실정도 전 정권의 탓으로 돌리며 '국사찰' 패턴을 반복하고 있다. 감사원 등의 헌법기관은 물론 이러한 '국사찰' 패턴에 의해서 방송통신위원회·국민권익위원회 등 독립적으로 운영되어야 할 국가기관의 시스템이 붕괴되고 있는 것이다.

셋째, 대통령이 야당 대표, 야당을 인정하지 않으면 행정 독재가 시작된다. 야당과 협의할 일이 없고, 국회의 협조를 구할 일이 없어지게 되면 정부는 국회의 감시와 통제를 받지 않고 법이 아닌 시행령, 시행 규칙, 예규 등을 개정해 편의적으로 행정을 집행하려는 유혹에 빠진다. 특히 정권과 집권 여당이 국회에서 소수일 때는 더욱 그렇다. 윤석열 정부가 문재인 정부에서 이루어진 검찰 개혁 관련 법안을 헌법재판소의 합헌 판결과 국회의 입법권까지 부인하면서 검찰 수사 준칙 개정 등으로 무력화하려는 시도가 이런 모습이다. 법은 엄연히 검찰 수사 지휘권과 범위를 한정하고 있는데, 수사 준칙 개정안에 따르면 검찰이 노동·선거·대공·집단 행동·테러·대형 사건 참사 등에 대해서까지 수사할 수 있게 된다. 시행령으로 법을 위반하는 공공연한 '행정 쿠데타'가 일상이 된다.

대한민국 대통령은 대통령제의 원형이라고 할 수 있는 미국 대통령보다 더 막강한 권력을 가지고 있다. 개헌안 발의권·법률안 제출권·예산권·인사권·감사권을 모두 가진 대통령 중의 대통령, 제왕적 대통령(Imperial Presidency)이다. 따라서 대통령이 국회를 무시하고, 국회가 죽게 되면 국가 권력은 행정부의 시행령, 시행 규칙에 의해서 집행되고, 나아가 시행령 제정 및 개정도 요식 행위로 전락할 가능성이 커진다. 이렇게 되면 행정 독주, 행정 독재의 길이 열리게 된다. 윤석열 대통령의 말 한마디에 국민적 합의와 숙의가 필요한 시민단체 보조금 제도 개편, 전기 요금 고지 징수서에 포함된 KBS 수신료 분리 징수 시행, 행정안전부 내 경찰국 설치 등과 같이 국가의 중요 정책과 이를 뒷받침해야 할 법률적 근거들이 여의도가 아닌 용산에서 의결되는 상황이 계속 반복되고 있는 이유가 바로 여기에서 비롯되는 것이다.

행정 독재는 사법부의 독립성까지 훼손한다. 윤석열 대통령은 2023년 8·15 광복절 특사로 김 모 전 강서구청장을 사면, 복권했다. 김 전 구청장이 공무상 기밀 누설 혐의로 대법원에서 유죄 확정 판결을 받은 지 불과 3개월 만이다. 김 전 구청장은 사면되자마자 보란 듯이 10월 보궐선거에 후보로 등록했다. 나는 처음부터 대통령이 사법부를 무시하고 사실상 보궐선거에 출마하라고 한 뜻이라고 비판했다. 그렇지 않다면 왜 보궐선거 직전에 사면을 해줬겠는가. 집권 여당 대표는 처음에는 강서구청장 보궐선거에 자당 후보를 공천하지 않겠다고 했지만 결국 김 전 구청장이 다시 후보로 공천되었고, 당 대표를 비롯해 당의 간판급 인물들이 대거 선거 현장에 파견되어 총력전을 펼쳤지만 민심의 준엄한 심판을 받았다.

사법부 무시는 이뿐만이 아니다. 2023년 6월 18일 퇴임

하는 대법관 두 명의 후임으로 대법관 추천위원회는 여덟 명의 후보를 추천하고 김명수 대법원장의 제청을 남겨둔 상태였다. 그런데 당시 "김명수 대법원장이 제청하는 특정 대법관에 대해 대통령이 거부권을 행사하는 것을 검토"한다는 보도가 나왔다. 즉 만약 특정 이념 성향의 인물 두 명을 김 대법원장이 제청한다면 윤석열 대통령이 이를 거부할 수 있는지 대통령실에서 검토했다는 것이다. 일부에서는 이러한 보도에 대해 대통령이 입맛에 맞는 '코드 대법관'을 꽂으려 한다는 해석이 나왔다.

우연의 일치인지는 몰라도 결국 대통령실에서 거부권 행사하는 것을 검토했다고 알려진 여성 후보 두 명은 대법원장에 의해 제청되지 않았으며, 대신 서울대 출신 50대 남성 판사들이 제청되었다. 대한민국 헌법 제104조 제2항에 의하면 "대법관은 대법원장 제청으로 국회의 동의를 얻어서 대통령이 임명"하도록 되어 있는데, 이러한 보도가 사실이라면 이는 헌법이 규정한 삼권 분립 취지를 몰각한 것이다. 나는 사법부가 대통령과 대통령실의 의중을 파악하고 사전에 추천을 접은 것이라고 생각하지는 않는다. 그러나 사법부의 헌법적 권리 행사에 앞서 이루어진 대통령실의 이런 언론 플레이는 법적 근거도 없는 초법적인 발상이며, 철저하게 사법부를 무시한 처사다.

이처럼 윤석열 대통령의 검찰총장식 정치는 여의도정치를 실종시켰고, 대한민국의 입법·사법·행정 등 모든 분야에서 민주주의가 도미노처럼 연쇄적으로 무너지게 만들었다.

2. 검찰공화국과 극우 세력 카르텔

검찰공화국의 시작, 검찰 출신 측근 기용

입법·사법·행정에 걸친 민주주의의 총체적인 위기를 조금 더 자세히 들여다보면 결국 그 시작은 윤석열 대통령의 인사에 있다. 검찰공화국! 진보·보수 언론 모두 윤석열 대통령 취임 직전에 단행된 대통령실 참모진 인사에 대해서 이렇게 비판했다. 정확한 지적이다.

그러나 대통령실에 검찰 출신이 너무 많아서 검찰공화국이라는 지적은 단편적이다. 검찰공화국의 문제점은 이렇게 넘쳐나는 검찰 출신 측근들이 법과 원칙으로 운영되어야 할 민주주의 시스템을 어떤 방식으로 파괴하고 있는지를 함께 살펴봐야 그 심각성을 제대로 이해할 수 있다. 인사 분야를 예로 들면 검찰이 검찰 출신 인사를 추천하고, 검찰이 검증하는 시스템, 더 나아가 이렇게 임명된 검찰 출신 측근들이 국가의 주요 의사 정책 결정에 깊숙이 관여하고, 정책 의제를 만들어낸다는 차원에서 검찰공화 국으로 이해해야 한다.

윤석열 당시 당선자는 2022년 5월 취임 직전 대통령실 인사기획관, 인사비서관, 그리고 민정수석을 대체하는 법률비서관에 검찰 출신을 임명한 것은 물론, 유우성 간첩 조작 사건 논란 관련 검사를 공직기강비서관으로, 그리고 수사관 때부터 인연을 맺은 대검찰청 운영지원과장을 총무비서관으로 기용했다. 대통령실의 핵심 비서관급 여섯 명 중 다섯을 검찰 출신으로 채웠다. 사실 이러한 인사에 대해 당시에도 "과하다"는 비판이 많았지만, 이러한 인사가 오늘날 대한민국 민주주의에 이렇게 큰 위협이 될 것이라고는 그 당시 아무도 상상하지 못했다.

대통령실 비서관(기획관)은 1급이지만 국정 전반에서 컨트롤타워 역할을 하며 막강한 영향력을 갖고 있다. 특히 정권 초기에는 정부 부처를 비롯한 각종 기관에 대한 인사 추천 및 검증 작업을 진행하고, 새 정부의 국정 과제 등을 선정하는 등 막강한 권한을 가지고 있다. 그런데 이들 대통령실 비서관급 인사들은 대통령과는 검찰 근무 시절에 직접적인 수사, 또는 각종 근무지 인연으로 얽힌 핵심 측근들이다. 이처럼 검사동일체, 상명하복에 익숙한 검찰 출신 '예스맨'들이 대통령을 24시간 보좌할 수 있도록 대통령실 초기 인사를 단행한 것이 검찰공화국의 시작이요, 본질이다.

윤석열 대통령으로서는 안정적이고 신속한 국정운영을 위한 선택일지 모르겠지만 국가적 차원에서는 잃을 것이 뻔한 위험한 도박이다. 물론 검찰 출신도 능력이 있으면 얼마든지 대통령실 참모로 기용될 수 있고 실제로 측근은 대통령의 국정 철학을 누구보다 잘 이해하는 사람으로서 관료들이 할 수 없는 소신 발언과 행동을 할 수 있다는 장점이 있다.

그러나 대통령이 불과 바로 직전 검찰총장 출신이면 이야기가 좀 다르다. 검찰은 권력기관 그 자체이고 철저하게 상명하복으로 움직이는 조직이기 때문에 권력과는 멀어져야 하고, 그만큼 검찰 출신 측근들을 기용하는 인사는 자제하고 예외적으로 행사해야 한다. 그러나 어떤 정부에서도 지금 윤석열 정부처럼 검찰 출신이 대통령실의 인사 및 의사 결정 핵심 라인을 이렇게 장악한 적이 없다. 대통령을 비롯하여 참모들이 검찰 출신 일색이 되면 당장 인사 기능을 시작으로 국정 의제와 국정운영 방식 등 모든 것이 검찰 수사처럼 일방적으로 제시되고 집행될 가능성이 매우 높아진다.

가장 먼저 인재 풀(pool)이 대통령의 검찰 근무 시절의 인맥 또는 관계자들로 협소해지고, 또한 그렇게 추천된 인사에 대한 검증은 검찰 연고 및 인맥 등에 휘둘려 철저한 검증 없이 무사안일, 온정주의적 검증으로 귀결될 위험이 커진다. 결국 검찰 중심의 인사는 더욱 가속화된다.

몇 가지 사례를 들어보겠다. 첫째, 윤석열 대통령은 최측근을 법무부 장관으로 임명했고, 서울중앙지검장이었을 당시 4차장을 역임했던 검사를 법무부 차관으로 임명했다. 그런데 윤석열 정부는 대통령실 민정수석실을 폐지하고 그 기능을 법무부 내의 인사검증단이 전담하도록 했기 때문에 '검찰 핵심 측근들이 검찰 인사를 추천하고 법무부에 배치된 검찰 핵심 측근이 추천된 인사를 검증하는 검찰 공화국 시스템'만 남게 된다.

그 결과로 대통령이 검찰에 근무할 당시 인연이 있던 인물들과 검찰 출신들이 국가 주요 요직에 대거 기용된다. 대통령이 검찰총장이었던 시절 직무 정지, 집행 정지 사건을 맡았던 변호인이 법제처장, 또한 대검 중앙수사부 시절부터 최측근이었으며 김건희 여사 관련 사건 변호인은 전 국가정보원 기획조정실장, 서울 중앙지검 특수4부장은 금융감독원장, 언론에 보도된 바에 의하면 대통령이 성남지청 평검사 근무 시절 카풀 멤버라고 알려진 검사는 공정거

래위원장 등, 이런 식이다.

여기에 국무총리비서실장, 국가인권위원회 상임위원, 민주평화통일자문회의 사무처장, 국민연금기금운용위원회 상근 전문위원, 국립대학교 상임감사 등 윤석열 정부 초기에 통일·경제·사회 등 각 분야의 요직에 검찰 출신들이 줄줄이 임명되었다. 일찍이 군사정권, 독재정권에서도 이와 같은 검찰 독점 인사는 없었다. 특히 시중에서 경찰이 검찰의 부하로 전락했다는 처지를 빗댄 속된 말까지 나오게 했던 경찰 국가수사본부장도 검찰 출신을 앉히려고 했으나 검증 실패로 낙마했다.

이제는 국립대학교병원 상임감사로도 검찰 및 검찰 수사관 출신이 기용되고 있다는 보도가 나오고 있는데, 이러다가는 윤석열 정부에서 국방부·농림수산식품부·고용노동부 장관직에도 과거 해당 부서를 수사했던 검찰 출신들이 전문성을 가졌다는 이유 아닌 이유로 기용될 것이라는 말까지 나오고 있다. 특히 다음 차례는 여의도, 즉 국회의원도 검찰 출신으로 대거 바뀔 것이라는 말들이 나오고 있고, 실제로 지금 국민의힘 내부에서는 내년 총선 때 검찰 출신이 대거 공천될 것이라는 전망까지 나오고 있다.

이 책 후반부에서 논하겠지만 나는 차라리 윤석열 대통령의 검찰 핵심 측근들이 내년 총선에 출마하여 정치에 진출하는 것이 그나마 최악을 피하는 차악이라고 생각한다. 지금처럼 대통령의 지근거리에서 대통령의 심기 경호를 하는 등 대통령을 기능적으로 상명하복식으로 보좌하는 것보다는 여의도 국회에 진출해 정치의 물에 젖고 정치의 밥을 먹는 것이 국가적으로도 더 낫다는 얘기다. 만약 그렇게 된다면 그나마 조금이라도 윤석열 대통령에게 국민과 당의 쓴소리도 전달하는 소위 정무적인 보좌가 가능할 수 있지도 않을까 생각한다.

검찰공화국 시스템,
검찰 독점과 상명하복 국정운영

지금처럼 대통령실 핵심 참모들을 시작으로 국정운영의 중요 기관에 검찰 출신이 대거 포진하게 되면 검찰 출신들이 국정운영의 아젠다를 던지고, 이를 검찰 출신들이 집행하는 시스템이 작동하게 된다. 그런데 검사들의 본업인 수사는 과거를 먹고산다. 즉 각계에 포진된 검찰 출신 인사들에 의해서 정부 부처, 그리고 주요 기관에서 새로운 일을 기획하고 집행하기보다는 주로 전 정권의 잘못된 정책에 대한 수사와 조사가 주요 업무가 될 것이 뻔하다. 특히 정권에 대한 비판이 점점 거세지는 위기 시에는 이러한 경향이 더욱 강해질 것이다. 이것이 소위 검찰공화국의 본질이다.

윤석열 대통령의 정계 입문·대선 당선의 전략이 국민의 힘 입당이었다면, 대통령 당선 후 국정운영의 전략은 측근 검사, 검찰 출신 친위대 기용이다. 여의도정치를 믿지 못하는 대통령 스스로 선택한 일이지만 국민과 정치권의 입장에서 보면 대단히 불행한 일이다. DJ 말씀처럼 인사(人事)가 만사(萬事)다. 동종교배(同種交配)가 퇴화, 도태되는 것은 자연의 섭리다. 다양한 이해관계를 조정해야 할 국정운영 분야에서 같은 생각, 같은 경험, 그것도 수사 경험만 가진 사람들이 주류가 된다면 그 정권의 시작과 끝은 어떻게 되겠는가.

검사동일체의 원칙에 젖은 검사 출신 측근들이 직전 검찰총장 출신 대통령을 보좌하게 되면 정치적 상상력은 퇴화하고 오직 상명하복만 존재할 수도 있다. 그렇게 되면 언론의 비판을 의식해서 정무적으로 판단해야 할 사안도 법적인 잣대로 평가하고 어떤 사건이 발생하면 정치적·도의적 책임보다는 오직 법적 책임만 따지게 된다. 윤석열 정부의 지난 1년 반 동안 정치적·도의적 책임을 지고 물러난 사람이 과연 얼마나 있었는가.

DJ는 과거 야당 총재 시절, 소위 3김 정치 당시 막강한 제왕적 총재 시절에도 늘 당직 인선이나 당의 각종 기구를 구성할 때 당내 소수파에 30% 이상의 몫을 배려했고 인재가 부족하면 외부에서 386, 재야인사 등의 영입으로 수혈해 조직의 다양성을 기했다. 또한 대통령 당선인으로서 대통령직인수위원회를 구성하고 정권 출범 후 내각을 구성할 때도 공동정부를 구성했던 자유민주연합의 몫을 정확히 인정해주었고, 특히 능력이 있는 전문가라면 공동정부의 지분을 고수하지 않고 더욱 중대한 자리에 앉혔다.

DJP 연합으로 탄생한 정부답게 DJ는 장관 인사의 40%, 즉 경제부총리 등 경제 관료직 대부분과 산업은행 총재 등 소위 금융권의 알짜배기 자리를 JP 측에 배려했다. 특히 노태우 전 대통령 정무수석을 역임한 김중권 수석을 초대 비서실장으로 기용했고, 노태우 정부에서 당시 남북고위급회담 대표를 맡았던 임동원 원장을 외교안보수석으로, 민주정의당 원내총무를 역임했던 이종찬 의원을 지금의 국가정보원장으로, 이북 출신으로 강경 보수 인사였던 강인덕 국가안전기획부 국장 출신을 통일부 장관으로 기용해 자신의 햇볕정책을 설파하도록 하는 등, 진보·보수를 따지지 않고 전문가를 두루 기용해 국정운영의 안정감을 기했고, 국민 통합을 꾀했다.

대통령의 인사는 메시지다. 그 추천·검증·내정·임명의 모든 과정 자체가 대통령의 국정운영에 대한 인식을 보여주는 통치 행위이며, 그 자체가 정책이다. 따라서 추천 및 검증의 전 과정에서 보안을 유지하는 것은 당연한 일이지만, 인사를 논의하는 그 자체는 대통령의 독단으로 이루어질 일이 아니다. DJ는 총재 시절에도 대변인 등의 당직을 인선할 때 참모와 정치인은 물론 꼭 현장에 있는 언론인들이나 그 주변인들의 평판을 듣고 숙고했다. 대변인이었던 나에게도 기자들의 평에 대해 물었고 나는 보안을 전제로 다시 언론인들에게 하마평에 오른 인물들에 대한 평가를 묻고 DJ에게 보고했다. 이름을 밝힐 수는 없지만 국민의 정부에서 좋은 평가를 받았던 모 검찰총장은 언론인으로부터 추천받은 인물이었다. 무릇 DJ뿐만이 아니다. 정당의 당직 인선, 국회의원 추천 과정에서 과거 정당들은 언론인들로부터 추천을 받았다. 그래서 소위 대변인 추천, "언론 추천 몫"이라는 말이 나왔던 것이다.

심지어 DJ는 측근을 기용할 때도 상명하복 가신, 즉 반대와 토론이 없고 같은 생각, 같은 경험만 공유하는 사람을 고집하지 않았다. 국민의 정부 초대 내각 구성 때였다. 박상천·이해찬 의원은 DJ 앞에서도 돌직구 토론을 하고 직언도 마다하지 않았다. DJ도 가끔은 이분들의 직언에 서운함을 느꼈을 때도 있었으리라. 국민의 정부의 첫 조각이 얼마 남지 않았을 때 김중권 비서실장은 당시 공보수석이었던 나에게 "이번 조각에 두 분은 좀 어렵겠습니다"라고 알려주었다. 그러나 나는 "실장님, 두고 보십시오. 두 분은 꼭 포함될 것입니다"라고 했다. 얼마 후 국민의 정부 첫 내각이 발표되었다. 국민의 정부 초대 법무부 장관 박상천, 교육부 장관 이해찬. 김중권 실장이 "역시 박지원 수석이 실세는 실세입니다"라고 했던 기억이 있는데, 이는 충성스러운 사람도 필요하지만 치열하게 토론하고 반대 의견도 내는 측근을 내치지 않는 DJ의 성격을 잘 알고 있었기 때문이다.

이처럼 DJ는 인사를 만사로 접근했다. 대통령에게는 측근이 필요하고, 그 측근이 검사일지라도 인사 차별을 받아서는 안 된다. 내가 검사라는 직업, 그리고 검찰 출신들을 비난하려는 것이 아니다. 그러나 지금처럼 검찰총장 출신 대통령 주변에 토론도, 문제 제기도 않는 검찰 출신 측근만 가득하다는 것은 대통령에게도, 국민에게도, 국가에도 위험하다는 점을 지적하고자 하는 것이다. 물론 지금의 검찰 출신 측근들이 국가와 국민을 위해 대통령의 입을 막고 발언을 중단시키거나 또 대통령의 차 앞을 가로막고 "가시면 안 된다"고 그동안 직언해왔고, 앞으로도 할 수 있다면 아무런 문제가 없다.

왜냐하면 사실 이러한 성격의 일은 관료들 체질상 잘할 수 없기 때문이며, 그래서 측근들이 필요한 법이다. 그러나 검찰이라는 상명하복, 동일체 집단 출신들이, 그것도 각종 연고로 엮인 측근들이 대통령에게 이렇게 직언하는 것이 가능할지 지난 1년 반을 돌이켜보면 심각하게 의문을 가질 수밖에 없다. 특히 윤석열 대통령, 김건희 여사와 관련된 과거 법적 문제를 담당했던 검찰 출신들이 지근거리에서 대통령을 모시게 되면 대통령 내외의 운명, 그리고 나아가 대통령 친인척들의 운명과 국가·정부의 운명이 분리되지 않을 공산이 커지게 된다. 이렇게 되면 대통령실 업무에 공사의 구분이 점점 더 모호해지게 된다.

2023년 2월 10일 도이치모터스 주가 조작 사건에 대한 법원의 1심 판결이 있었는데, 대통령실은 1심 판결에 대한 입장을 알려드린다면서 법원 판결에 대해 변호사처럼 조목조목 짚어가며 김건희 여사의 무죄와 민주당 주장의 문제점을 지적 및 비판하는 한편, 앞으로 허위 사실, 가짜뉴스를 계속 유포할 경우 법과 원칙에 따라 대응하겠다고 발표했다. 아무리 민주당이 이러한 의혹에 대해 정치 공세를 했더라도 이는 당시 대통령실, 곧 대통령의 대응이라고 볼 수밖에 없는데, 과한 수준을 넘어 대통령실 업무의 공과 사가 분리되지 않고 있다는 것을 보여주는 단적인 모습이다. 이렇게 자세한 입장을 내는 대통령실이 왜 김건희 여사모친, 즉 윤석열 대통령 장모의 법정 구속 사건에 대해서는 한마디도 하지 않는지, 야당 앞에서는 그렇게 날카로운 검찰의 칼이 왜 대통령 일가의 의혹 등에서는 무딘지 검찰공화국의 인사 시스템과 관련해 한번 새겨볼 대목이다.

수사로 위기를 돌파하는 검찰공화국의 본성

아직도 그 이유를 알 수 없지만, 윤석열 대통령이 용산으로 집무실을 옮긴 까닭은 표면적으로 보면 제왕적 대통령을 벗어던지고 국민과 더 많이 소통하기 위해서였을 것이다. 그러나 지금처럼 검찰 측근 출신 일색의 인의 장막을 드리우고 검찰총장과 검사의 상명하복 시스템이 용산에 고스란히 재현되고 있다면 이와 같은 애초의 목적은 절대 달성되지 않을 것이다.

2023년 9월 22일 한국갤럽이 발표한 대한민국 13~20대 대통령 취임 2년 차 2분기 직무 평가를 비교해보면, 윤석열 대통령(2023년 7~9월 평균)은 긍정 34%·부정 57%로 나타났는데, 나는 특히 직무에 대한 부정 평가 수치를 집중해서 살펴보았다. 윤석열 대통령에 대한 직무 부정 평가는 57%로 이명박(55%), 노무현(46%), 노태우(41%) 전 대통령보다 높고 김영삼(21%), 김대중(22%) 전 대통령의 부정 평가에 비하면 무려 2.5배 이상 높다. 이러한 50% 후반에서

166

60%대의 부정적 평가는 취임 후 지금까지 유지되고 있다.

아무리 대통령과 참모들이 지지율에 연연하지 않는다고 해도 이처럼 장기간 부정적인 평가가 이어지면 집권 세력의 자신감은 떨어진다. 자신감이 떨어지면 비판에 예민해지고 야당을 비롯한 국민·언론의 비판이 더욱 크고 강하게 느껴진다. 소수의 이너서클에서 모든 것이 결정되면 공무원 사회에서든 집권 여당 내부에서든 대통령의 결정, 정부 정책에 점점 더 '령(令)'이 서지 않는다. 무신불립(無信不立)이다. 시간이 흐를수록 정권 핵심 그룹에서도 대통령의 결정에 대해 의구심을 갖고 반대하는 사람, 비판하는 참모들이 많아지고, 그 회의와 비판의 강도는 거세진다. 검찰공화국 속성상 뭔가를 찾아야 한다. 즉 '수사거리'를 찾아내야 한다.

집권 초에는 오직 국민, 이념보다 민생이 먼저라고 했던 윤석열 대통령이 집권 1년이 지나자 돌연 이념이 가장 중요하다고 외치는 이유가 여기에 있는 것은 아닐까. 전 정권에 대한 수사 외에는 보여줄 수 있는 국정운영의 콘텐츠가 없기 때문에 민생·외교와는 아무 상관이 없는 공산주의, 가짜뉴스, 사이비 진보 등을 강하게 비판하고, 19세기·20세기의 이념 전쟁터, 반공 전쟁터로 국민을 몰아넣는 것은 아닐까. 이렇게 분석하지 않고서는 어떻게 이 뜬

금없고 백해무익한 이념 전쟁 선포를 이해할 수 있겠는가.

대통령 집권 1년 6개월 만에 검찰공화국과 극우 이념 세력 간의 카르텔이 완성되고 있다. 대통령 취임식을 시작으로 대통령 관련 각종 행사에 극우 유튜버들을 초청하거나, 극우 유튜버를 대통령실에 채용하고 mb정부의 뉴라이트 인사들을 전면적으로 기용하는 일은 결코 우연이 아니다. 나아가 이제는 국정운영과 국정 아젠다 세팅에까지 이러한 검찰공화국과 극우 카르텔이 작용하고 있다.

대표적인 예가 공산주의 추종 세력이나 전체주의 세력에 대한 대통령과 정부 주요 관료들의 인식이다. 공산 전체주의 추종 세력이 있다면 이는 실정법 위반이기 때문에 대통령과 참모, 정부 관계자들이 지금처럼 말로만 엄포를 놓을 것이 아니라 잡아야 한다. 그러나 현실에서 이러한 세력을 잡을 수 없으니 홍범도·백선엽 장군 논란 때처럼 역사를 재단하고 백해무익한 이념 논쟁을 제기하는 것이다.

대통령 자신이 만들어낸 검찰공화국과 극우 세력 간의 카르텔을 깨지 않는 한 윤석열 대통령과 윤석열 정부, 집권 여당에 남은 것은 이제 가짜뉴스와의 전면전, 괴담으로 국론을 분열시키고 북한을 추종한다고 자신들이 주장하는 세력과의 전쟁, 즉 수사밖에 없어 보인다.

3. 언론과 싸우는 것은 국민과 싸우자는 것

'제1호 국민', 기자와 싸우는 정권

언론이 살아 있어야 민주주의가 산다. 윤석열 대통령의 검찰총장식 정치가 가장 적나라하게 작동되고 있는 영역이 언론, 언론 정책이다. 국제언론감시단체인 국경없는기자회(RSF)는 매년 세계 각국의 언론 자유 지수를 발표하는데, 윤석열 정부 취임 1년 즈음인 2023년 5월 3일 발표한 자료에 의하면 대한민국의 언론 자유 지수는 세계 47위로, 문재인 정부 내내 41위~43위를 지켰던 것에 비해 4~6단계나 추락했다. 최근 불고 있는 언론탄압의 광풍을 고려한다면 내년에 발표될 대한민국 언론 자유 지수는 더욱 떨어질 것이다. 당선자 시절은 물론, 대통령 취임식, 국제 회의, 국무 회의 등 국내외를 가리지 않고 가는 곳마다 그렇게 자유를 역설해왔던 윤석열 대통령이지만 정작 언론의 자유에는 관심이 없는 것으로 보인다.

윤석열 대통령은 당선자 시절, 대통령직인수위원회 기자실을 직접 찾아 기자들에게 커피를 대접하거나 취임하면 기자들을 초대하여 김치찌개를 끓여주겠다고 약속하는 등 나름 소통하는 노력을 보였고, 인수위원회로 출퇴근 중에는 도어스테핑을 진행했다. 대통령 취임 후에도 도어스테핑이 "용산으로 집무실을 옮긴 가장 중요한 이유"라는 윤석열 대통령의 말처럼 계속되었다면 우리 정치 문화에서 언론 자유를 상징하는 신선한 관례로 자리 잡았을 것이다. 그러나 이처럼 중요한 도어스테핑도 결국 이해할 수 없는 말실수와 논란이 거듭되었고, 급기야 MBC 기자와의 설전 등으로 61회를 끝으로 중단되었다.

한미정상회담을 위한 미국 순방 과정에서 벌어진 소위 '바이든 날리면' 논란에 대한 대통령실의 대응은 윤석열 대통령과 이 정부가 언론을 어떻게 생각하는지 그 민낯을 적나라하게 보여준다. 당시 대통령의 발언을 자막 보도한 MBC에는 해당 기자 징계를 요구했고, 기자에겐 대통령 전용기 탑승을 금지했으며, 외교부는 MBC를 피고로 고소해 소송 중이다. 그러나 외교부의 이 소송도 엉터리다. 2023년 9월 현재 진행 중인 재판에서 윤석열 대통령과 정부를 대표하는 외교부는 "당시 대통령의 발언이 이것인데, MBC

의 보도는 이렇게 잘못되었으니 정정해 달라"는 요구를 특정하지 못하고 있다. 무턱대고 대통령 뜻을 대변해 '아니면 말고'식의 소송을 하고 있는 것이다.

"날리면"이 아니라면 무엇인지는 발언의 당사자인 대통령이 가장 잘 안다. 나는 논란이 된 발언의 당사자로서 대통령이 직접 나서서 지금이라도 소송을 취하하는 것이 책임 있는 모습이라고 생각한다. 아니면 진실 규명을 위해 자신의 발언을 특정해줘야 한다. 이러한 소송은 언론과 싸울 성질의 것도 아니며, 이길 수 없고 또 이겨도 아무 실익이 없는 소송이다. 언론과 싸우는 것처럼 보이지만 해당 발언으로 촉발된 논란과 관련해 대통령을 비판하고 반대하는 국민과 싸우고 있는 것이다.

최근 물러났지만 mb정부 홍보수석을 지낸 이동관 방송통신위원장 임명으로 언론 자유, 민주주의에 심각한 위기가 더욱 가속화되었다. 이 전 위원장은 이미 후보자 지명 후 언론에 "선전 선동을 능수능란하게 했던 공산당 신문과 방송을 언론이라고 하지 않는다. 기관지라고 한다"고 말했다. 구체적으로 특정 언론사를 꼭 집어서 언급하지는 않았지만 지금 대한민국에는 공산당 기관지 같은 언론이 존재한다는 취지로 들릴 수도 있는 발언이다. 국민과 언론, 그리고 야당은 이 전 위원장이 말한 공산당 기관지는 야당을 대변하며 윤석열 대통령과 정부를 비판하는 언론일 것이라고 짐작만 할 뿐이다. 대통령도 공산 전체주의 추종 세력 등을 언급하면서 가짜뉴스의 폐해를 매일 지적하고 있다. 국민의힘도 마찬가지다. 심지어 장관 지명 과정에서 낙마한 모 후보가 국회 역사상 초유의 사건, 즉 후보자가 국회 인사청문회 도중 스스로 회의장에서 퇴장한 것을 빗대어 '줄행랑'이라고 비판했던 언론 보도에 대해서도 가짜뉴스라고 주장한다. 나아가 이 전 위원장이 추진해온 가짜뉴스 "원 스트라이크 아웃제"는 언론에 대한 공갈, 민주주의에 대한 큰 위협이다.

우리 헌법과 법률은 언론 자유를 보장하고, 언론에 대한 심의 검열을 허용하지 않는다. 그런데 어떤 기준으로 가짜뉴스를 판단할지는 모르지만 한 번 잘못하면 해당 언론을 퇴출시키겠다는 것은 사실상 언론 검열이자 탄압이다. 이러한 일이 가능하지도 않지만, 만약 원 스트라이크 아웃제를 적용해야 한다면 mb정부의 언론탄압·언론장악 의혹의 한가운데 있었던 이 전 위원장이 제1호가 되어야 한다. 윤석열 정부는 이 전 위원장 임명 전후로 언론탄압·언론장악의 고속도로를 깔아놓았다. 한상혁 방송통신위원장, 정연주 방송통신심의위원장, 남영진 KBS 이사장, 김의철 KBS 사장이 줄줄이 해임되거나 또는 자리에서 물러나게 되었고, KBS·EBS·방송문화진흥회 이사들도 해임되었다. 또한 최근에는 KBS 신임 사장 취임 직후 뚜렷한 이유 없이 일부 프로그램이 중단, 폐지되는 등 방송 출연진, 제작진들이 현업에서 밀려나는 모습은 독재정권의 군사 쿠데타를 연상시키고 있다.

국민의 알 권리와 언론

나는 DJ정부 청와대 공보수석 재임 시절, 기자는 "제1호 국민"이라고 강조했다. 오늘날 대의제 민주주의하에서 정치인은 모든 국민을 만날 수 없기 때문에 국민을 대신해 기자를 만나는 셈이다. 국민은 기자를 통해 국정에 대해 알 수 있고 진실을 판단한다. 그것이 헌법에 보장된 국민의 "알 권리"다. 국민의 알 권리는 절대적으로 보장되어야 할 권리이기에 "기자는 뭐든지 물을 수 있고, 정치인은 답변할 의무가 있다"고 늘 강조해왔다.

나는 총선이 끝나고 새로운 임기의 국회가 시작될 때면 매번 당의 요청으로 초선 의원을 대상으로 국회의원 의정 활동에 관한 특강을 한다. 선배 국회의원으로서 후배 동료 의원들에게 일종의 의정 활동 노하우, 정치 활동의 경험을 전하는 특강인데 나는 강연 때마다 "국회의원은 기자들 전화를 잘 받아야 한다, 받지 못하면 꼭 콜백을 해라, 기자의 기사에 대해서는 꼭 피드백을 하라"고 일러준다. 기자는 누가 뭐라 해도 오늘날 제1호 국민이고 기자와의 소통이 곧 국민과의 소통이기 때문이다.

거듭 말하지만 그래서 기자·언론과 싸우는 것은 결국 국민과 싸우는 것이다. 언론은 민주주의의 꽃이다. 대통령은 물론 정치인·정당·정부 입장에서도 자신들이 하는 일을 국민에게 알려야 한다. 특히 야당으로서는 자신들이 하는 일과 주장을 국민에게 알려야 하기 때문에 언론과의 소통은 더욱 절실하다. 그런데 국가 권력이 다양한 수단을 동원해 기자 개인은 물론 언론의 취재·편집·보도에 간섭하며 압력 아닌 압력을 넣는 것은 결국 국민의 알 권리를 재단하고 침해하고, 야당을 탄압하는 것과 다르지 않다.

DJ만큼 독재정권의 조작으로 인해 언론과 국민에게 왜곡되어 알려진 정치인은 없다. 평화민주당 총재를 역임하셨을 때 당시 제도권 정당으로서 당의 언론 대응이 미숙하다고 생각한 나는 언론이 중요하다는 취지로 DJ에게 다음과 같은 질문을 드렸다. "만약 21세기에 예수님이 부활하시면 제일성(第一聲)이 뭔지 아십니까." DJ는 "뭐냐"고 물으셨다. 나는 "제일성(第一聲)은 기자들 왔냐고 하실 것"이라며 "21세기에는 예수님도 부활하실 때 기자들이 왔는지 확인하고 부활하신다. 그래야 사진도 찍히고 기사도 난다"
고 했다.

DJ는 언론과 관련해 피해자였지만 야당 총재 시절부터
집필·강연·인터뷰 등으로 언론을 통해 국민과 항상 소통
하려고 했다. 집권 후에도 언론을 탄압하지 않고 언론의
비판을 경청했는데 기자협회보가 발표한, 역대 대한민국
대통령이 재임 중에 실시한 브리핑과 기자간담회 통계를
보면 DJ, 노무현 대통령은 각각 150회, mb는 20회, 문재인
대통령은 6회, 박근혜는 5회라고 한다. 지금처럼 언론사가
많지 않은 시절이긴 했지만 DJ가 재임 중 얼마나 많은 소
통을 해왔는지 잘 보여준다.

윤석열 대통령은 일찌감치 도어스테핑을 중단한 것은
물론 취임 100일 기자회견 이후로 더는 기자회견, 기자들
과의 일문일답을 하지 않고 있다. 취임 1주년 기자회견도
식사 자리로 대체되었다. 대통령이 국민에게 성실히 설명
할 필요가 있는 일들에 대해서도 대변인을 통해 일방적으
로 전달할 뿐이다. 대통령이 답해야 할 중요한 주제, 예를
들면 일본 후쿠시마 오염수 방류 문제, 한일 외교 정상화,
한미정상회담, 우크라이나 지원 등의 굵직한 현안들이 기
자들과의 문답이나 대화 없이 국무회의에서 일장 연설 형
식의 방송으로 일방적으로 전해지는 형국이다.

묻고 답하지 않는 자는 반성하지 않기에 발전하지도 않는다. 하물며 제1호 국민, 기자의 질문을 받지 않고 비판적인 언론과 싸움만 하는 대통령과 정부가 제대로 된 국민 소통, 민주주의를 실천할 수 있을까. 윤석열 대통령이 기자들의 질문, 국민과의 대화를 부담스러워하는 것인지 아니면 필요성을 느끼지 못하는 것인지는 알 수 없지만, 이는 민주주의를 무시하는 심각한 모습이다. 일부에서는 이를 두고 "검찰 언론관", 즉 검사가 수사와 관련해 기자들에게 일방적으로 정보를 전달하는 것에만 익숙한 '갑'의 위치에 여전히 있기 때문이라는 해석도 나온다.

북한에도 양보하지 않은 DJ의 언론관

이유를 막론하고 대통령이 국민과 언론 앞에 나서지 않는다는 것은 그 자체로 민주주의에 악재로 작용한다.

DJ는 반대 언론과도 소통했다. 1997년, 대선을 앞두고 이루어진 《월간조선》 인터뷰는 말 그대로 대박이었다. 당시 참모 대부분이 반대했던 것으로 기억하는데, 나는 "보수 언론, 보수 진영에도 총재님의 목소리를 제대로 전달해야 합니다"라고 설득했다. 결국 인터뷰는 묻고 싶은 대로 묻고 답변하는 내용을 그대로 쓰는 것을 조건으로 성사되었고,《월간조선》은 이 약속을 지켰다. 지면이 한정된 신문과 달리 월간지는 특성상 긴 글을 다룰 수 있는데, 장문의 인터뷰에서 DJ의 일목요연함, 해박함이 보수 독자들에게 그대로 전달된 것이다. 보수 언론과의 인터뷰 자체만으로도 성공인데 그 내용 또한 완벽했다.

DJ는 언론은 곧 민주주의라는 신념도 확고했다. 2000년 6·15 남북정상회담 출발 당시, 북한은《조선일보》와 KBS의 방북 취재를 불허했다. 그러나 DJ는 "내가 가는데 우리 기자들에게 취재를 왜 못하게 하느냐. 그것이 말이 되느냐. 그 문제는 북이 아니라 우리가 결정할 문제다. 그대로 비행기에 태우라"고 했다.《조선일보》는 6·15 취재를 위한 방북을 취소해서 남북정상회담 이후에도 여전히 북한에 대한 현지 취재가 어려웠다. 나는 그해 8월 초 언론사 사장단들과 함께 다시 방북했는데 DJ는 나에게 "김정일 위원장을 잘 설득해서《조선일보》에 대한 취재 불허 방침을 취소하게 하라"고 하셨다. 나는 김정일 위원장, 김용순 국제비서와 3시간 반 동안 많은 이야기를 나누던 도중《조선일보》문제를 언급하면서 "《조선일보》취재 불허는 북한이 스스로 주장하는 민주주의를 포기하는 것이다"라고 설득했다. 나의 간곡한 설득에 김정일 위원장도 그렇게 하겠다고 답했다. 그러나 김용순 비서는 "위대한 장군님,《조선일보》취재는 안 됩니다"라고 반대했다. 나는 북한에서도 소위 최고 존엄의 말씀을 거절할 때가 있구나 싶어 내심 놀랐다.

당시 김용순 비서의 논리는 "우리가 《조선일보》에 대해 어디에 몇 회, 어디에 몇 회, 이런 식으로 강하게 비판했는데 인민들에게 그 약속을 허물 수는 없다"는 것이었다. 김정일 위원장이 "취재하게 하라"고 하며 몇 번이나 화를 냈지만 김 비서는 계속 반대했다. 결국 김정일 위원장이 고성과 함께 몇 차례 지시를 내린 끝에 마침내 김 비서는 "그렇다면 제가 조직에서 자아비판을 하고 《조선일보》 취재를 허용하겠다"고 했다. DJ 재임 당시 《조선일보》의 기사는 늘 아팠지만 언론의 자유를 지키는 것이 우리의 민주주의를 북한에 보여주는 것이라고 믿었기 때문에 DJ는 나에게 이러한 지시를 하신 것이었다.

DJ는 언론을 민주주의의 동반자로 대우했고 언론 환경 개선을 위해 최선을 다했다. 일례로 YS정권 때까지는 청와대가 직접 출입 기자를 낙점해 해당 언론사에 요청했는데, 이러한 관행을 깨고 언론사가 직접 기자 두 명을 청와대에 추천하도록 했다. 청와대는 경내에서 근무하는 직원들은 물론 상시 출입하는 사람에 대해서도 철저하게 신원조사를 한다. DJ정부 초기에 언론사가 추천한 기자들 중

세 명이 대통령 경호처의 신원 조사에 걸려 출입하지 못하는 처지가 되었다. 지금도 경호 및 안전과 관련해서는 대통령 경호실의 힘이 막강하다.

이러한 사실을 DJ에게 보고드렸더니 대수롭지 않게 "자네가 공보수석 아닌가. 자네가 보증서"라며 단숨에 정리하셨다. DJ의 지시로 내가 보증을 선 기자들은 이후 청와대와 관련해 특종 기사를 보도하기도 하며 잘 근무했던 기억이 있다. DJ는 언론인에게 그만큼 각별했다.

나는 DJ 대통령 당선자 시절, 당신의 지시로 3주 동안 전 언론사 보도국·편집국·정치부·사회부·경제부를 비롯해 교열부·만화부까지 돌면서 "도와달라"고 읍소하고 다녔다. 또 대통령 취임 1년 차까지는 날마다 언론인을 만났는데, 보수 언론에서는 기라성 같은 특정 언론인을 1년 365일 거의 매일 만나다시피 한 적도 있다. 시간이 없어 만나지 못하게 되면 잠시 그 언론사에 들러 얼굴이라도 보이고 오고, 유리창 너머로 손이라도 흔들어 인사를 하고 다시 밤늦게 청와대에 들어가곤 했다. 이미 대선 시절부터 박선숙 대변인과 함께 군고구마를 사서 늦은 밤까지 언론사들을 돌았던 이력도 있는 터이고, 대통령이 언론사에 잘하시니 모시는 우리들은 더욱 잘해야 한다고 생각했기 때문이다. 당시 박선숙 대변인이 특유의 순발력과 섬세함으로 광화문의 추운 겨울밤을 훈훈하게 만들었던 기억이 지금도 새롭다.

DJ가 언론을 존중했던 이유는 국민의 알 권리를 보장하고 건강한 민주주의를 지키기 위해서였다. 지금 윤석열 정부처럼 언론과 싸우는 것은 민주주의에 심각한 위협이며, 정권의 성공에도 결코 도움이 되지 못한다.

5부 서민 민생경제의 위기

1. 시장 뒤에 숨은 대통령

무위(無爲)의 경제 정책

우리 경제가 추락하고 있다. 2023년 9월 현재, 수출은 전년의 동 기간 대비 11개월째 감소했고, 무역수지는 작년 3월부터 금년도 5월까지 무려 15개월째 적자 행진을 기록했다. 최근 몇 개월의 흑자는 경기 침체로 수입이 줄어 적자가 나지 않은 이른바 불황형 흑자다. 2023년 7월 한국은행 발표에 의하면 우리나라의 명목 국내총생산(GDP)은 2021년 세계 10위에서 2022년 13위로 하락했고, 2022년 우리의 1인당 국민총소득(GNI)은 2021년(3만 5,373달러)보다 약 3,000달러가 줄어든 3만 2,661달러를 기록해서 20년 만에 대만에도 역전을 당했다.

경제협력개발기구(OECD)는 9월, 세계 각국의 올해 경제성장률 수정치를 전망했는데 미국의 성장률은 지난 6월

1.6%에서 2.2%로, 일본은 1.3%에서 1.8%로, 프랑스는 0.8%에서 1.0%로 상향 조정했지만, 우리 경제에 대해서만 6월 1.5%라는 전망을 그대로 유지했다. 이대로 가면 금년 우리의 경제성장률은 5년 연속 미국에게 뒤처지고 25년 만에 일본에게 추월당하는 등 세계 경제의 회복 및 성장보다 우리 경제의 회복 및 성장이 더디다는 것이 각종 통계 지표로 나타나고 있다.

더 큰 문제는 2024년이다. 2023년 초 많은 전문가, 특히 경제 부처 관료들이 우리 경제에 대해 상저하고(上底下高)라고 전망했지만, 현대경제연구원이 2023년 9월 10일 발표한 '글로벌경제 리스크 요인과 시사점' 보고서에 의하면 내년도 경제에 대한 비관적인 전망이 가득하다. 세계 주요 투자 은행들이 미국은 올해 1.9%에서 내년 0.8%로, 중국은 5.1%에서 내년 4.6%로 경제 성장이 둔화될 것으로 예측하는 등, 어려운 세계 경제 사정으로 인해 우리 경제는 더욱 어려워질 것으로 전망했다.

특히 미국 금리 인상에 따른 '강한 달러' 기조가 내년 상반기까지 지속되고, 수입 원자재 가격 상승, 미국 고금리 정책으로 외국인의 직접 투자가 하락될 것이라고 전망했다. 나는 여기에 더해 윤석열 정부가 파탄낸 외교 때문에 2024년 우리 경제가 더욱 어려워질 것으로 전망한다. 일례로 2023년 상반기 무역수지 적자의 절반이 중국과의 무역수지 적자에서 비롯된 것처럼 우리의 대중국 외교는 경제에도 이미 심각한 영향을 미치고 있다. 대한민국은 수교 이래 중국과의 최대 교역국이었지만 이미 그 자리를 대만에 넘겨주었으며 미국·호주·일본에 이어 5위 교역국으로 추락했다. 이 추세대로라면 베트남에도 추월당할 것으로 보인다.

그럼에도 불구하고 "문재인 정부 때문에 나라가 거덜날 뻔했다"는 윤석열 대통령의 발언은 사실과 다르고, 현실을 회피하는 상황 인식이다. 실제로 문재인 정부 2021년 우리의 GDP 대비 국가채무비율은 46.9%였는데 당시 일본은 256.2%, 미국은 127.1%, OECD 선진국 평균은 120.1%였다. 외환 보유액도 달러 기준 2018년 4,037억, 2019년 4,088억, 2020년 4,431억, 2021년 4,631억으로 매년 증가했다. 전 정부를 탓하는 대통령의 이러한 인식은 현재의 경제 위기를 극복하는 데 아무런 도움이 되지 않는다.

김종인 전 국민의힘 비상대책위원장은 윤석열 정부 취임 1주년을 즈음해 진행된 언론 인터뷰에서 윤석열 정부의 긴축재정 기조에 대해서 "(긴축재정에) 너무 집착하면 안 된다. 재정 건전화를 한다고 집착해 경기가 악화되면 재정이 더 악화된다. 코로나19로 3년간 양산된 패자를 어

떻게 원상 복귀할 것인가를 고민해야 하는데 윤석열 정부
는 그러한 대책이 하나도 없다. 지금 이런 상황에서 재정
긴축 정책을 한다는 것은 죽을까 봐서 미리 자살하는 것과
다름이 없다"면서 "윤석열 정부의 경제 민생 정책은 무
(無)"라고 비판했다. 매우 적절한 지적이며, 나는 이에 덧
붙여 윤석열 정부의 경제 정책은 무위(無爲), 즉 능력도 의
지도 없어서 역설적으로 아무것도 하지 않는 것이 유일한
정책인 지경에 와 있다고 생각한다.

무사태평한 비상경제민생회의

얼핏 연관이 없어 보이지만 대통령 집무실 용산 이전 과정
을 되새겨보면 윤석열 정부의 경제에 대한 즉흥적인 인식
의 단면을 볼 수 있다.

윤석열 대통령은 당선자 시절 "대통령 집무실 이전에
496억 원이면 충분하다"고 했지만, 지금 현재 언론 보도 등
을 종합해보면 예비비와 다른 정부 부처 예산을 이·전용하
는 등, 약 368억 5,100만 원을 추가 사용했으며, 민주당이
여기에 합동참모본부 이전 비용 등 연쇄 비용, 간접 비용
등을 포함해 자체적으로 추계한 이전 비용은 1조 원을 육
박한다고 한다. 또한 이와 별개로 기존 청와대 리모델링 및

추가 개방 등을 위해 2024년에도 관련 예산을 크게 증액했다. 그러나 대통령 집무실 용산 이전 후 청와대를 찾는 관람객은 2023년 9월 현재, 개방 당시 5분의 1, 즉 월 60만 명에서 10만 명에 그치고 있는데, 관람객들이 가장 많이 찾는 영빈관은 정작 대통령실과 관련된 행사 준비와 진행 등으로 나흘에 한 번꼴로 문을 닫고 있어서 애초에 대통령실을 왜 이전했는지 의문이 든다. 긴축재정을 한다면서 2024년도 예산, 특히 사회간접자본 및 연구개발 예산은 대폭 축소했는데, 멀쩡한 청와대를 나와서 돈은 돈대로 들이는 등 정작 대통령실 이전 비용만 이중으로 늘어나고 있는 상황을 국민이 과연 이해할 수 있겠는가. 국민과 언론은 어떠한 과정을 거쳐서 대통령 집무실이 청와대에서 용산으로 이전되었는지 알지 못한다. 고민도, 준비도 되지 않은 설익은 정책으로 무수한 억측과 혼란을 낳았고, 결과적으로 국민 세금만 축내고 있다. 그러나 대통령은 잘못을 절대 시인하지 않는다. 참모 중에도 "대통령 집무실 용산 이전은 잘못되었다"라고 소신껏 말하는 사람이 없다.

경제 정책도 마찬가지다. 자동차 운전으로 치면 우측 방향 지시등을 켜고 좌측으로 가고 있는 것인지, 브레이크를 밟으며 동시에 가속 페달을 밟고 있는 것인지, 윤석열 대통령 자신은 물론 경제 정책 당국도 지금 무엇을 하고 있는지 정말 모르는 것 같다. 대통령은 후보자 시절에 주 120시간 노동을 주장해서 여론의 뭇매를 맞았는데, 이후 노동시간 개편과 관련해 노동 정책 당국은 대통령의 뜻이 어디에 있는지 대통령실의 눈치만 보면서 주 69시간을 고무줄처럼 만지작거리며 혼란을 가중시켰던 것을 우리는 기억한다. 이외에도 수능 난이도 조절 개입, 만 5세 아동 초등학교 입학 추진과 같이 설익은 정책들로 손대는 일마다 대한민국을 발칵 뒤집어놓았다. 그래서인지는 몰라도 "가뜩이나 어려운 고물가·고금리·고환율 시대에 대통령과 정부가 아예 경제 정책에는 손을 안 대는 것이 차라리 그나마 나을 것"이라는 자조적인 말이 나올 정도로 윤석열 정부의 '대책 없는 경제 정책', 즉 사실상 자유방임주의 경제 정책을 다행으로 여겨야 할 상황에까지 오게 되었다.

실제로 윤석열 대통령은 대선 후보자 시절에 이미 "지도자가 경제를 안다고 국민의 삶이 나아지는 거 아니다", "경제라는 것은 대통령이 살리는 게 아니다"라고 하면서 경제에 대한 '무대책·무책임'을 예고했다. 특히 취임 후 한 달 남짓이 지난 2022년 6월 20일 출퇴근 인터뷰에서는 "미국 연방준비제도가 기준금리를 많이 올려 세계적인 경제 침체가 우려되는데 대책이 있느냐"라는 취재진의 질문에 "고물가를 잡기 위해 전 세계적으로 고금리 정책을 쓰는 마당에서 생기는 문제이기 때문에 근본적으로는 대처할 방법이 없다"면서 남의 나라 이야기하듯이 무심하게 답변해 국민과 언론을 의아해하게 만들었다. 당시 코로나19 이후 국가의 명운과 국민의 먹고사는 문제가 걸려 있는데, 막 새롭게 시작하는 지도자가 이렇게 무책임하게 말할 수 있는지 나도 참으로 의아하면서 놀랐다.

대통령이 "국가는 사라져도 시장은 없어지지 않는다"라고 했던 말도 이쯤 되면 "국가와 정부는 아무것도 하지 않겠다"는 말로 들리는 것은 비단 나만의 편견과 착각일까. 대통령의 이 같은 발언은 자유방임주의 정책, 시장주의에 대한 대통령의 소신을 말한 것이 아니다. 정치에서와 마찬가지로 대통령의 경제 정책 또한 아무것도 준비되어 있지 않았음을 실토하는 발언이다. 한때 김건희 여사의 봉하마을 수행원 논란에 대해 기자들이 질문하자 "대통령을 처음 해보는 것이기 때문에 공식·비공식 행사를 어떻게 나눠야 할지…"라고 했던 것처럼 대통령을 처음 해서 경제 정책이 없다는 것인가. 그러나 1987년 개헌 이후 대한민국 대통령의 임기는 5년 단임으로, 역대 모든 대통령이 다 '대통령을 처음 해본 대통령'이었다.

경제 위기를 극복하려면 경제 정책을 대하는 대통령과 정부의 태도를 고치는 것에서부터 시작해야 한다. 대통령이 직접 주재하는 비상경제민생회의를 보면 그 필요성을 여실히 느낄 수 있다. 이 회의는 2022년 7월 8일 대통령이 긴박한 경제 상황을 직접 챙기겠다는 계획하에 시작되어 2023년 현재 제21차 회의가 열렸고, 대부분 TV 방송으로도 생중계되었다.

그러나 20차례가 넘게 진행된 이 심각한 이름의 회의에서 국민과 언론은 지금까지 무엇이 결정되었는지, 정부가 무엇을 하고 있는지 알지도 못하고 이제는 아무런 관심도 없다. 이 회의에 참석한 정부 관료들의 태도는 비상하지도 않고, 회의에서 도출된 정책들은 신선하지도 감동적이지도 않다. 비상시에는 비상한 해법이 필요한 법이다. 나만 그렇게 느꼈는지 모르겠지만 대통령이 직접 주재하는 회의인데 정부 관료들은 때로는 주눅 들고, 때로는 무사태평한 모습이며, 정책은 새로울 것 없는 재탕의 연속이었다. 대통령이 직접 1년 넘게 주재하고 진행된 비상회의가 이 정도인데, 지난 1년 반 동안 윤석열 대통령이 어려운 서민 민생경제와 관련해서 무엇을 했는지, 경제 관료들은 앞으로 무엇을 하려고 하는지, 국민은 알지 못한다. 그래서인지 국회에서도 여당과 야당이 경제 관련 현안과 정책을 놓고 치열하게 토론하며 싸워본 적이 없다. 오직 전 정부와 야당 대표에 대한 수사, 외교적 현안을 둘러싼 대립이 전부다. 그만큼 윤석열 정부의 경제 정책은 실물경제만큼이나 죽어 있다.

DJ의 경제 위기 극복

윤석열 대통령의 경제에 대한 태도는 DJ와 극명하게 비교된다. 일생을 대통령이 되기 위해 준비해온 DJ였지만 당신도 외환 위기를 극복하는 과정에서 두려워하고, 고민도 많았다. 오죽하면 "밤에 잠이 오지 않는다"고 주변에 호소하셨겠는가. 그러나 DJ는 국민 앞에 서면 늘 준비된 대통령답게 전광석화처럼 결정하고 노련하게 대응했으며, 무엇보다도 치열하게 대응했다. 1997년 12월, 대통령에 당선된 DJ는 외환 위기 탈출에 자신의 모든 것을 바쳤다. 12월 19일 당선 첫날 아침 9시, DJ는 새정치국민회의 총재이자 대통령 당선자 신분으로 국회 의원회관에서 기자회견을 했다. 당시 경제 위기를 극복하려면 국가 신뢰도 회복이 가장 절박한 일이었는데, 당선자가 직접 나서서 "새 정부는 IMF와 현 정부(YS정부)가 합의한 사항을 충실하게 지켜나가겠다"고 선제적으로 밝히고 동시에 "민주주의와 시장경제의 병행 발전"을 강조했던 것이다.

회견 직후에는 미 클린턴 대통령과 통화했는데, 클린턴

대통령은 당선 축하 인사를 건네면서 동시에 IMF 합의 사항 이행을 촉구했고, DJ는 당신의 회견 내용을 다시 한번 확인시켜주면서 클린턴을 안심시켰다. 아무리 개인적으로 친분이 각별하다고 해도 국익이 걸리면 이렇게 비정한 것이 엄연한 국제 정치, 외교의 현실이다. 또한 당선 첫날 밤 11시경에는 미셸 캉드쉬 IMF 총재와도 통화를 했는데, 한마디로 돈을 빌려준 사람, 그리고 앞으로도 돈을 빌려줄 사람을 안심시키기 위해 DJ는 당선 첫날 아침부터 자정까지 최선을 다했다.

당선 이틀 후에는 YS를 만나 YS정부 측과 대통령직 당선자 측이 각각 여섯 명씩 참여하는 비상경제대책위원회를 구성했다. DJ는 당시 이 위원회에 당선자 몫으로 김원길 새정치국민회의 정책위원회 의장, 장재식 경제통 국회의원, 유종근 전북 도지사, 자민련 이태섭 정책위원회 의장, 허남훈 의원을 선임했다. 정치인들 중에서 경제를 가장 잘 아는 인사들로 구성한 것이다. 정부에서는 임창열 경제부총리, 유종하 외무부 장관, 정해주 통산산업부 장관, 김영성 대통령경제수석, 이영탁 국무총리행정조정실장, 이경식 한국은행 총재를 선임했다. 12월 25일 대통령직 인수위원회의 인선 및 발표까지 기다리지 않고 신구 정부에서 경제를 가장 잘 아는 인물, 향후 새 정부에서 경제를 책임져야 할 인물들을 총망라한 소위 경제 비상 내각을 구성해서 외환 위기 극복에 선제적이고 노련하게 대응한 것이다.

DJ는 12월 22일에는 미국 재무부 차관 일행과 면담했는데, 12월 3일 IMF와 맺은 협약 외에 추가 요구 사항, 즉 정리해고제 수용, 외환관리법 전면 개정, 적대적 인수 합병 허용, 집단소송제 도입 등을 요구해왔다. 립튼 재무부 차관이 한국의 노동 유연성에 대해 이야기했는데, 기업들이 구조 조정을 해야 돈을 빌려줄 수 있다는 주장이었다.

DJ는 "노동자 10~20%를 해고하는 것을 주저하다가 기업이 망하면 노동자 100%가 일자리를 잃는다. 노동자를 해고해서 기업이 살아나고 경쟁력을 갖추게 되면 해고된 노동자들이 다시 취업할 수 있는 기회가 생긴다. 민주주의와 시장경제를 수레의 양축으로 삼아 경제 정책을 추진하겠다"고 간곡하게 설득했다. 또 12월 24일에는 전경련 등 경제단체들의 장들을 만나 기업 정책의 원칙을 밝혔다.

이러한 노력에 힘입어 마침내 12월 24일, 13개 선진국과 IMF로부터 100억 달러를 조기에 지원하겠다고 연락이 왔다. 대한민국의 부도 위기를 막은 것이다. 당시 외환 위기가 전례 없이 강력한 위기였지만, 내가 곁에서 본 DJ의 행보는 역시 이를 능히 극복할 만큼 준비된 '정치 9단'의 경지였다. 내부적으로 다양한 이해관계자를 만나 국민을 안심시키고, 외부적으로는 선진국 지도자 및 세계 경제기구 수장들을 안심시키는 메시지를 끊임없이 던지고, 정부 관계자를 만나 문제를 정확하게 파악해 진단하고, 각계 전문가를 총동원해 위기를 극복할 기구를 구성해서 위기 극복 정책을 수립하고 집행했다.

당시 DJ의 이러한 노력에 대해 세계 각국 언론과 지도자, 그리고 전문가들은 DJ 재임 중의 최대 업적으로 2000년 6·15 남북정상회담과 IMF 외환 위기 극복을 꼽았다. 특히 미국 UCLA대학의 오마에 겐이치 교수는 DJ 퇴임에 즈음하여, "DJ가 처음 외환 위기를 극복할 때는 미국이 시키는 대로 나라를 해체한다고 신랄하게 비판했지만, 세계에서 5년제 단임 대통령 중 이렇게 많은 성과를 낸 대통령은 찾아보기 힘들다. 한국 경제를 V자로 회복시킨 김대중 대통령은 희대의 명대통령"이라는 찬사를 보냈다.

윤석열 대통령은 취임 전 이미 위기의 절반을 극복했던 DJ의 절박함, 치열함을 배워야 한다. 하물며 현직 대통령으로서 경제 위기 앞에서 아무 일도 하지 않는 무위(無爲)의 대통령이 되면 안 된다. 경제는 전문가들의 정책이기 이전에 국민과 시장의 심리의 문제다. 윤석열 대통령과 정부가 이 경제 위기에서 무엇을 하고 있는지 국민에게 제대로 알려야 한다. 그것도 어렵다면 최소한 서민의 아픔에 공감하고 있다는 모습을 진심으로 일관되게 보여준다면 시장과 국민의 불안은 조금이나마 진정될 것이다. '국가가 사라져도 시장은 영원할 것'이라는 그럴싸한 말로 경제 정책이 없다는 사실을 감추면서 시장 뒤에 숨어서는 안 된다. 지난 1년 반 동안 끝없이 추락해온 서민 민생경제 위기 앞에 윤석열 대통령과 윤석열 정부는 이제 무엇을 할 것인가 답해야 한다.

2. 이념에 질식된 대한민국 경제

경제 위기와 정부의 역할

윤석열 정부가 자초한 민생 경제 위기는 대통령과 정부 관료의 안이한 태도, 그리고 위기를 위기로 인정하려는 진정성이 없다는 점에서 앞으로가 더 걱정이다. 단적인 예를 하나 들어보겠다. 2023년 11월 1일, 대통령이 민생 물가를 잡겠다고 직접 나선 소상공인 등과의 대화에 참석한 사람들의 면면과 관련한 논란이 일었다. 당시 회의에 대해서 '100억대 중소기업 대표가 소상공인으로 둔갑하고, 국민의힘 당직을 맡았던 지역의 개인택시조합 이사장은 택시 기사로 소개되었다'는 지적이 나왔다. 경제 위기 앞에 '소통이 아니라 쇼통'을 한다는 언론의 비판이 이어졌는데, 정말 대통령과 정부가 서민을 위한 대책 마련 회의를 한 것인지, 홍보 행사를 한 것인지 참으로 한심스러운 일이다.

코로나19, 그리고 그 이후 찾아온 고금리·고물가·고환율의 상황에서 서민·사회적 약자·영세 상공인들의 고통은 더욱 커졌다. 당연히 윤석열 대통령은 팬데믹 이후 첫 대통령으로서 취임 초부터 이를 극복하기 위한 강력한 비전을 선포하고 당장의 실행 계획을 마련했어야 했지만 그렇게 하지 않았다. 무엇보다 대통령은 현재의 경제 위기를 인정하지 않고 있으며, 따라서 경제 위기 극복을 국정운영의 최우선 순위로도 두지 않고 있는 것처럼 보인다.

나는 코로나19 이후 대한민국 경제만 유독 나빠지고 있는 현 상황에서 정부의 적극적 역할, 즉 재정지출을 확장해서 서민 경제를 우선 살리는 것이 가장 시급한 정책인지, 그리고 이러한 정책이 어떤 부작용을 가지고 올지에 대해서는 자세히 알지 못한다. 그러한 판단은 정부, 경제 정책 전문가, 국회에서 결정할 성질의 것이다. 나는 "아무리 강력한 권력도 민심을 이길 수 없고, 아무리 강력한 경제 정책도 시장을 이기지 못한다"는 말을 늘 해왔다. 그러나 지금은 시장이 죽기 직전이기 때문에 "이대로는 더 못 살겠다"는 민심을 듣고, 시장을 살리고, 시장을 키우는 데에는 분명 정부가 해야 할 역할이 있다고 믿는다.

경제협력개발기구(OECD)가 발표한 2023년도 2분기 세계 경제 추세 지표를 보면 시장에 대한 정부의 역할에 따라

나라별 경제 상황이 얼마나 달라질 수 있는지 극명하게 알 수 있다. 아일랜드의 경우, 코로나19 팬데믹 이후 2023년 2분기 실질 GDP를 기준으로 28.7%의 기록적인 성장을 보였다. 팬데믹 특수 효과에 더해 국가가 낮은 법인세를 유지하여 대규모 투자를 유치한 덕분이다. 아일랜드의 법인세는 12.5%로 유럽연합(EU) 평균인 21.3%, 영국(19%)보다 낮다. 튀르키예도 비록 지금 물가 상승 등의 후유증을 겪고 있지만 정부가 개입하여 강력한 재정을 투입해 성장률 23.3%를 달성했다. 나는 지금 우리도 당장 법인세를 낮추고 정부 재정지출을 확대하자고 주장하는 것이 아니다. 우리 정부의 경제 정책 기조가 과연 무엇이냐는 것이다.

당장 인플레이션과 심각한 경기 침체가 현실이 되고 있는데 정부 역할을 축소하는 것은 적절치 않다고 많은 전문가들이 지적하고 있다. 이와 관련해서 참여연대·보건의료단체연합·연구공동체 건강과대안·한겨레경제사회연구원이 '폭풍 속의 경제 위기, 정세 전망과 대응 모색'이라는 주제로 2023년 1월 11일 개최한 온라인 좌담회에서 발제자로 나선 이강국 리쓰메이칸대학 경제학부 교수의 주장을 주목할 필요가 있다. 이 교수에 의하면 우리 정부는 코로나19 팬데믹 당시 충분한 재정지출을 하지 않았다고 한다. 즉 당시 선진국들은 평균적으로 GDP의 17%에 해당하는 대규모 재정지출을 시행한 반면에 우리는 불과 GDP의 4.5%(이후 추가경정예산까지 포함하면 6%)를 지출했다고 한다. 이러한 기조는 2024년에도 계속될 것으로 보이는데, 2023년 8월 29일 윤석열 정부가 발표한 내년도 국가 예산 총지출을 보면 전년 대비 2.8%(18조 2,000억 원) 증가한 656조 9,000억 원으로, 20년 만에 사상 최소의 지출 증가라고 한다.

참여연대 등은 "경제 위기 시 정부가 긴축에 나설수록 경제는 악화될 우려가 크기 때문에 이는 결국 재정만 고려해서 민생을 희생시키겠다는 것과 같다. 재정지출 감소로 민생이 악화하고 이는 다시 세수 부족으로 이어지고, 재정은 더 위축되는 악순환이 우려된다"며 한마디로 "재정 정상화로 포장된 재정 역할을 포기한 선언"이라고 혹평했다.

코로나19 이후 밀려오는 충격을 대비해 선진국들은 일찍이 재정 확장 정책을 적극 추진해 거시경제를 관리하고 서민의 삶을 직접 지원하고 있다. 미국은 바이든의 '더 나은 재건(Build Back Better)', 즉 강력한 경기부양책의 일환으로 공공 투자와 증세를 위한 인플레이션 감축법을 통과시켰다. 일본은 기시다의 '새로운 자본주의'라는 부양책으로 정부가 가계의 에너지 요금을 보조하고 임금 인상을 지원하기 위해 대규모 인플레이션 종합 대책을 도입했다. 에너지 보조금 제도를 몇 차례에 걸쳐 도입한 독일은 전기·

가스 가격 상한제를 실시해 서민의 부담을 경감하고, 에너지 요금을 정부가 대신 내주기로 했다. 프랑스와 이탈리아도 에너지 가격 급등에 대한 조치로 국가 재정을 통해 시민들을 지원하고 있다. 정부가 소극적으로 대처해서 불황이 깊어지면 결국 장기적으로 볼 때 경제 성장은 물론 재정에도 악영향을 주기 때문에 정부가 적극적으로 나서야 한다는 논리다. '큰 정부', 즉 재정 수지 적자를 감수하면서 확장적 재정 정책을 펼치는 것이 세계적인 대세가 되고 있는 것이다.

2019년 대한민국 국회 예산정책처는 "정부가 유류세를 15% 인하하면 소득 상위 10%는 15만 8천 원의 세금 부담이 줄어들게 되지만 하위 10%의 세금 부담은 겨우 5천 원 감소한다"는 연구 결과를 발표했는데, 이 결과만 봐도 정부의 직접적인 재정 투입 정책이 왜 필요한지를 잘 알 수가 있다. 특히 2023년 대한민국의 버스·택시·지하철 등 대중교통 요금은 일제히 올랐고 여기에 이미 오를 대로 오른 난방비, 전기요금, 주택담보대출 금리 등까지 고려하면, 서민의 삶은 그야말로 살인적인 고통에 시달리고 있다. 따라서 세금 감면 정책보다는 정부의 직접적이고 대담한 재정 지원으로 서민의 삶을 획기적으로 개선해야 한다. 그러나 윤석열 대통령과 정부의 생각은 다르다. 유류세 인하를 연말까지 한시적으로 유지한다는 정책을 결정하는 데도 하세월이 걸리는 등, 정부의 관심은 오직 이념 전쟁, 가짜 뉴스와의 전쟁에만 집중되어 경제 문제는 아예 논외로 취급되고 있다고 해도 과언이 아니다.

경제보다 이념에 진심인 정부

2023년 9월, 언론은 크게 주목하지 않았지만 나는 당시 국회 대정부 질문에서 한덕수 국무총리의 발언을 접하고 귀를 의심했다. 민주당 국회의원이 대정부 질문자로 나와서 윤석열 정부의 "국정운영의 우선순위가 어떻게 되느냐"고 묻자 한덕수 총리는 "안보, 국익 외교 등이 중요하고, 안보 확보 없이는 경제가 어렵고, 두 번째로 경제"라고 답변했다. 나는 총리가 당연히 경제가 최우선이라고 말하거나 그것이 아니라면 오랜 관료 생활을 한 전문가답게 유연하게 답변할 줄 알았다.

그러나 총리는 안보·외교가 1순위이고, 경제는 두 번째라고 굳이 순위를 콕 집어서 언급했다. 국무총리가 논란을 무릅쓰면서까지 순위를 언급한 진짜 이유는 경제보다는 이념 전쟁이 더 중요하다는 것을 각인시키기 위해서였다. 마침 이날 국방부 장관도 대한민국 육군사관학교의 뿌리가 "신흥무관학교인가, 국방경비사관학교인가"라는 국회의원의 질문에 당당히 국방경비사관학교라고 답해 정부의 국정운영 최우선 순위가 서민 민생경제가 아니라 보수 우익의 이념 전쟁이라는 점을 방증해주었다.

이념 전쟁으로 서민 민생경제가 무너지고 있는 모습은 AI에 대한 윤석열 정부의 태도에서도 잘 나타난다. 2022년 윤석열 대통령은 5·18 기념식에 참석해 "저는 광주와 호남이 자유와 혁신을 바탕으로 AI와 첨단 과학기술의 고도화를 이루어내고, 이러한 성취를 미래 세대에 계승시킬 수 있도록 대통령으로서 제대로 뒷받침하겠다"고 했다. 그러나 2022년 8월, 윤석열 정부의 국정운영 청사진이 최초로 종합적으로 제시된 취임 100일 기자회견에서 AI 산업에 대한 비전은 언급되지 않았다. 윤석열 정부의 국정운영 철학이 담긴 첫 번째 예산안인 2024년도 예산안 편성 내역을 보면 R&D 예산은 금년 31조 1,000억 원에서 내년 25조 9,000억 원으로 무려 5조 2,000억 원(16.6%)이 삭감되었고 특히 AI, 즉 인공지능 관련 예산이 대폭 삭감되었다. 이에 대해서 9월 13일, 과학기술정보통신부 산하 인공지능협회는 성명서를 통해서 강력하게 비판하기도 했다.

그런데 같은 날 열린 제20차 비상경제민생회의(이날 회의의 정식 명칭은 '제20차 비상경제민생회의 겸 대한민국 초거대 AI 도약회의'였다)에서 대통령은 초거대 AI 기업을 집중 지원, 육성하겠다고 했다. AI를 최우선 산업으로 육성하겠다고 했지만 불과 얼마 전 관련 AI 예산을 대폭 삭감한 예산안을 국회에 제출하고도 뻔뻔하게 범정부 차원에서 이런 대대적인 회의를 열어서 대통령은 또다시 관련 산업을 적극적으로 지원하겠다고 한 것이다. 국민을 바보로 여기는 것이 아니라면 정부 관련 부처와 참모들이 대통령을 기만했다는 것 외에는 달리 설명할 길이 없다.

그런데 이날 회의에서 대통령의 충격 발언은 계속된다. 대통령은 "세계 정치인을 만나면 가짜뉴스가 AI와 디지털을 이용해 빛보다 빠른 속도로 확산하면서 자유민주주의를 훼손하고, 우리 미래를 망칠 수 있다는 얘기를 한다"고 말했다. AI 산업 육성 지원 회의에서 육성 정책은 사라지고, 가짜뉴스에 대한 대응만 남게 된 것이다. 윤석열 대통령과 정부는 AI 경제 정책도 결국 이념 전쟁으로 귀결시켰다. 다음 날 공교롭게도 서울중앙지검 특별수사팀은 가짜뉴스 보도 혐의로 기자 및 JTBC, 〈뉴스타파〉 등을 압수수색했다. 염불에는 관심이 없고 잿밥에만 욕심을 차린 것일까.

윤석열 정부의 정책 수립 및 집행, 대국민 메시지 전달 등이 매사 이런 식으로 이념의 포로, 이념 전쟁의 수단이 되고 있다. 하다못해 mb도 취임식에서 이념의 시대는 갔다고 발언했고, 박근혜도 이념보다 정책이 중요하다고 얘기했다. 윤석열 대통령도 1년 전에는 이념보다 민생이라고 말했다.

그러나 지금 윤석열 정부는 이념 전쟁을 전 세계적인 경제 전쟁보다 최우선 순위에 두고 있다. 그래서 3·1절 기념사에서 "우리가 세계사의 변화에 준비하지 못해 국권을 상실했다"며 일본의 한반도 강점에 대해서 사실상 면죄부를 주고, 그 원인이 우리에게도 있다는 식의 발언이 나온 것이다. 4·19 기념식에서는 가짜 자유민주주의 세력, 가짜 투사를 언급하고, 급기야 8·15 경축사와 8월 29일 민주평통 행사 등에서는 "현재 우리나라는 공산 전체주의 세력이 민주·인권·진보로 위장하고 허위 조작, 선전 선동으로 패륜적 공작을 일삼고 있다"는 끔찍한 말까지 나왔다.

이념 전쟁의 시대에는 실용주의자, 경제 전문가가 필요 없고 오직 '이념 전사'만 필요하다. 실력 있는 사람보다는 가장 확실한 극우가 필요하다. 윤석열 정부에는 경제 전문가가 없다. 아니, 보이지 않는다. 왜냐하면 설사 전문가를 기용하더라도 오직 이념에 관심이 있는 대통령에게 경제 비전과 경제 위기 극복 방안 등을 조언하고 보고하기는 힘들기 때문이다. 이것이 지금 윤석열 정부의 경제 정책이 없거나, 설사 있다고 해도 국민에게 명확하게 제시되지 않고 있는 이유다. 2023년 10월, 강서구청장 보궐선거 패배 후 윤석열 대통령이 국회 예산안 시정연설에서 민생, 물가를 최우선으로 강조했음에도 불구하고 지난 1년 반 동안 대통령과 정부의 국정운영을 경험한 국민은 '이념 전쟁, 가짜뉴스 전쟁'에 대한 정권 차원의 집착이 사라질 것이라는 데에는 여전히 반신반의하고 있다. 경제 위기를 극복하기 위해서는 이념에 짓눌린 경제를 해방시켜야 하는데, 결국 관건은 대통령과 관료들의 경제에 대한 태도, 즉 진정성에 달려 있다.

경제 전문가와 대통령

대통령이 경제를 모른다면, 공부해야 한다. 대통령이 경제를 모른다는 사실을 부끄러워할 필요는 없다. 윤석열 대통령의 정치 경험이 일천하다는 것처럼 대통령이 경제를 모른다는 사실도 세상이 다 안다. 유능한 참모를 곁에 두고 묻고 공부하고, 경제인들과도 수시로 대화하고 토론하면 된다. 대통령이 경제인들을 만났다는 것 자체가 국민에게는 메시지이며, 특히 이러한 자리에서 경제를 잘 모르더라도 경제적 영감을 가지고 관련된 메시지를 자주 내서 미래로 가야 한다.

1971년 대선 후보자 시절 이미 당신만의 국가 및 경제 운용 계획을 마련했던 DJ는 그 이후 수십 년 동안, 그리고 대통령 재임 중에도 경제 전문가들과 항상 소통했다. 1980년대 초반 독재정권 시절 청주교도소에서 지식정보화 사회를 예견한 앨빈 토플러의 저서를 탐독했고, 1998년 취임 이전, 그리고 대통령 재임 기간에도 수차례 토플러를 만나 IT, BT(생명공학)의 융합에 대해 영감을 받았다. 이를 실현하기 위해 마이크로소프트 창업자 빌 게이츠, 소프트뱅크 회장 손정의를 초청해 현실에 적용할 방안을 조언받았다.

또한 재임 중에는 수시로 국내 5대 그룹 총수들과 대화하며 실물경제에 대한 고언을 들었다. 한번은 5대 그룹 회장단 만찬에 이건희 삼성그룹 회장, 당시 전국경제인연합회(전경련) 회장이었던 손길승 SK텔레콤 명예회장, 구본무 LG그룹 회장 등이 참석했는데, DJ는 한 사람 한 사람에게 경제에 대한 의견을 구했다. 이 과정에서 이건희 삼성 회장이 미래 먹거리를 걱정하면서 "대통령님이 정보화 산업을 일으켜 앞으로 25년, 30년은 먹고살 수는 있지만, 문제는 이후입니다. 과학기술에 과감히 투자한 뒤 기업은 무엇을 해야 하는지 제시해주셔야 합니다"라고 했는데, 지금 생각해보면 이건희 회장의 이 말이 몇십 년 앞을 내다

본 참으로 맞는 말이었다.

물론 DJ는 1970년대부터 지식정보화 사회가 올 것이라는 믿음을 가지고 일찍이 국가 전략을 여기에 맞춰두고 있었지만, 이처럼 경제인들의 조언을 수시로 듣고 새긴 덕에 재임 기간에 당신이 준비했던 일들을 훨씬 구체적이고 효율적으로 실행할 수 있었다.

국민의 정부 이후 지금 우리는 AI·로봇·양자역학 등의 4차 산업혁명 분야에서 21세기 초반 IT·휴대폰 강국이었던 때처럼 우뚝 서지 못하고 있다. DJ 이후 진보·보수 정권이 번갈아 10년씩 집권했지만 아직까지 대한민국이 몇십 년 먹거리를 찾아내지 못하고 있는 것에 대해 윤석열 대통령은 깊이 생각해봐야 한다. 윤석열 대통령의 잘못을 지적하려는 것이 아니다. 그만큼 대통령과 경제인들의 대화가 중요하다는 것을 강조하는 것이다. 대통령 자신부터 우선 이념을 던지고 철저하게 실사구시의 관점을 견지하면서 자신의 이야기를 하기보다는 그들의 이야기를 들어야 한다. 나는 대통령이 경제에 대한 태도만 바꾸어도 우리 경제에 희망은 생긴다고 단언한다.

3. 경제 현실을 외면한 사정(司正)

국민 통합과 경제

대통령이 경제보다는 이념 및 가짜뉴스와의 전쟁을 선포하면 권력기관은 칼춤을 춘다. 윤석열 정부 출범 후 1년 365일 내내 '아침에 눈 뜨면 압수수색, 저녁에 달 뜨면 영장 심사'라는 말처럼 사정(司正)이 곧 정책이 되면 미래를 준비하는 일보다 과거 잘못을 들추는 일이 주가 되고, 수사기관이 가장 민첩하게 움직이게 된다. 이러한 사회적 분위기에서 국세청, 감사원까지 전 정부의 잘못을 들여다보니 공무원은 물론 국민이나 기업조차 마음 놓고 경제 활동에 종사할 수 없다. 어제는 잘한 일이었는데 오늘은 틀려서 처벌받는다면 공무원 사회에서 누가 소신껏 결정하고 일할 수 있겠는가. 개인과 기업 중 누가 도전하고, 새로운 위험을 감수하겠는가.

더욱이 경제 정책의 방향이나 의제가 없는 상태에서 대통령이 검찰총장식 정치, 다시 말해 분열과 불통, 고집의 정치, 즉 정치를 수사하듯이 하고 수사를 정치하듯이 하면 위기 극복의 전제조건인 국민 통합은 애초부터 물 건너간다. 국민의 에너지가 하나로 모여서 뭐라도 해보자는 분위기, 즉 공무원들의 눈빛이 살아 있고, 국민과 기업이 각자의 자리에서 신명이 날 때에야 비로소 경제 위기를 극복할 수 있다. '과거를 먹고사는 수사와 사정'만으로는 국민을 통합할 수도 없고, 위기를 극복하고 미래로 나아갈 수도 없다.

나는 대통령 당선자 대변인으로서 DJ의 경제 위기 극복의 과정을 누구보다도 가까이서 지켜보았다. DJ의 외환 위기 극복은 위대한 국민의 희생, 그리고 위기를 극복해보자는 국민의 자발적인 의지가 있었기에 가능했다. 국민의 정부에서 이뤄낸 IT 강국 건설, 한류로 대변되는 문화 강국 건설, 월드컵 4강 신화도 공무원의 창조력과 민간의 신명 없이는 불가능했다. 결국 국민 통합이 관건이다.

나는 DJ 당선 직후 대통령직 인수위원회에 총재 특보로 참여했지만 얼마 후 당선자 대변인을 맡게 되었다. DJ 총재 대변인으로 5년 가까이 모든 일정을 함께했지만 대통령 당선자의 일정과 메시지는 차원이 달랐다. 지는 태양은 힘이 없듯 제왕적 대통령제하에서는 당선자 시절의 권한이 가장 막강하다. 왜냐하면 당선자에게 권한은 무한하고 책임은 없고, 모든 책임은 임기 말 명목상의 현직 대통령이 떠안기 때문이다. 정상적인 상황에서라면 그렇다. 그러나 YS정부는 1997년 12월 3일 IMF 각서에 합의한 후부터 거의 빈사 상태였다. DJ는 대통령직에 취임하기도 전에 빚과 위기를 상속받았고, 당장 외환 위기를 극복하기 위해 일해야 했다. 그런 의미에서 DJ는 당선자 시절에 이미 대통령이었고, 나는 가끔 DJ의 대통령직 재임 기간은 5년이 아니라 5년 3개월이라고 해도 과언이 아니라고 말한다. 대통령 당선자 DJ에게 무한한 권한은 없고 오직 책임만 있었다. 당선자 시절 비상경제대책위원회 기획단장이었던 이헌재 전 부총리가 당시 비상경제대책위원회 위원장이었던 김용환 자민련 전 의원에게 들은 바를 저서에서 밝히고 있는데, 당시 DJ의 고뇌와 아픔이 생생하게 떠오른다.

'비상경제대책위원회가 하루 중 제일 먼저 했던 일이 외환일보, 즉 그날 하루 국가 외환 상황을 정리하는 한 장짜리 문서를 작성해 DJ 일산 자택으로 새벽 4시 30분 보고를 하는데, 비서를 통해서 조그마한 문틈 사이로 그 종이 한 장이 들어가면 DJ 방에는 어김없이 불이 켜졌다'는 것이다. 당선자 대변인이었던 나는 당시 그보다 한두 시간

후 일산 자택에 도착했으니, DJ는 밤잠을 설치며 어두컴컴한 방에서 매일 뜬눈으로 외환일보를 기다리고 계셨던 것이다.

DJ는 국민 통합에 최선을 다했다. 그러나 이러한 국민 통합은 역대 대통령 당선자들이 새 정부에 대한 지지와 지원을 이끌어내기 위해서 보여주었던 통 큰 아량, 즉 의례적이고 시혜적인 정치적 제스처가 아니었다. DJ에게 국민 통합은 오직 국민의 마음을 움직여서 그 힘을 하나로 모아 당장 눈앞에 벌어지고 있는 위기를 극복하기 위한 생존과 관련된 문제였다.

국민 통합을 하기 위해서는 DJ부터 솔선수범해 자신의 모든 것을 바쳐야 했다. 첫째, 자신의 정적을 용서했다. 전두환과 노태우의 사면을 건의해 두 사람은 풀려났다. 둘째, 기업과 노동계 등 경제 주체들을 향한 설득과 협조에 최선을 다했다. 1998년 1월 14일, 국회 귀빈 식당에서 5대 그룹 총수 회동이 있었다. 당시 대우그룹 김우중 회장은 유럽 출장 중이어서 참석하지 않았고, 4대 그룹 회장단만 참여했다. 나는 당선자 대변인으로 이들 회장 비서실에 연락했는데, 김우중 회장이 유럽에서 집으로 전화를 걸어왔을 때 "당선자께서는 수출을 많이 해서 세금을 많이 내는 것이 애국이라고 생각하시니, 지금 들어오지 마시고 수출을 많이 하고 오셔서 다음에 따로 보셔도 된다"는 이야기를 전했다. 당시 언론은 4대 그룹 회장단과의 회동에서 기업 경영 투명성 제고, 상호 지급 보증 해소, 재무 구조 개선, 주력 핵심 사업 설정, 지배 주주 및 경영진의 책임 강화 등 5개 항의 세부 실천 계획을 담은 합의문이 만들어졌으며 이를 골격으로 본격적인 재벌 구조 조정이 시작됐다고 보도했다.

그러나 이러한 보도 이면에는 알려지지 않은 더 많은 사연들이 있었다. 당시 회의에서 DJ는 내가 미국에서 DJ를 처음 만나 "인생을 잘못 살았다"며 무릎을 꿇고 사죄했을 때 나에게 하셨던 말씀, 즉 "기업가는 수출을 많이 하는 것이 애국하는 길"이라고 4대 그룹 회장들에게도 똑같이 말씀하셨다. 특히 당시 삼성그룹이 직전 대선 과정에서 이회창 총재를 암암리 지지했다는 세간의 이야기에 대해서도 "과거는 잊었다"며 그룹 회장들을 안심시켰다. 나는 사실 회의 전 삼성, 특히 삼성생명이 보험 설계사를 동원해 DJ 낙선운동을 했다는 몇 가지 증거를 가지고 있었고, 삼성 관계자가 나를 만나자고 했을 때 이러한 사실을 얘기하면서 비판했다. 4대 그룹 총수 회동이 있기 전 이러한 사실을 DJ에게 보고하니 DJ는 "왜 그런 일을 했느냐"고 혼을 내면서 "4대 그룹 회장단 회동에서 내가 그 이야기를 잊지 않게 다시 리마인드해달라"고 하셨다.

그룹 총수들과의 회동이 끝나고 당시 회의에 참석했던 DJ는 비상경제대책위원장, 부위원장과 회의장에 서서 이야기를 나누었고, 4대 그룹 회장들은 이 모습을 멀찍감치 지켜보고 있었는데, 내가 DJ에게 "삼성 문제를 말씀하지 않으셨다"고 했더니 "자네가 가서, 앞으로 국민의 정부는 기업의 정치자금을 받지 않겠다. 수출을 많이 해서 세금을 많이 내는 것이 애국이다. 그리고 대선 과정에서의 일은 다 잊자, 이 말을 전하고 오라"고 일렀다.

삼성 이건희 회장에게 다가가 이러한 뜻을 전했더니, 이 회장은 물론 함께 있던 최종현 SK 회장 겸 전국경제인연합회 회장이 감사의 뜻으로 90도 목례를 했다. 당시 회의장의 열린 문틈 사이로 기자들이 이 모습을 지켜보았다. 기업 총수들이 DJ와 회동 후 마지막으로 인사를 하고 갈 때에도 DJ는 다시 한번 이러한 뜻을 전했는데, 두 회장은 이때에도 DJ에게 90도 인사를 하며 존경과 감사의 뜻을 표했다. 이런 모습을 본 기자들은 대기업 회장들이 선거 때 DJ를 돕지 않은 것에 대해 사과를 한 것이 아니냐고 추측해서 나는 DJ에게 이러한 오해들이 있다고 보고드린 뒤 당시 대화 내용을 공개한 적이 있다.

앞서 간단하게 언급했지만 비슷한 일화가 또 있다. DJ는

1997년 12월 19일 당선 첫날 아침, 일산 자택에서 식사할 때 나에게 특별한 지시를 내렸다. "특보는 오늘부터 한 3주간 모든 언론사를 찾아가라. 교열부, 만화부까지 다 찾아가서 새 정부에 협조해달라고 부탁해라. 도와주라고 해라. 그래야 IMF 외환 위기를 극복할 수 있다. 과거는 절대로 말하지 마라." 나는 당선자의 지시를 그대로 이행했다. 나는 DJ가 야당 총재 때는 DJ가 대통령에 당선되어야 이 나라 경제와 민주주의가 산다고 생각했고, 대통령직에 당선되고 난 뒤에는 DJ가 성공해야 나라가 살고 민주주의가 발전한다는 신념으로 언론사 간부와 직원들을 설득하고 읍소했다. 물론 과거는 절대 이야기하지 않았다.

DJ의 국민 통합, 소통과 설득

DJ는 위기를 극복하기 위해 국민 통합을 할 수 있다면 자신의 모든 것을 내려놓았다. 당선 다음 날부터 수많은 국내외 개인 및 기관 투자자를 만나 대한민국에 대한 투자를 요청했다. 그런데 이러한 만남은 특히 미국, IMF 등 국제사회의 채권자들을 직접 만나 그들의 요구 조건을 감내해야 하는 일종의 면접시험과도 비슷했다. DJ는 퇴임 후 그 시절을 회상하며 당신에게 "그동안 평생을 쌓아온 국제적

명성, 국제적인 신뢰가 있다면 모두 팔아서 달러나 담보로 바꾸고 싶었다"고 하셨을 정도로 하루하루를 절박하게 사셨다.

1997년 12월 24일 IMF로부터 100억 달러 조기 지원 통보를 받고, 본격적으로 노동계와 기업을 설득하기 위해 백방으로 뛰었다. 당시 평화적 정권 교체를 이룬 정부에 대한 노동계와 기업의 기대와 요구는 매우 컸다. 특히 경제적 환란 상황에서 노동계와 기업이 DJ에게 각자 기대했던 경제 해법은 하늘과 땅만큼 차이가 있었다. 대기업들은 DJ가 노동자의 편이라고 생각했고, 노동자들은 외환 위기 극복을 위해 DJ가 대기업 편을 들어줄 수밖에 없다고 생각했다. 이러한 상황에서 DJ가 모두에게 고통 분담을 요구하니 노동계와 기업의 반발이 얼마나 극심했겠는가.

그러나 DJ는 부단히 참고 노동계와 기업을 끝까지 설득해 1998년 1월 15일, 한국노총·민주노총·재계가 모두 참여한 역사적인 노사정위원회를 창립하였다. 노사정위원회는 이후 심도 있는 논의를 통해 2월 6일, 10개 의제와 90개 과제를 일괄 타결했으며, 또한 2월 14일 관련 법안도 국회를 통과하여 명실상부한 제도적 기반을 갖추게 되었다. 대한민국의 노사정위원회의 성과에 힘입어 1월 28일 뉴욕에서는 국제 채권단과 우리 정부가 당장 갚아야 할 돈 240억 달러를 중장기 외채로 전환한다는 것에 원칙적으로 합의했다. 모두 대통령 취임식 이전에 벌어진 일이다.

DJ는 훗날 노사정위원회에 대해 "사연도 많고 곡절도 많지만 내 혼이 스며 있는 작품"이라고 하셨다. 국가적인 경제 위기 앞에서 노동자·사용자를 모두 설득해 힘을 모으고, 법과 제도에 의해서 그 활동 방법과 목표를 구체화해 국가의 시스템을 만든 것이다. 이것이 지금 우리가 알고 있는 국민 통합 기구로서의 노사정위원회의 실질적인 탄생 과정이다.

그런데 지금 윤석열 대통령은 위기 앞에서 어떠한 국민 통합을 하고 있는가. 단적으로 노사정위원회의 후신인 지금의 경제사회노동위원회는 무슨 일을 하고 있는가. 국민은 경제사회노동위원회가 작금의 경제 위기에서 기업과 노동계에 어떤 요구를 하고 있는지, 그리고 국민을 통합하기 위해 어떤 역할을 하고 있는지 전혀 알지 못한다. 오히려 노동계를 향해 "힘의 논리로 이해관계를 관철하거나, 금품을 주고받고 약점을 봐주는 시대는 지나갔다"면서 경제 사회 통합 정책보다는 노동조합 길들이기 등에 초점을 맞추고 있는 것은 아닌가 하는 우려를 금할 수가 없다.

DJ의 국민 통합 노력에 국민은 금 모으기 운동으로 화답했다. 전국에서 351만여 명이 참여하여 약 227톤의 금이

모였는데, 당시 시세로 21억 5천만 달러가 넘는 금액이었다. 금 모으기 운동의 진짜 효과는 대한민국 국민이 위기를 스스로 극복하겠다는 의지를 보여주고, 이를 통해 세계 지도자와 투자자들의 마음을 움직여서 "위대한 대한민국 국민은 할 수 있다"는 신뢰를 회복한 점이다. 특히 IMF가 남아메리카에 했던 것처럼 대한민국에도 초고금리 정책을 통해 외국인 투자를 유치하려고 했던 정책을 철회하게끔 하는 데 결정적 영향을 미쳤다. 그 결과 1998년 5월 23%였던 한국의 기준금리는 1999년 1월 5.25%까지 떨어져서 외환 위기 직전 수준으로 돌아왔다.

DJ는 또한 위기 극복의 전 과정에서 국민을 설득하고 움직이는 데 공을 들였다. 1998년 1월 18일, TV로 중계된 국민과의 대화를 통해 경제 위기 실상을 솔직하게 공개했고, 기업과 노동계에 고통 분담을 요구했다. 그리고 또다시 희생해야만 하는 죄 없는 국민에게는 눈물로 호소했다. 이 모든 위기 극복의 과정은 YS정부를 탓하거나 YS정부에 대한 대대적인 수사로 이루어진 것이 아니며 오직 설득과 타협, 대화로 이루어진 것이다. 수사는 과거를 대상으로 하고, 재판은 과거 일을 현재에 논의하기는 하지만 결론은 미래에 난다. 당장 눈앞에서 국민과 노동자, 기업이 죽어가는데 수사와 재판을 부르는 분열과 분노의 정치로는 국민을 통합할 수 없고 경제 위기도 극복할 수 없던 것이다.

나는 그런 의미에서 심각한 경제 위기를 맞고 있는 지금의 상황에서 전 정권의 평가와 관련한 윤석열 대통령·대통령실 참모·장관 등 정부 관계자들의 발언은 신중해야 한다고 생각한다. 우리 헌법이 대통령은 재임 중에 형사상 소추를 받지 않도록 한 취지도 곱씹어보면 대통령이 수사나 정쟁에서 벗어나 공평무사하게 직무를 수행하라는 취지다. 특히 경제 정책과 전략을 발표하는 자리에서조차 전 정부 잘못 탓, 이념 전쟁, 가짜뉴스 타령만 하면 이는 정책 수립 담당자를 의기소침하게 만들고, 무엇보다 직전 검찰총장 출신 대통령의 발언을 듣는 수사기관 입장에서는 수사 가이드라인 또는 수사 지시로 여길 수도 있기 때문이다.

100% 당선 대통령?

험난한 고개를 넘을 때는 악마에게도 손을 내밀어야 한다. 윤석열 대통령과 정부가 마주한 이 4대 위기를 극복하려면 첫째가 국민 통합이다. 아무리 민주당과 문재인 전 정부가 윤석열 대통령과 현 정부의 마음에 들지 않는다고 해도 이들이 악마는 아니며, 오히려 경제 위기를 함께 극복해나가야 할 국정운영의 동반자가 아닌가. 윤석열 대통령은 후보자 신분이었던 2021년 12월 9일 김대중도서관에서 열린 노벨상 수상 21주년 기념식에서 "김대중 대통령님은 평생 민주주의, 인권, 평화를 위해 헌신했다, 다섯 번의 죽을 고비를 겪고 6년간 감옥 생활을 하고 오랜 망명과 감시라는 탄압을 받았지만 단 한 번도 불의한 세력과 타협하지 않는 그야말로 행동하는 양심이었다"면서 "대통령이 된 후 어떤 정치 보복도 하지 않고 모든 정적을 용서하고 화해하는 성인(聖人) 정치인으로 국민 통합을 이뤘고, 한미동맹을 굳건히 하고 한미일 공조를 강화했으며 햇볕정책으로 평화 통일의 길을 열어놨다"고 평가했다. 대통령 후보로서의 당시 평가는 매우 정확했지만, 과연 대통령이 된 지금도 그렇게 평가하는지 궁금하다.

윤석열 대통령은 이제 국민 100%의 대통령이 되기 위해서 노력해야 한다. 국민과 야당을 설득하는 것에 인색해서도 안 되며, 포기해서도 안 된다. 그런데 지금은 0.73% 차이가 아니라 마치 100% 득표율로 당선된 대통령처럼 행동하고 있다. 그래서 지금의 경제 위기는 윤석열 대통령이 만든 정치의 위기와 근본적으로 연결되어 있다. 따라서 윤석열 대통령이 지금의 경제 위기를 극복하려면 역설적으로 들리겠지만 소통과 협치, 즉 정치에서부터 시작해야 한다.

6부 남북 관계 위기

1. 안보 구멍을 정치로 메꾸는 대통령

윤석열의 하늘, 문재인의 하늘

남북 관계가 위기다. 우선 남북 관계 위기를 말하기 전에 안보 무능을 덮기 위해 안보를 정치 논쟁으로 변질시키는 윤석열 대통령의 태도를 지적하지 않을 수 없다.

튼튼한 안보는 대화의 전제조건이다. DJ의 햇볕정책 역시 튼튼한 안보에서 시작되는데, 그 이유는 튼튼한 안보가 전제되지 않으면 북한과의 대화 테이블에서 협상력이 보장되지 않기 때문이다. 그러나 대선 후보자 시절부터 힘에 의한 평화를 사실상 유일한 대북 정책으로 주장했던 윤석열 대통령과 현 정부의 국방 및 안보 능력은 보수를 자처하는 정권이라는 말이 무색할 정도로 곳곳에 구멍이 숭숭 뚫렸다. 상징적인 예가 드론작전사령부 탄생 과정이다.

2023년 9월 1일, 육·해·공군으로 구성된 대한민국 국군 최초 합동 전투부대이자 국방부 직할부대로 드론작전사령부가 창설됐다. 드론작전사령부는 말 그대로 군사 작전처럼 전광석화로 창설되었다. 2022년 12월 북한의 무인기 도발 사태 이후, 2023년 1월 창설준비단 구성, 6월 27일 드론작전사령부령이 대통령령으로 공포되었다.

2022년 12월 26일, 북한 무인기 다섯 대가 군사분계선(MDL)을 넘어 서울·강화·파주 등 우리 상공을 백주에 다섯 시간 넘게 비행한 이른바 '북한 무인기 영공 침범 사건'이 발생했다. 우리 군은 북한 무인기 격추에 나섰지만 실패했고, TV 자막으로 중계된 군의 작전 대응 상황을 지켜본 국민들은 이러다가 전쟁이라도 나는 것은 아닌가 싶어 몇 시간이나 불안에 떨어야 했다.

추후 이루어진 군의 조사 결과, 해당 부대는 무인기 항적이 감지된 지 6분이 지나서 이를 포착했고 합참은 무려 한 시간 반이 지나서야 무인기 경계 시스템을 발령했다. 수도권 2천만 명의 생명과 안전을 지키고 대통령실을 경호하는 수도방위사령부에는 이러한 경계 정보조차 공유되지 않았다. 특히 북한 무인기 중 한 대는 대통령 집무실이 있는 용산 인근 상공까지 침입했고, 대통령 경호를 위한 비행금지구역까지 들어왔다는 사실이 밝혀졌다. 대한민국 하늘이 뚫렸고, 용산 하늘이 뻥 뚫렸다. 이 와중에 우리 공군 원주 기지 소속 경공격기 한 대가 작전 이륙 중 강원도 횡성 일대에서 추락하는 사고까지 발생했다.

그러나 이 사건은 군 통수권자인 대통령의 다음 날 발언으로 정치적 사안으로 변질되었다. 윤석열 대통령은 군의 부실한 대응에 대해 "지난 수년간 우리 군의 대비 태세와 훈련이 대단히 부족했음을 보여주고, 더 강도 높은 대비 태세와 훈련이 필요하다는 것을 여실히 확인해준 사건"이라며 "2017년부터 드론에 대한 대응 노력과 전력 구축이 제대로 되지 않고 훈련이 전무했다는 것을 보면, 북한의 선의와 군사 합의에만 의존한 대북 정책이 얼마나 위험한 것인지 우리 국민이 잘 봤을 것"이라며 안보 구멍을 문재인 정부의 대북 정책, 안보 정책 탓으로 돌렸다. 또한 전날 군의 대응에 대해 "확전의 각오로 임했다"며 전쟁을 시사하는 발언도 서슴지 않았다.

그러나 이러한 대통령의 발언에는 사실관계에 대한 착각, 그리고 정치적 의도가 다분하다. 문재인 정부의 대한민국은 2021년 세계군사력지수(GFP)에서 세계 6위로 평가받았으며, 2021년 6월 한미정상회담에서는 미사일 지침을 개정하여 사거리를 무제한으로 늘렸는데, 이에 대해서 보수는 물론 진보 진영에서도 자주국방의 성과로 평가했다. 또한 문재인 정부가 진행해온 협상 및 계약 등에 힘입어 2022년에 폴란드에 전차 등을 수출해 137억 달러(17조 원), 노르웨이·칠레·페루·에콰도르 등에도 자주포, 경비함 등을 수출해 총 약 22조 8천억 원의 매출을 올렸다. mb·박근혜 정부에서 축소된 국방 예산도 문제인 정부가 지속적으로 증액하여 '국방 예산 50조 원 시대'를 열기도 했다.

윤석열 대통령이 문제 삼았던 드론 훈련도 이미 문재인 정부 시절인 2018년 9월, 육군이 드론봇 전투단을 창설했으며, 초소형 드론을 잡는 무기 체계도 2021년 6월 시범 운용을 시작했고, 경찰도 드론 테러 대비 합동훈련을 실시해왔다. 윤석열 대통령의 발언은 이미 존재하는 드론 시스템이나 전투단의 존재 자체를 대통령이 모르고 있고, 이러한 대응 체계가 제대로 작동하지 못한 것이라는 비판으로 되돌아왔다. 안보 위기와 관련해서 사건의 본질은 사라지고 '네 탓, 내 탓', '전 정부 책임, 현 정부 책임'이라는 정치 공방으로 변질되었다. 특히 "확전 불사 각오"를 지시했던 대통령은 정작 긴급 국가안전보장회의(NSC)도 열지 않았으며 당일 저녁 송년 만찬 행사에 참석했던 것으로 알려져 국민적인 공분을 샀다.

대통령이 언급한 "확전 불사 각오" 조치는 우리 군이 북한 도발에 대한 대응 차원에서 육군 군단급 무인기 송골매 두 대를 군사분계선 북쪽 상공까지 보내 수행한 정찰 비행

작전을 의미하는 것으로 보이는데, 추후 이 사건을 조사한 UN 군사령부(UN사)는 2023년 1월 26일, 북한 무인기가 수도권 영공을 침범한 행위와 이에 맞대응해 우리가 북한으로 무인기를 보낸 행위 모두 정전 협정 위반이라는 조사 결과를 발표했다. 결과적으로 윤석열 대통령의 발언, 군의 사후적 대응은 국내적으로는 안보를 정치 투쟁으로 만들고, 국외에서는 정전 협정 위반 등의 국제법 위반으로 평가되었다.

국민은 이 사건을 통해서 군 통수권자로서 대통령의 안보 위기 대응 능력에 대해 심각하게 회의하게 되었다. 군은 늘 철통같은 안보 태세로 국지전이든 전면전이든 확전 불사의 각오로 임해야 한다. 군이 존재하는 이유다. 그러나 전쟁이 나면 다 죽는다. 따라서 통수권자가 국지전이 전면전으로 확산되지 않도록 평상시 만반의 준비를 해두는 것이 국방 안보의 기본이다.

DJ정부는 1990년대 중반부터 서해 연평 어장에 그동안 나타나지 않던 꽃게가 대거 출몰하면서 남북 간의 소위 '꽃게 전쟁'의 가능성에 대해 정권 출범 초부터 일관되게 합동 참모본부 등에 지침을 내려 위기를 관리해왔다. 즉 'NLL을 고수할 것, 적이 쏘기 전에는 사격 금지, 북이 공격할 때는 강력하게 응징, 교전이 발생하더라도 확전되지 않도록 할 것'이라는 네 가지 지침을 견지했으며, 또한 NSC를 통해 현장 지휘관이 참고해야 하는 작전 예규와 교전 수칙, 즉 일종의 전술 규범을 마련했다. 또한 1999년에는 국방부와 합참 모두에 소속된 합참정보본부, 예하에 정보사령부, 그리고 정보사령부 지시를 받는 예하 부대로 대북감청부대를 설치해서 일원화된 지휘 체계를 확립하고, 북한의 국지전 등의 도발이 의도된 것인지 사전에 철저하게 파악하도록 하였다. 윤석열 정부에서 대한민국 최초의 드론사령부가 탄생한 것은 축하할 일이지만 창설 과정에서 드러난 이러한 문제점을 생각하면 왠지 불안한 마음도 감출 수 없다. 정치 논리가 아닌 오직 안보 논리로 작동하는 대한민국 드론작전사령부의 건승을 기원할 뿐이다.

위험한 대통령의 메시지

문재인의 하늘, 윤석열의 하늘이 따로 있는 것이 아니기에 북한의 무인기 도발로 뚫린 것은 똑같은 대한민국 하늘이다. 도발의 1차 책임은 북한에 있지만 총체적인 대응 실패의 책임은 전임 대통령이 아니라, 현 군 통수권자인 윤석열 대통령에게 있다. 우리는 위기 상황에서 군 통수권자인 대통령의 준비된 대응과 메시지가 얼마나 중요한 것인지 북한의 무인기 도발 사건을 통해 여실히 경험했다. 특히 지금처럼 남북 간 대화도 없고, 한미일 블록 대 북중러 혈맹블록 대립이 가속화되는 때에 한반도 위기관리를 위해서는 군 통수권자인 윤석열 대통령의 정제된 메시지가 어느 때보다 중요하다.

역대 미국 정부는 북한의 반복되는 미사일 도발에 대해 늘 "북한의 도발을 규탄한다, UN 안보리 결의 위반이다, 그러나 언제든 대화할 용의가 있다"는 판에 박힌 메시지로 북한의 미사일과 핵 리스크를 줄여왔다. 미국이 몰라서가 아니다. 그러한 메시지가 불필요한 오해의 확산을 막는 위기관리의 전형적인 대응이기에 그렇게 하는 것이다.

과거 남북은 확성기 도발 등에 따른 우발적인 충돌 때 상대방의 실제 기지를 타격하지 않고 주변을 동그랗게 경고 사격하는 것으로 도발을 응징하면서 동시에 확전을 피해왔던 경험이 있다. 전쟁은 하지 않고 상대를 이기는 것이 최상이다. 그러나 윤석열 대통령, 윤석열 정부는 북한의 도발에 대해서 "확전 불사", "선제 타격론"을 기정사실화하면서 정작 실제 상황이 발생하면 만찬 행사 참석 등의 일정으로 국민을 어리둥절하게 만들고, 안보 위기 대응 실패에 대한 비판을 피하고자 전 정부만 탓하고 있다. 북한을 말로는 규탄, 응징하지만 투철한 안보 의지도, 안보 능력도 없는 것이다.

북한 도발 위험이 그 어느 때보다 높아지고 있는 때에 군 최고 통수권자는 냉정해야 한다. 지도자의 지시가 없더라도 군의 특성상 우발적 도발과 충돌은 언제든지 일어날 수 있다. 실제로 2000년 6·15 남북정상회담 당시, 남측 방문단은 서해 직항로를 이용해서 평양 순안 공항에 도착했는데, 서해 직항로는 휴전선을 바로 가로지를 수 있게끔 나 있는 직항로가 아니다. 성남 비행장을 통해서 서해 공해상으로 나간 뒤 공해상에서 북상하여 다시 평양으로 꺾는 실제로는 ㄷ자 항로다. 당시 평양 순안 공항에 도착하니 김정일 위원장은 DJ에게 "먼 길을 오게 해 죄송합니다. 그러나 전방의 군인들은 무기 발사를 무의식중에 할 수 있기 때문에 군 주둔지를 피해 평양 후방 지역으로 들어오면 안전이 보장됩니다"라고 하면서 "자신이 우발적으로 군이 통제가 안 되는 상황을 걱정해서 그렇게 오시라고 한 것"이라고 설명한 바가 있다. 물론 휴전선 인근 상공은 UN사에 의해 지금도 비행 제한 구역으로 설정되어 있지만 한반도는 그만큼 일촉즉발의 상황이다. 따라서 군 최고 통수권자의 대응과 군의 평상시 안보 태세에 따라 국지전은 국지전으로 끝날 수도 있고, 또는 얼마든지 전면전으로 확대될 수도 있는 환경에 우리는 살고 있다. 따라서 대통령 개인의 독단적이고 감정적인 판단이 아니라 시스템에 의한 안보 위기 대응이 더욱 절실히 필요한 것이다.

DJ의 안보와 국가안전보장회의(NSC)

잘 알려지지 않은 사실이지만 보수 진영이 '퍼주기 대북 정책만 했다'고 비판하는 DJ에 의해서 국가안전보장회의 (NSC)의 기능과 역할도 새롭게 정비되었다. DJ는 약 20억 원의 예산을 들여서 청와대 지하에 안보 관련 상황을 위한 상황실을 마련했고 NSC 회의는 주로 여기에서 열렸다.

과거 NSC는 비상기획위원회에 소속되어 있었는데, 비상기획위원회는 정부 내에서 전시를 대비한 각종 물자 동원 계획, 전쟁 초기 정부와 민간의 행동 및 대응 등을 위한 충무 계획 관리 등 을지연습을 관장하는 기구로, 주로 퇴직한 군 출신이 맡는 자리였으며 대북 정책 수립 및 대북 유사시 대응과는 거리가 먼 기구였다. 따라서 여기에 소속된 NSC의 역할과 위상도 당연히 미미했다.

과거 군사정권 시절에는 남북 관계와 관련한 이슈가 발생하면 외교·안보 관계 장관들이 모여 의견을 교환했고, 이 회의는 회의록도 없는 임시 기구였다. DJ는 취임 초 이와 같은 NSC를 대폭 확대, 격상해 대통령이 주재하는 최고 의사 결정 기구로 만들었다. 미국의 모델을 도입해 대통령이 NSC 의장을 맡고 통일·외교·국방부 장관과 국가정보원장(당시 안기부장) 및 사무처장(외교안보수석이 겸임)이 참석하는 명실상부한 안보 관계의 최고 정책 결정 회의로 바꾼 것이다.

NSC는 매주 상임위를 열어서 외교 안보 현안과 관련해서 대통령을 보좌하고, 논의된 의견을 대통령에게 보고하였다. 또한 중요한 결정, 긴급한 결정을 해야 할 때는 대통령이 직접 회의를 주재했다. 이것이 우리가 알고 있는 지금 NSC의 시작이다. 지금도 큰 틀에서 NSC는 이와 같이 운영된다. DJ는 NSC를 십분 활용했다. 1998년 3월, NSC에서 채택된 대북 정책의 원칙과 기조는 3월 19일 국무회의에서 보고되었고, 국민의 정부 5년 내내 대북 정책의 큰 원칙과 기조가 되었다. 국민의 정부의 NSC는 평상시든 급박한 상황이든 이렇게 운영되었다.

NSC를 통한 정제된 대응의 대표적인 예가 2002년 6월 29일 발발한 제2연평해전에 관한 대응이다. 제2연평해전은 1999년 우리의 완전한 승리로 끝난 제1연평해전과 달리 우리 측에 큰 피해를 준 사건이다. 한일 월드컵 기간 중 벌어진 제2연평해전의 대응에 대해 당시 일부에서는 "우리 군이 큰 희생을 당했는데도 대통령은 다음 날 일본에서 벌어지는 폐막식에 참석하러 갔다. 북한의 사과도 받지 않았다"고 비판했지만 이는 사실과 다르다.

사건 당일 DJ는 즉각 NSC를 열어 강력한 대북 비난 성명 발표와 함께 "확전 방지" 및 "냉정한 대응"을 지시했다. 우리 군이 큰 피해를 당했지만 더 큰 피해를 막기 위해 자제를 지시한 것이다. "확전까지 불사하겠다"고 하는 윤석열 대통령과는 다르다. DJ는 사건이 발생하자 이미 SI(특수첩보)를 통해 북한의 의도를 파악하고 있었지만 이 사건을 다룰 판문점 장성급 회담 소집을 북한에 요구했다. 다음 날 북한은 핫라인을 통해 "이 사건은 계획적이거나 고의성을 띤 것이 아니라 순전히 아랫사람들 사이에서 우발적으로 발생한 사고다. 이에 대해 매우 유감스럽게 생각한다. 다시는 이러한 사고가 재발되지 않도록 하자"는 전통문을 보내왔다. 북한은 2002년 7월 20일 남북 대화를 제의했다.

그러나 DJ는 북한에 공개 사과, 재발 방지 약속, 책임자 처벌 등을 요구했고, 이에 북한은 사건 발발 약 4주 후인 7월 25일, 통일부 장관에게 전통문을 보내 공개 사과를 했다. 북한이 우리에게 문서로 보낸 최초의 공식 사과다. DJ는 NSC 상임위의 논의 및 건의, 즉 "한일 월드컵 개막식과 폐막식에 한일 정상들이 이미 서로 교차 참석하는 일정으로 한일정상회담이 사전에 예정되어 있고, 폐막식에 한국 대통령이 불참하게 되면 한반도 안보 상황이 불안하다는 메시지를 전 세계에 줄 것이 우려된다"는 의견에 따라서 예정대로 다음 날 일본을 방문했던 것이다. DJ는 일본에서 귀국한 후 즉시 제2연평해전 사망 장병들을 위한 합동 위령제를 열었고 이들에게 훈장을 추서했으며, 병원을 찾아가 부상 장병을 위로했고, 유가족들을 청와대로 초청해 위로했다.

윤석열 정부 안보의 구멍은 이외에도 곳곳에 있다. 고 채수근 해병대 상병 사망 사건 수사 외압 의혹도 또 다른 차원에서의 심각한 안보 위기다. 박정훈 전 수사단장은 적법한 절차에 따라 성역 없는 수사를 한 뒤 지휘 계통에 따라 보고했지만 결과적으로 항명 등의 이유로 직위 해제되었다. 특히 수사 과정에서 국방부를 비롯하여 대통령실 관계자 등 윗선의 외압 의혹이 불거졌다. 지금도 해병대, 퇴역 해병대 전우회는 외압의 실체를 밝히고, 동시에 해병대의 명예를 회복하기 위해서 싸우고 있다. 나는 이 사건이야말로 군의 규율을 파괴하고 군 장병들의 사기를 땅에 떨어뜨린 심각한 안보 자해 행위이며 결과적으로 북한이 원하는 심각한 안보 구멍이라고 생각한다.

2. 환상론(북한 붕괴론) vs 현실론(햇볕정책)

실패한 북한 붕괴론

나는 윤석열 대통령이 통일부 장관에 정치 경험이 많고 비교적 합리적인 인사로 평가받는 권영세 장관을 임명했을 때만 해도 윤석열 정부가 강대강의 남북 관계를 개선하는 데 노력할 것이라고 조금은 기대를 했다.

그러나 권영세 장관이 퇴임하고 문재인 전 대통령에 대한 막말은 물론 북한 붕괴론, 흡수 통일론에 찌든 인사를 통일부 장관에 임명했을 때 이러한 기대를 접었다. 아니나 다를까 김영호 장관은 취임 직후 통일부 남북 대화 관련 기능과 조직을 대폭 축소하는 등, 통일부가 존재하는 이유를 뿌리부터 부정하기 시작했다. 급기야 2023년 9월 26일, 취임 후《파이낸셜 타임즈》와의 인터뷰에서는 "중국 정부가 북한이 고삐 풀린 망아지처럼 행동하도록 계속 허용한다면 한미일 안보 협력이 더욱 강화될 것, 러시아와 중국이 국제사회의 대북 제재를 악화하고 있고 북한에 뒷문을 열어주고 있다, 기존 국제사회 주도의 대북 제재가 효과가 없다. 한국 정부는 중국이 북한의 무기 개발과 관련해 북한에 압력을 가하도록 설득하고 있다, 한미일 3국의 안보 협력은 그 어느 때보다 강력하다, 북한은 서울을 거치지 않고는 도쿄나 워싱턴으로 갈 수 없다"고 일갈했다. 김영호 장관은 또 "만약 러시아의 대북 군사 지원이 우리 안전을 위협하면 더 강력한 조치를 고려할 것"이라며 "한국 정부는 북한에 대한 추가 독자 제재를 추진할 계획"이라고 말했다.

김 장관의 이와 같은 발언은 그 수위도 문제이거니와 발언의 영역이 남북 대화를 관장하는 통일부 장관의 영역이 아니라는 점에서 참으로 충격적이다. 김 장관은 국방부 장관, 외교부 장관의 업무 영역에 대해서까지 자신의 극우적 소신을 담아 발언했는데, 한마디로 거침없는 횡설수설이었다. 만약 윤석열 정부가 정상적으로 작동하는 정부라면 정부 내에서도 통일부 장관의 발언에 대한 비판과 월권 논란이 일었을 것이다. 이뿐만이 아니다. 통일부는 9월 25일 북한의 대외 매체인 〈조선중앙통신〉에서 이례적으로 김윤미라는 개인 명의로 윤석열 대통령의 UN 연설을 비판한 것에 대해 "상대적으로 나날이 커지는 북한의 고립감과 위기감이 곳곳에서 표출되고 있다"고 코멘트를 했다. 이는 외교부나 정보기관 당국 관계자들이 익명으로 언급할 만한 성격의 것인데도 이를 통일부가 자처하는 모습은 통일부 차원에서 독자적인 대화를 위해 노력할 생각이 없으며 한반도 긴장을 완화하기 위한 대책이 없다는 것을 적나라하게 보여준 것이다.

남북 관계에 대한 통일부의 '무대책의 대책'이 가능한 이유는 윤석열 정부의 대북 정책이 '북한 붕괴론' 외에는 아무것도 없기 때문이라고 생각한다. 북한 붕괴론은 mb정부의 대북 정책에서 한발도 나아가지 못한 정책으로, 만약 그 당시 북한 붕괴론이 옳았다면 북한은 지금쯤 무너졌어야 한다. mb정부의 대북 정책인 '비핵·개방·3000', 즉 "북한이 핵을 포기하면 1인당 국민소득을 3천 달러로 만들어주겠다"는 정책은, 북한은 남한과 국제사회가 지원하지 않으면 언젠가는 망하게 된다는 것을 전제하고 있다는 점에서 남북 관계가 교착 상태에 빠진 현실에서는 한 발짝도 전진할 수가 없는 정책이었다.

당시 비핵·개방·3000 정책을 입안한 것으로 알려진 사람이 김태효 현 윤석열 정부 국가안보실 1차장인데, 그 당시 김태효 비서관이 북한이 곧 붕괴될 것이라고 얼마나 확고하게 믿었는지 정세현·정동영 전 통일부 장관들이 밝힌 이야기가 있다. 김 비서관은 2008년 김정일의 뇌졸중 증상 등의 정보를 접하고 통일부 직원 대상 특강 등에서 "북한이 곧 망한다. 즉 반소매 옷을 벗기 전에 망할 것"이라고 했고, 그 후 시간이 지나도 북한 붕괴 조짐이 보이지 않자 "첫눈이 오기 전에 망할 것"이라는 이야기를 공공연하게 하고 다녔을 정도였다고 한다.

하지만 북한 붕괴론은 북한의 변화된 현실을 고려하지 않은 일종의 환상이며 오래된 편견이다. 1960년대·1970년대의 북한과 1980년대의 북한이 다르고, 1990년대 북한이 1980년대의 북한과 또 다르다. 마찬가지로 2000년 6·15 남북정상회담 당시의 북한과 지금의 북한은 또 다르다. 북한은 과거 김일성·김정일 때의 북한이 아니라 김정은 위원장 집권 12년이 지난 북한이다. mb·박근혜 정부에서 북한에 아무런 지원을 하지 않았지만 그사이 북핵 기술은 끊임없이 소형화·경량화, 즉 고도화되었다.

또한 북한에도 정보가 흐르고 장마당 등 자본주의 초기의 시장 기능이 작동하고 있다. 미국 정보기관 등의 분석에 의하면 휴대폰이 북한 인구의 약 19%, 많게는 800만 대 가까이 보급되어 북한 인구 3명당 거의 1명꼴로 휴대폰을 사용한다고 한다. 그래서 과거 북한에서는 남북 관련

이벤트나 주요 사건들을 시간이 지나면 편집해 방송했지만, 지금은 당일 또는 그다음 날 바로 보도한다. 북한이 휴대폰 앱 사용 단속, 남한 말투 사용 처벌, 남한 드라마 배포자 및 그것을 담은 USB(휴대용저장장치) 소지자 사형 등 같은 반사회주의법으로 청소년과 인민의 생활을 감시하고 처벌하는 것도, 북한이 그만큼 과거에 비해 정보화되었고 북한 인민의 삶이 그만큼 변했다는 것을 보여준다.

그러나 윤석열 정부는 여전히 북한 붕괴론에 경도된 국가안보실 1차장과 통일부 장관이 대북 정책을 관장하기 때문에 취임 초기의 "담대한 구상"마저도 사라지고 오직 "선제 타격", "전쟁 불사론"과 같은 합참의장의 군 메시지들만 남게 되었다. 이에 북한도 선제 타격을 공언하며 남북 관계는 출구 없는 강대강 대치만 하고 있는 것이다.

기 싸움만 남은 남북 관계

윤석열 대통령은 현실 정치에 뛰어든 직후, 전직 대통령과 관련된 첫 번째 일정으로 2021년 6월 11일, 6·15 남북정상회담 기념식을 즈음해 김대중도서관을 찾았을 만큼, DJ의 햇볕정책에 대해 부정적이지는 않았던 것으로 보인다. 실제로 2021년 12월 9일 김대중도서관에서 열린 김대중 노벨상 수상 21주년 기념식에서는 "김대중 대통령님은 (중략) 한미동맹을 굳건히 하고 한미일 공조를 강화했으며 햇볕정책으로 평화 통일의 길을 열어놨다"고 평가했다. 또한 2022년 2월 9일 국민의힘 대선 후보 시절에는 한 출판기념회에 참석해 "개인적으로 김대중 대통령의 햇볕정책 자체는 '전혀 문제가 없다'고 생각한다"고 밝혔다. 같은 자리에서 윤석열 대통령 후보자는 "그 햇볕정책과 함께 균형 잡힌 글로벌외교를 해오면서 북한 비핵화 문제도 풀어가고 한반도의 지속 가능한 평화를 모색해야 하는데 균형 감각을 상실하고 일방적 굴종과 편집증에 의한 정책이 한국 외교를 실종되게 만든 상황이 아니었나 생각한다"면서 햇볕정책을 계승한 문재인 정부의 '한반도 프로세스'를 비판했지만 DJ의 햇볕정책에 대해서는 여전히 피상적으로나마 나름 평가를 했던 것으로 보인다.

그러나 햇볕정책에 대한 피상적인 이해는 윤석열 대통령이 2022년, 국민의힘 대선 후보로 활동을 하면서 신년 기자회견, TV 토론에서 "선제 타격론", 수도권 방어를 위한 "사드 추가 배치" 등 대북·대중 강경책을 연달아 피력하는 것으로 바닥을 드러내고 말았다. 윤석열 당시 후보에 의하면 "선제 타격은 전쟁을 하려는 것이 아니라 전쟁을 억제하기 위해, 평화를 지키기 위해서 하는 것이며, 핵을 맞고 나서 보복하면 뭐 하느냐"는 주장이었다. 특히 "북한의 마하 5 이상 미사일이 발사되면, 핵을 탑재했다고 하면, 수도권에 도달해 대량 살상을 하는 데 걸리는 시간은 1분 이내"라며 "요격이 사실상 불가하다. 그러면 조짐이 보일 때 3축 체제의 가장 앞에 있는 킬체인(Kill-Chain)이라는 선제 타격밖에는 막을 수 있는 방법이 지금 없다"고 주장했다.

윤석열 대통령의 선제 타격론에 대해 김정은 위원장은 2022년 7월 27일 정전 협정 체결 기념식에서 "선제적으로 우리 군사력의 일부분을 무력화하거나 마슬 수(부숴 버릴 수) 있다고 생각한다면 천만에! 윤석열 정권과 그의 군대는 전멸될 것"이라고 강하게 응수했고 같은 해 9월 8일, 김 위원장은 《노동신문》을 통해서 공개된 '전술핵공격잠수함' 건조 및 진수와 관련해 "수중에서 적대 국가들을 선제 및 보복 타격할 수 있는 위협적인 수단"이라며 잠수함발사탄도미사일(SLBM) 등을 활용해서 "임의의 수중", 즉 언제 어디서든 핵미사일을 도발할 수도 있다고 선포했다.

남북 정상이 모두 선제 타격을 두고 기세 싸움만 하는 형국이 1년 이상 지속된 것이다. 윤석열 대통령은 취임 후에는 선제 타격 발언을 삼갔지만 후보자였을 때의 발언이 너무나 강렬하게 남아 있어 2022년 10월 14일, 북한의 도발이 빈번해지자 기자들이 대통령 출퇴근길 질문에서 "선제 타격이 가능하냐"고 물은 적이 있다. 윤 대통령은 "무슨 그런 이야기를 하느냐"며 일축했지만 그만큼 선제 타격론은 국민과 언론의 기억에 지금도 강렬하게 남아 있다.

2023년 9월 26일, 추석 연휴를 앞두고 2013년 이후 10년 만에 국군의날 기념식과 시가행진이 있었는데, 6,700여 명의 병력과 340여 대의 장비가 전개되었다. 윤석열 대통령도 국민, 국군 장병, 초청 인사들과 함께 행진을 했다. 국군의날이 속한 추석 연휴 전으로 날짜를 앞당겨 대규모 행사를 시내 한가운데서 실시한 것도 의아한 일이지만 대통령은 "북한이 핵을 사용할 경우, 한미동맹의 압도적 대응을 통해 북한 정권을 종식시킬 것"이라고 작심 발언을 했다. 대통령의 말이 맞긴 하지만 이 발언도 대통령이 아니라 합참의장이 했으면 더 어울릴 말이며, 이렇게 강한 의지를 피력하면서 동시에 북한과의 대화의 가능성을 열어놓았다면 외교적 명분을 더 확보할 수 있었을 것이라는 아쉬움이 든다.

북한 선제 타격론과 DJ의 페리 보고서

북한에 대한 선제 타격론은 윤석열 대통령의 후보 시절 공언과 달리 역사적으로 볼 때, 우리 정부의 카드가 아니라 미국 정부의 선택이었다. 나는 한반도에서 국지전은 언제든 우발적으로 발생할 수 있지만 전면전은 없을 것이라고 본다. 왜냐하면 북한은 미국이 무서워서라도 전쟁을 하지 못하고, 우리는 미국이 못 하게 해서 전쟁을 할 수가 없기 때문이다. 그럼에도 불구하고 미국 역대 정부는 한반도 주요 위기 국면마다 대북 압박용으로 북한에 대한 선제 타격을 검토해왔지만 실제로 실행되지는 않았는데, 주된 이유는 한반도에 주둔하는 미군과 그 가족 등 주로 미국의 입장에서 자국민의 피해를 고려했기 때문이었다.

1993년, 북한이 핵확산방지조약(NPT) 탈퇴를 선언하고 노동 1호를 시험 발사해서 촉발된 1차 핵 위기 국면이 계속되고, 1994년 3월 판문점에서 북한 대표 박영수 조국평화통일위원회 부국장은 "전쟁이 일어나면 서울이 불바다가 된다"고 협박하자 클린턴 행정부는 당시 영변 핵시설만 제거하는 선제 타격, 즉 '외과수술식 정밀 폭격'을 검토했다. 검토 결과 북한이 보복에 나서 휴전선 부근에 배치된 300여 문의 장사정포가 일제히 포격에 나설 경우, 불과 십여 분 만에 수천 발의 포탄이 서울에 떨어져 90일 이내에 주한미군 5만 2,000명, 한국군 49만 명이 다치거나 죽는 등 민간인을 포함해 100만 명의 사망자가 예상되어서 결국 선제 타격을 포기했다.

부시 행정부도 2002년 북한을 "악의 축"으로 비난하면서 선제 타격을 논의했고 김정일 정권을 축출하는 정권 교체 목표까지 세웠지만 실행에 옮기지는 않았다. 북한이 5차 핵실험을 강행했던 2016년 9월 9일 오바마 대통령은 북한의 핵과 미사일을 제거하기 위한 선제 타격 방안으로 북핵 위협이 정확한 군사 공격으로 제거될 수 있는지를, 소위 '특별 접근 프로그램(Special Access programs)'을 승인해서 다방면으로 검토했는데, 미국이 북한 핵시설의 85%를 파괴할 수 있지만 북한이 파괴되지 않은 일부 핵시설을 이용해, 즉 반격하는 과정에서 5%의 핵무기만 사용해도 한반도에서 최소 수만 명의 사상자가 발생할 것으로 예상되어 이를 백지화했다.

그러나 DJ정부에서는 우리가 미국 정부의 선제 타격론을 주도적으로 관리하여 클린턴 정부로부터 대북 포용 정책에 대한 지지를 이끌어냈다. 1998년 11월 21일, 일본을 방문한 클린턴 대통령이 방한, 한미정상회담이 열렸는데, DJ와 클린턴은 이미 같은 해 6월 DJ의 방미 때 합의한 대로 대북 문제에서 찰떡같은 공조를 확인했다. 그러나 당시 클린턴은 1994년 1차 핵 위기 당시 북한 영변 핵시설을 폭격해야 한다고 주장했던 강성의 페리 전 국방장관을 대북

조정관으로 임명했는데, 북한의 잇단 도발 징후에 민감하게 반응했던 여소야대 구도의 미 의회를 설득하기 위해서였다.

이후 페리 대북조정관은 12월 6일 방한하였는데, 미 의회에 5개월 이내에 대북 정책에 관한 보고서를 작성, 제출해야 하는 상황이었다. 당시 미 의회는 북한의 금창리 핵 시설 및 핵 개발 의혹, 미사일 발사 등으로 대북 정책을 전면 수정할 것을 강하게 주장했다. DJ는 강경론자인 페리를 설득하여 미 의회에 올라갈 페리의 보고서에 우리 정부의 뜻이 관철되도록 최선을 다했다. 임동원 당시 외교안보수석을 동원해 페리 팀을 적극적으로 설득하여 북한에 대한 '포괄적 접근'을 통한 대화 포용의 정책을 채택해 미 의회에 보고하도록 한 것이다.

DJ도 청와대에서 페리를 직접 만나 설득했다. 당시 주한 미군 사령관 존 틸럴리까지 동원했는데 틸럴리 사령관은 한반도 상황이 1994년에 비해 근본적으로 좋아졌다는 말로 DJ의 대북 포용 정책에 힘을 보탰다. DJ는 페리가 귀국한 후 다시 임동원 수석을 미국에 특사로 보내 미 대북 관계자들을 직접 설득하도록 했다. 마침내 페리 대북조정관이 움직였다. 페리는 1999년 3월 다시 방한해 클린턴에게 보고한 대북 정책 구상을 DJ에게도 보고했다. 그 내용은 '포용 정책을 위한 포괄적 접근 방안'이었다. 페리는 북한이 비밀리에 금창리에서 핵 개발을 진행하고 있으며 제네바 합의가 위기에 처했다면서도 미국이 고려할 수 있는 정책으로 "현상 유지", "매수", "북한 개혁", "북한 체제 전복", "상호 위협 감소를 위한 협상" 등을 제시하고 선제 타격을 통한 전쟁은 한반도에 더 큰 피해를 주기 때문에 그 중에서 "협상"을 대안으로 채택했다고 말했다.

나는 당시 공보수석으로 회의에 참가해 듣고 있다가, 회의가 끝난 후 DJ에게 "제가 이 내용을 발표하겠습니다. 5만여 명의 미국인 때문이라도 미국이 한반도에서 전쟁하지 않는다고 하는데, 이 사실을 알리지 않아서 우리 국민을 불안에 떨게 놔둘 수는 없습니다"라고 말했다. DJ는 아무 말씀이 없으셨다. 하라는 말씀과 똑같았다! 나는 기자들에게 회의 내용의 일부를 공개해버렸다. 미 의회에 보고되기도 전에, 그리고 미국이 북한과 조율하기도 전에 "더이상 한반도에 전쟁은 없다, 미국이 1994년 1차 핵 위기 때 워게임을 했는데 미국 군인 5만 2천여 명, 한국군 49만명 등 총 100만 명의 희생자가 나기 때문에 이를 철회했다, 이러한 계획을 검토했던 페리 대북조정관이 앞으로도 미국은 이러한 선택을 하지 않는다고 했다"는 취지로 발표를 해버린 것이다. 이후 미국과 우리 정부 내에서 나의 이러한 발표에 대해 많은 비판을 했지만 나는 "내가 영어를 잘 몰라서 발표해도 되는 줄 알았다"고 얼버무렸다. 미국이 '북한을 상대로 전쟁하지 않겠다'는 메시지만큼 북한에게 확실한 안전 보장이 어디 있겠는가.

한편 DJ는 페리의 보고를 받고 "이러한 구상을 직접 평양을 방문해서 설명하는 것이 좋겠다"고 페리에게 조언했다. 북미는 DJ의 제안과 주도 아래 긴박하게 움직였다. 일주일 후인 1999년 3월 16일 미국과 북한이 뉴욕에서 만나 금창리 시설 복수 현장 방문, 미국의 쌀 60만 톤 지원 등의 성과를 내었다. 페리는 그해 5월 하순 평양을 방문해 김영남 최고인민회의 상임위원장을 만나 클린턴 대통령의 친서를 전달했다.

1999년 9월 12일 베를린에서 북미회담이 열렸는데, 북한은 미사일 시험 발사를 일시 유예하기로 하고, 미국은 북한에 대한 제재 완화 조치에 합의했다. 1999년 9월 페리 대북조정관이 북미 간의 행동 대 행동을 3단계로 명시한 내용 등을 담아 미 의회에 보고한 '대북 정책 권고 보고서'가 발표되었다. 페리 프로세스는 우리의 대북 정책을 수립하는 데 있어서 우리 정부가 미국과 북한 등 한반도 이해관계 당사자들을 끊임없이 설득해서 이들이 동의하고 합의한 결과물이라는 점에서 큰 의미가 있다. 한반도 평화에 대한 국제사회의 확고한 지지가 있었기에 국민의 정부 내내 북한에 대한 선제 타격론 환상은 설 자리가 없었던 것이다.

DJ의 대북 정책 3대 원칙

DJ는 1971년 대선 후보 당시 공약을 시작으로 평생 대북 정책에 공을 들이고, 대통령이 되어서는 무려 1년 6개월이 넘는 기간 동안 미국·북한·일본 등을 설득하고 지지를 받아서 햇볕정책을 완성했다. 북한은 DJ가 취임식에서 밝힌 대북 3대 원칙에 대해 초기에는 의심의 눈초리를 거두지 않았다. 1998년 4월 남북적십자회담에서 YS정부 당시 북한이 지원 요청을 하면서 의중을 내비쳤던 비료 지원 문제에 대해서도 DJ정부는 그해 8월 15일 이산가족 상봉과 함께 추진하자고 했지만 북한은 이를 거부했다. '햇볕으로 상대방 옷을 벗겨서 내기에 이긴다'는 이솝 우화를 직관적으로 떠올리며 햇볕정책을 또 다른 흡수 통일론으로 오해하고 있었던 북한을 설득하려면 시간과 진심을 들이는 방법밖에 없었다. 이렇게 미국·북한 등을 설득해 수립된 탄탄한 햇볕정책, 대북 정책이기에 DJ정부 당시 미국은 북한을 선제 타격하려는 계획을 다시 검토할 이유가 없었고,

북한도 미국과의 이러한 합의를 깨면서 도발을 감행할 필요가 없었다.

특히 페리 프로세스는 당시 북한이 적극적으로 대화에 나설 수 있도록 만들어준 밑거름이 되었는데, DJ는 페리 프로세스를 당신의 자서전에서 '임동원 프로세스'라고 명명하셨을 만큼 각별한 의미를 부여했다. 강경론자 페리 등을 포함해 미국 정부와 의회를 1년 가까이 설득하고, 북한과 미국이 대화하고 우리가 이를 공유하면서 페리 프로세스를 만들어내는 과정, 그 자체가 남북 관계와 한반도 문제에서 우리가 운전자 역할을 한 것이다. 페리 프로세스는 2000년 6·15 남북정상회담으로 꽃을 피웠고, 북한이 2005년 2월 국제사회에 핵보유국 선언을 했을 당시에도 북핵 해결을 위해 동북아시아 6개국이 모여 2005년 9월 19일 도출한 '9·19 공동성명'의 명실상부한 씨앗이 되었다.

페리 보고서, 6자회담의 9·19 공동성명은 한반도의 평화가 곧 동북아 평화라는 전제하에서 주변국들은 물론 남북 모두가 합의했던 해법이요, 방향이다. 그래서 DJ는 "남북 관계는 6·15로, 북핵 문제는 9·19로 돌아가면 해결된다"고 마지막까지 반복해서 호소하셨던 것이다. 나는 분단된 한반도에서 통치권자인 윤석열 대통령이 힘써야 할 대북 정책 방향, 남북 관계 해법이 여기에 다 있다고 믿는다.

대통령이 직접 나서서 선제 타격, 확전 불사를 대내외적으로 운운하는 것은 남북 관계를 악화하고 우리 스스로 외교 지렛대를 축소하는 것이다. 확전 불사, 선제 타격, 북한 붕괴론이 우리 정부가 제시할 수 있는 대북 정책의 유일한 방향이 되면 우리는 남북 관계를 개선하는 데 주변국들로부터 어떠한 도움과 협조도 받을 수 없다. 이런 일들은 '당장 오늘 밤이라도 싸울 수 있는' 한미연합사령부나 대한민국 국군 합참의장의 소관에 맡겨두어도 충분하다. 한반도 평화, 동북아시아 평화를 위한 노력에 힘써야 할 대한민국 대통령은 다른 관점에서 더욱 크게 봐야 한다. 남북 모두가 전쟁하자는 것이 아닌 이상, 그리고 전쟁으로 남북 모두 큰 피해가 발생한다는 사실을 알고 있다면 남북 간에 이미 합의한 해법에서 다시 시작할 수밖에 없다. 이것이 가장 현실적이고 유일하게 실현 가능한 대북 정책이다.

나는 지금이라도 윤석열 대통령이 DJ가 취임사에서 밝혔던 대북 정책 3대 원칙에서부터 시작한다면 남북 관계에 큰 전환점이 올 수 있다고 믿는다. 첫째, 우리는 북한의 어떠한 무력 도발도 용납하지 않는다. 둘째, 우리는 북한을 해치거나 흡수하지 않는다. 셋째, 북한과 화해 협력을 가능한 분야부터 적극적으로 추진해나간다. 이 얼마나 간결하고도 단호한 원칙인가. 이 3대 원칙에 미국과 북한, 중국과 러시아, 일본이 반대할 리가 없다. 이미 그들은 페리 프로세스, 6자회담의 9·19 공동성명에 합의했던 당사자들 이며, 그 방법들은 한반도 비핵화를 위한 검증된 해법이 며, 특히 한반도 평화를 시작으로 동북아시아 평화 체제를 구축한다는 대의명분이 있기 때문이다. 윤석열 대통령이 DJ의 대북 3대 원칙을 선언하는 데 돈이 드는 것도 아니 다. 따라서 지금 당장 이러한 3대 원칙을 밝히는 것에 인색 할 필요가 없다. 이것이 북한 붕괴론, 선제 타격론이라는 아집과 환상보다 지극히 현실적인 정책이다. 남북 관계에 서 DJ의 햇볕정책 말고 다른 정답은 없다.

3. 길 잃은 남북 관계와 한미·한미일동맹

9·19 남북군사합의 폐기는 소탐대실

문재인 정부 후반기부터 교착 상태에 빠진 남북 관계가 윤석열 정부 들어 더욱 악화하고 있다. 북한은 2020년 6월 남북연락사무소 폭파, ICBM 발사 등 모라토리움(유예)을 철회하고 도발을 재개했다. 2022년《국방백서》에 의하면 북한은 무인기 도발, 잠수함발사탄도미사일(SLBM) 발사 등 2018년 9·19 평양정상선언의 부속 합의서인 남북군사합의서, 즉 남북 간에 일체 적대적 행위를 중단한다는 합의를 총 17회 위반하였으며, 2022년에만 총 70여 발의 미사일 도발을 감행했다.

또한 2022년 9월 8일, 14기 제7차 최고인민회의에서는 핵 무력 정책 법령을 채택해 북한의 자의적 판단에 따라 핵 공격이 예상되거나 위험이 예상될 때는 언제든지 핵을 사용할 수 있다는 것을 비록 형식적이지만 법령으로 명문화했으며, 2023년 10월에는 《조선신보》를 통해 "헌법 제4장 58조에 핵무기 발전을 고도화해 나라의 생존권과 발전권을 담보하고 전쟁을 억제하며 지역과 세계의 평화와 안정을 수호한다는 내용이 헌법에 명기됐다"고 밝혔다.

이러한 북한의 도발과 비난에 윤석열 정부는 한미의 확장 억제력 강화로 대응해왔다. 미국 전략 자산이 대규모로 전개된 2023년 3월 한미 '자유의 방패' 연합훈련, 5년 만에 실시되는 야외 실기동 훈련인 '독수리 훈련'도 부활시켰다. 4월 말 한미정상회담을 통해 한미 핵협의그룹(NCG) 운용과 미 핵잠수함 한국 기항 등 대북 확장 억제력도 강화했다. 윤석열 대통령은 2003년 4월 24일 미국 NBC 방송과의 인터뷰에서 "북한이 비핵화를 위한 구체적인 조치를 취할 경우, 경제적인 혜택을 주겠다고 약속했다"고 하면서도 "북한과의 그런 협상을 기대하는 것은 비현실적"이라고 언급하여 사실상 남북 관계에 더 이상 대화 시도는 없다는 것을 시사한 바 있다.

강대강의 남북 관계가 지속되면서 대통령과 집권 여당은 문재인 정부에서 합의된 9·19 군사합의를 폐기하는 것에 대해서도 상당한 준비를 해왔다. 2023년 9월 18일, 윤석열 정부 핵심 관계자는 언론에 "9·19 남북군사합의 효력 정지에 대해 이미 검토를 끝냈다"며 "명시적으로 효력 정지를 선언하지는 않았지만, 법적으로 9·19 합의는 국회의 비준을 받지 않았기 때문에 국회의 동의 없이도 효력 정지를 결정할 수 있다는 결론을 이미 도출한 상태"라고 밝혔다. 이 관계자는 "중요한 것은 2022년 12월 북한의 무인기 도발 사태 당시 대통령이 9·19 남북군사합의에 대한 효력 정지에 대해 검토할 것을 지시한 이후부터는 북한의 도발이 없다"고 하면서 "이 합의가 북한에게 절대적으로 유리한 합의"라고 언급했다. 대통령과 현 정부가 북한의 도발에 따라 언제든지 9·19 군사합의 폐기를 주머니 속 카드로 만지고 있음을 시사했다.

2023년 10월 신원식 국방부 장관 등은 물론 집권 여당 내 다수가 이러한 주장을 하고 있다. 나는 당시 이대로 가면 DJ·노무현·문재인 정부는 물론 박정희·노태우 정부 때 이루어진 남북 간 합의도 부정되는 것은 아닌가 걱정을 했다.

왜냐하면 윤석열 정부가 북한의 도발을 억제하기 위한 실질적이고 적극적인 노력을 하지 않으면서 남북 합의 내용을 폐기하려는 것은 북한의 도발에 대한 책임을 따지는 것과는 별개로 긴장만 고조시키는 일이 될 것이라고 생각했기 때문이다. 정상 간 합의는 추상적이고 포괄적이기 때문에 별도 합의를 통해서 구체적인 실천을 담보한다. 2000년

6·15 남북정상회담 때에도 공동선언문에 이산가족 상봉, 비전향 장기수 문제 해결 등 구체적인 합의 내용들을 명시했지만 나는 DJ의 지시로 언론사 사장단과 함께 그해 8월 초에 다시 방북하여 6·15 남북정상회담 이후의 후속 조치에 대해 논의하고 매듭을 짓고 왔다. 즉 남북 국방 관계자 고위급 군사 회담, 개성공단 가동 문제, 금강산 관광 문제, 이산가족 상봉 등에 대해 북한 측의 입장을 듣고 구체적인 실천적 방안을 논의하고 합의해왔다.

마찬가지로 9·19 군사합의는 2018년 남북 정상들이 합의한 평양공동선언의 실천력을 담보할 핵심이다. 특히 그 합의는 군사적 합의이기 때문에 휴전 상태인 한반도에서는 더욱 의미가 크다. 9·19 군사합의를 수없이 위반해온 북한에 근본적인 책임이 있지만 그럼에도 불구하고 우리가 이 합의를 깰 명분과 구실을 찾는 것은 한반도에 또 다른 긴장을 고조시키는 어리석은 일이었기 때문이다. 문재인 전 대통령도 2023년 9·19 5주년 기념식에서 밝힌 바처럼 "남북 관계가 다시 파탄을 맞고 있는 상황에서 9·19 남북군사합의는 남북 간 군사충돌을 막는 최후의 안전핀"인데, 이 합의를 폐기한다는 것은 최후의 안전핀을 제거하는 무책임한 일이라고 비판하였다. 그러나 이 책이 거의 완성될 즈음인 11월 21일, 불행하게도 나의 예측은 현실이 되었다. 북한은 러시아로부터 기술 지원을 받아 3차 정찰위성 발사에 성공했으며, 정부는 이를 기점으로 9·19 합의 일부 효력 정지를 선언했다. 북한은 우리 정부의 이러한 조치에 사실상 9·19 합의 전면 파기를 선언했다. 지난 9월, "정부가 9·19 남북군사합의 폐기를 검토한 이후부터 북한의 군사도발이 없어졌다"는 정부 핵심 관계자의 말은 무색해졌으며 남북은 모두 9·19 남북군사합의를 놓고 소탐대실한 결과, 한반도 긴장 완화를 위한 최후의 안전핀은 사라지고 극한 대결로 치닫고 있다.

나는 9·19 남북군사합의 폐기의 직접적 원인이 된 북한 정찰위성 발사 성공에 러시아의 기술 지원이 있었다는 점을 주목한다. 즉 앞으로도 윤석열 정부의 남북 관계 위기는 이러한 외교 무능, 외교 위기로 인해서 더욱더 심화될 것이기 때문이다.

한미정상회담에서 빠진 남북 관계

사실 윤석열 대통령은 임기 초 북한과의 대화에 소극적이었지만, 그러나 닫혀 있지는 않았다. 취임 100일 기자회견 때 언론과의 질의응답에서 "북한 지역의 힘에 의한 현상 변경은 전혀 원치 않는다. 지속 가능한 평화를 정착해야 한다"고 했으며, 2022년 8·15 광복절 경축사에서는 "담대한 구상"도 제안했다. 즉 북한이 핵 개발을 중단하고 실질적인 비핵화로 전환한다면 그 단계에 맞춰서 북한의 경제와 민생을 획기적으로 개선할 수 있는 대규모 식량 공급, 발전과 송배전 인프라 지원, 국제 교역을 위한 항만과 공항의 현대화 프로젝트, 농업 생산성 제고를 위한 기술 지원, 병원 의료 인프라의 현대화 지원, 국제 투자 및 금융 지원 프로그램 등 총 여섯 가지의 대규모 경제 지원을 고려할 수 있다고 제시했다.

김여정 부부장은 이에 대해서 "허망한 꿈도 꾸지 마라, 어리석음의 극치"라고 비난했지만, 그럼에도 불구하고 윤석열 정부는 같은 해 11월 21일 "담대한 구상"을 좀 더 구체화한 대북 정책을 발표해서 이러한 정책 기조를 그나마 유지하고 있었다.

2023년 4월 윤석열 대통령은 워싱턴 한미정상회담을 앞두고 로이터 통신과의 인터뷰에서 "정치적 목적으로 깜짝 정상회담은 하지 않겠다"고 밝혀 남북 정상 간 대화를 '깜짝 쇼'로 치부하고 남북 대화 가능성을 차단했다. 또한 북한 위협에 대응해 감시·정찰·정보 분석 능력을 강화하고 "초고성능, 고출력 무기"를 개발할 것이라고도 했다.

나는 지금도 왜 당시 대통령이 미국에 가기 전에 미국이 아닌 유럽 통신사의 인터뷰에 응하고, 인터뷰 내용도 우리가 남북 관계에 있어서 우리의 지렛대 역할을 스스로 차단하려고 했는지 도무지 이해할 수가 없다. 윤석열 대통령이 2022년 "담대한 구상"을 제안한 지 정확히 1년 후인 2023년 8·15 경축사에서는 북한을 향한 대화 제안이나 비전 제시는 자취를 감추었다. 오히려 윤석열 대통령은 "공산 전체주의 추종 세력, 공산주의와 대치" 등을 언급하면서 "북한의 핵과 미사일 위협을 원천적으로 차단하기 위해서는 한미일 3국 간에 긴밀한 정찰 자산 협력과 북한 핵과 미사일 정보의 실시간 공유가 이루어져야 한다"고 주장했다. 또한 일본이 UN 사령부에 제공하는 7곳 후방 기지의 역할은 북한의 남침을 차단하는 최대 억제 요인이라며 한미일동맹 차원에서 북한에 대응할 것을 천명하였다. 남북 관계에 아무런 진전이 없는 상황이 계속되고 있는데도 대한민국 대통령의 8·15 경축사에서 북한에 대한 제안이나 비전 제시가 없다는 사실은 참으로 이해할 수 없는 일이다. 특히 8·15 경축사는 유일한 분단국가인 대한민국의 역대 대통령들이 전통적으로 대북 제안의 장으로 활용해왔다는 점에서 전 세계가 주목한다. 그러한 상황에서 대한민국의 대통령이 북한에게 어떠한 메시지도 내지 않은 것은 북한과는 더 이상 대화를 하지 않겠다는 강력한 메시지를 담은 것이라고 해석할 수밖에 없다.

나는 윤석열 대통령의 당시 8·15 경축사 내용은 3일 뒤 미국 캠프 데이비드에서 열릴 예정이었던 한미일정상회담을 다분히 의식하여 준비된 것이라고 생각한다. 실제로 8월 18일 발표된 한미일정상회담 결과를 보면, 한반도 비핵화를 위한 실질적인 대화 노력은 하나도 없고, '북한 미사일 경보 정보 실시간 공유 메커니즘'을 연내 가동해서 북한 탄도미사일 탐지·추적 등의 대응 능력을 강화하기로 하고 한미일 3자 군사훈련을 연간 계획으로 정례화하는 등 북한을 압박하는 내용이 대부분이다. 이러한 모습은 윤석열 정부가 한반도 비핵화와 관련해 한반도 주변국, 특히 굳건한 한미동맹을 유지하고 있다고 수없이 밝힌 미국과도 한반도 비핵화와 평화를 위한 실질적인 노력을 하나도 하지 않았다는 것을 방증한다. 즉 중국을 압박하는 데 모든 관심이 쏠려 있는 미국 측에게 남북 관계를 개선하기 위한 제안을 할 수도 없고, 그럴 필요성도 느끼지 못했던 것은 아닐까. 그리고 이러한 외교적인 무능을 숨기기 위해서 사실상 미국의 대중국 압박 전략, 인도태평양 전략에 안주하면서 이를 한미동맹이라는 이름으로 포장하는 것은 아닐까.

한미·한미일동맹의 실익

미중 갈등으로 인해 세계적 차원에서 신냉전의 기류가 형성되고 있다. 특히 한반도를 중심으로 한미일 블록이 강화됨에 따라서 북중러도 블록을 넘어서 혈맹으로 더욱 견고하게 결속하고 있다. 한미일정상회담에 대응해 중국과 러시아는 10월 정상회담을 개최해 한미일 블록에 대응하였으며, 특히 북한과 러시아는 2023년 9월 13일, 4년 6개월 만에 만났다. 김정은이 러시아 푸틴을 만나기 위해 오가는데에만 무려 4일을 소비했는데, 그만큼 북한에게는 절박하고 시의적절한 정상회담이었을 것이다. 내가 일찍이 전망해온 것처럼 북한은 러시아에 우크라이나 전쟁에 투입될 재래식 무기 등을 지원하고, 러시아는 북한에 인공위성 기술, 사실상 북한이 2% 부족한 ICBM 기술을 전수할 것이라는 국제사회와 정보 당국의 분석이 현실이 되고 있다. 9·19 남북군사합의를 파국으로 이끈 북한의 정찰위성 발사 성공에는 러시아의 기술 지원이 있었던 것처럼 앞으로도 북중러 혈맹블록과 관련한 우리의 외교 공간은 더욱더 축소될 것이며, 그만큼 외교의 위기, 남북 관계의 위기는 심각해질 것이다.

그동안 한미·한미일은 북한의 핵·미사일 등 한반도 안

보 문제에 대해 우리 정부와 협력의 기조를 유지해왔으며 최소한 협의를 해왔다. 왜냐하면 한반도 문제는 우리 자신의 문제이고, 우리 운명을 결정하는 문제이기에 우리가 목소리를 내면 미국도 일본도 우리 입장을 존중, 또는 이해하려고 해왔기 때문이다.

그러나 지금 한반도 문제는 미국이 중국을 견제하기 위한 인도·태평양 전략의 하위 개념으로 전락했다고 해도 과언이 아니다. 문제는 이러한 미국의 전략에 대응하는 윤석열 대통령의 태도다. 윤석열 대통령은 남북 관계 개선에 대한 우리의 의지와 입장을 미국과 일본에 설명, 설득하지 않고 이러한 질서에 맹목적이라고 할 만큼 적극적으로 편입하여 남북 관계 개선 및 외교에 있어서 우리가 할 수 있는 일을 외면하고 있다는 점이다. 북한은 핵 문제는 결국 북미 간의 문제라고 생각하며 오래전부터 우리를 통하지 않고 미국과 직접 대화를 하기 위해 핵·미사일 도발 및 시위를 기획하고 실행해왔다. 또한 일본은 일본대로 납북자 문제 해결 등을 위해서 북한과 접촉 및 대화를 시도하고 있고, 북한 역시 전후 배상금 문제에 관해 일본과 대화할 용의가 얼마든지 있다.

내가 2000년 6·15 남북정상회담 후 그해 8월 다시 북한을 방문했을 때 김정일 위원장은 나에게 이러한 의중을 보인 바가 있다. 즉 '김일성의 유훈인 미국과 수교를 통한 체제 보장'을 이야기하며 동시에 일본과의 전후 배상금 문제에 대해서도 "일본 고이즈미 총리가 30억 달러를 지불한다고 했지만 나는 100억 달러를 주장했고, 단 한 푼도 디스카운트해주지 않겠다"고 단호하게 말했다. 그만큼 북한으로서는 북미 수교, 일본과의 전후 배상금 문제는 사활이 걸린 문제다. 따라서 최악의 경우 벼랑끝 외교, 등거리 외교에 능한 북한의 의도와 전략에 의한 통미(通美), 통일(通日), 봉남(封南) 상황이 올 수도 있다. 우리의 운명이 걸린 한반도 문제이지만 우리는 조수석은커녕 앞으로는 한반도 자동차에도 영영 앉지 못하는 패싱(passing) 상황에 직면할 수 있다. 이런 상황까지 오게 된 이유 중 하나는 윤석열 정부의 대북 정책이 없다는 점, 북한과 적극적으로 대화하려고 노력하지 않는다는 점에서도 기인한다. 남북의 강대강 대치만 있고, 대통령이 한미일동맹에 안주하면서 북한은 물론 중국·러시아와도 강대강 국면을 불사하기 때문에 미국의 북한에 대한 역할을 주문하거나, 중국과 러시아에게 한반도 평화를 위한 협조를 구할 수 없는 것이다.

남북 문제에 있어서 우리가 대화 주도권과 명분을 쥐기 위해서는 미국·일본은 물론 중국·러시아와의 협력이 필수적이다. 또한 이를 바탕으로 유럽 등 국제사회의 지지를 받아내야 한다. 남북이 서로 선제 타격론을 가지고 감정싸움만 해서 풀릴 일이 아니다. 북한을 설득하기 위해서는 전방위적인 노력이 필요하다.

한반도의 지정학적 중요성을 활용해 남북 문제에 적극적인 해결 의지와 방안을 가지고 주변국들에게 한반도 평화가 줄 수 있는 이익을 설명할 때 비로소 중국·러시아·일본과 협력할 일이 많아진다.

그러나 불행하게도 윤석열 대통령은 반대로 가고 있다. 윤석열 대통령은 2023년 9월 UN 총회 기조연설에서 "UN 안전보장이사회 상임 이사국이 무력 침공을 감행해서 전쟁을 일으키고, 안보리 결의를 버젓이 위반해 핵 개발에 몰두하는 정권을 방치하고 도와주는 현실이 지속된다면, 현 UN 안보리의 자기모순에 대한 비판과 개혁의 목소리는 커질 수밖에 없다"고 말했다. 북한은 물론 한반도 비핵화·한반도 평화를 위해서 지지와 협력을 이끌어내야 할 러시아·중국을 강하게 비판한 것이다.

우리는 지금 한미일동맹에 갇혀 있다. 그러나 더 큰 문제는 한미동맹·한미일동맹을 격상하고 강화해서 우리가 얻은 것은 무엇이며, 잃은 것은 무엇인지 냉정하게 계산하지 않고 있다는 것이다. 북한은 세습 독재 체제다. 지금 윤석열·바이든·기시다와 대화하지 않더라도 얼마든지 다음 정부를 상대할 수 있다는 계산도 있을 것이다. 그때까지 우리는 또 기다려야 하는가. 지금의 한미일동맹에서 남북 관계와 관련해 정말 우리가 할 수 있는 일은 없는가. 작금의 남북 관계 위기가 북한에 근본적인 책임이 있지만 한반도 문제의 또 다른 당사자인 우리가 이렇게 손 놓고 있어도 되는 것인가. 윤석열 대통령도 더 이상 회피하지 말고 답해야 한다.

7부 외교의 위기

1. "가치 외교"의 본질

"가치 외교"의 쇠창살에 갇힌 소

윤석열 정부의 외교는 재앙 수준이다. 가히 수습이 불가능한 지경으로 가고 있다.

윤석열 대통령과 윤석열 정부는 "가치 외교"를 표방하고 있지만 정작 가치 외교의 목표와 전략이 무엇인지, 가치 외교가 어떠한 파장을 낳고 있는지 자신들도 잘 모르고 있고, 그래서 국민에게 충분히 설명하지도 못하고 있다. 외교는 상호주의, 즉 철저한 이성적 접근과 전략적 사고에 기반하여 국가 대 국가로서 이익을 나누는 것인데, 지금 우리 외교에는 이러한 전략적 사고, 이성적인 접근이 없다.

나는 "가치 외교"의 본질이 공허한 자유 타령, 가짜뉴스 때려잡기에 다름이 아니라고 생각한다. 윤석열 대통령이 취임 이후 전 세계를 돌면서 설파한 것은 자유, 민주주의를 위협하는 가짜뉴스에 대한 경고뿐이다.

2023년 9월 12일, 윤석열 대통령은 국무회의에서 아세안 순방 및 G20 회의 성과에 대해 "이번 G20 정상회의에서 AI 국제 거버넌스 마련에 협력하기로 했다"면서 "AI와 디지털 오남용이 만들어내는 가짜뉴스 확산을 방지하지 못한다면 자유민주주의가 위협받고 시장경제가 위협받게 되며 우리의 미래와 미래 세대의 삶 또한 위협받게 되는 것"이라고 강조했다. 2022년 UN 연설에서는 자유를 21회나 언급하고, 2023년 한미정상회담 때는 하버드대학교에서 "자유를 향한 새로운 여정"이라는 연설을 통해 반지성주의와 전체주의 부상으로 자유와 민주주의가 위기에 빠져 있다고 규정하고, "미국과 함께 가치 외교의 선봉장이 되겠다"고 했다. 나는 당시 이 모든 말들이 당장 하루를 살아가기도 버거운 국민과 기업가들에게는 뜬구름 잡는 공허한 이야기로 들릴 것이라고 생각하면서 윤석열 대통령의 외교가 우리 국민의 민생과 대한민국의 국익과 엇나가고 있다는 것을 직감하지 않을 수 없었다.

즉 윤석열 대통령은 취임 이후부터 줄곧 자유를 지향하는 '민주주의 진영'과 자유가 없는 '권위주의 진영'으로 전세계를 양분한 뒤, 한국이 자유주의 진영에 확실하게 가담하겠다는 뜻을 반복적으로 천명해왔다. 윤석열 대통령에게 '자유'가 어떻게 최우선의 소신과 철학으로 자리 잡았는지 알 수 없지만, 대통령 개인의 소신을 한 국가적 차원의 외교 전략과 목표로 사용하기에는 너무나 낡고 순진한 개념이라는 생각을 지울 수가 없다.

2023년 9월, 윤석열 대통령은 아세안정상회의에서 "기후 변화 취약국들을 위해 녹색기후기금(GCF)으로 3억 달러(한화 약 4,000억 원)를 추가 공여"하고, 또 "G20 정상회의에서는 우크라이나에 단기 3억 달러, 중장기 20억 달러 등 총 23억 달러(한화 약 3조 원)를 지원할 것"이라고 설명했다.

우리가 국제사회의 책임 있는 일원으로서 인류에 기여하는 것을 반대할 국민은 없겠지만 대통령이 전 세계를 돌면서 자유를 기준으로 세계를 양대 진영으로 나누고, 자유 진영이 가짜뉴스에 공동 대응을 하자고 강력하게 촉구해서 우리가 지금까지 얻은 실익은 무엇인가. 우리는 무엇을 위해 그렇게 많은 공여를 하고 있는지, 역경과 고통 분담을 통해서 이룩한 대한민국의 위대한 오늘을 대통령만 통크게 누리는 것은 아닌가. 이러한 자문자답은 생략한 채 방향도, 목적도 없는 자유 외교 폭주 열차는 오늘도 달리고 있다. 그래서 지금 우리의 외교에서는 기이한 일들만 연달아 벌어지고 있다.

일본 대변인 윤석열 정부

2023년 8월 24일, 일본은 후쿠시마 제1원전 핵 폐기 오염수를 방류했고 10월 6일 2차 방류, 11월 2일 3차 방류를 시작했다. 일본 정부가 발표한 계획대로라면 향후 30년간 총 134만 톤의 핵 폐기 오염수를 바다에 말 그대로 방류, 폐기할 예정이다. 문제는 앞으로 얼마나 더 많은 오염수가 생성되고 방류될지, 그리고 그 미래는 무엇이 될지 일본도 모른다는 것이다. 그런데 일본과 지리적으로 가장 가까운 우리 정부는 국민의 불안과 분노는 안중에도 없고, 일본의 핵 폐기 오염수 방류는 과학적으로 안전하다는 홍보 영상을 만들어 배포하고 있었으니 기가 찰 노릇이다. 일본 어민, 국민도 반대하고 일본 언론에서도 문제를 제기하는데 윤석열 정부는 핵 폐기 오염수 방류의 안전성을 의심하고 비판, 반대하는 우리 정치권·언론·시민단체를 가짜뉴스 생산자로 내몰고 있다. 심지어 "북한이 남한 사회에 일본 핵 폐기 오염수 방류를 반대하라는 지령을 내렸다"며 색깔론까지 동원했다. "가치 외교"를 추구한다는 윤석열 정부가 우리 국민의 피해가 불 보듯 뻔하고 전 지구적 차원의 환경 파괴에 찬성한다는 것이 상식적으로 말이 되는가.

중국은 일본의 핵 폐기 오염수 방류가 시작되자 일본산

수산물 수입을 전면 금지했다. 우리도 중국처럼 전면적인 수입 금지 조치 등으로 일본과 싸우자는 것이 아니다. 일본의 일방적인 오염수 방류 조치에 "가치 외교" 동맹이라며 '찍' 소리 한번 못하고 우리 국민의 분노와 불안, 안전을 무시한 대가로 과연 대한민국이 일본으로부터 얻은 것은 무엇인가를 국민에게 설명해야 한다는 것이다. 그러나 대통령과 정부는 아무런 설명도 하지 않았다. 왜? 그 이유는 간단하다. 일본으로부터 받은 것이 없기 때문이다.

이뿐만이 아니다. 국제사회에 북한 인권 문제를 널리 알리겠다고 한 윤석열 정부는 정작 일제강점기 때 벌어진 일본의 인권 침해 문제에 대해서는 노골적으로 면죄부를 주고 있다. 대한민국 대법원의 판결을 부정하고 일본 가해 기업이 아닌 우리 기업이 출연금을 내서 대신 배상하는 상황을 만들고도 여당 일부에서는 일본에 통 큰 햇볕정책을 펼쳤다고 자화자찬했다.

2023년 9월 13일, 스위스 제네바 UN 사무국에서 열린 제54차 유권인권이사회 3차 세션 회의에서 파비안 살비올리 UN 특별보고관은 자신이 6월 한국을 방문해서 조사한 인권 관련 내용을 토대로 '대한민국 방문 조사 보고서'를 발표했다. 특별보고관은 "일제강점기의 강제 동원 문제에 대해서 2015년 박근혜 정부 당시 위안부 피해자 및 강제 동원 피해자에 대한 한일 정부 간 합의는 여전히 부족하며, 대한민국 정부는 피해자를 위한 노력을 하지 않았고, 일본 정부도 공식 사과를 하지 않았기 때문에 이 합의의 개정이 필요하다"고 권고했다.

그러나 윤석열 정부는 대한민국 정부 의견서를 통해 2015년에 합의는 끝났으며 2023년 기시다 총리의 주어가 빠진 "가슴 아프다"라는 표현, 즉 기시다 총리가 "당시 열악한 환경 속에서 많은 분이 어려움과 슬픔을 겪은 것에 대해서 가슴이 아프다"라고 말한 것이 일본의 공식 사과라는 입장을 내어서 일본 정부 대변인을 자처했다.

나는 "가치 외교"를 최우선으로 한다는 윤석열 정부가 보편적 인권과 환경 문제에 대해서 왜 유독 기시다 총리 앞에만 서면 작아지는지 이해할 수 없다. 김대중 오부치 선언, 일본 대중문화 개방 등 일본과 지속적으로 관계를 개선했던 DJ는 동시에 기회가 있을 때마다 "일본 국민이 올바른 역사교육을 받아야 일본은 선진국으로 향할 수 있다"면서 과거의 잘못을 반성하지 않고 후손들에게 제대로 교육하지 않는 일본에 대해서 일본 현지는 물론 미국 등 해외에서도 비판했다. 사실상 일본 대변인을 자처하며 퍼주기만 하는 윤석열 정부가 새겨들어야 할 말씀이다.

북중러 혈맹블록에 속수무책인 윤석열 정부

지금 윤석열 대통령의 외교는 한미일동맹에 갇힌 반쪽짜리 외교다. 북중러 블럭과 관련한 외교는 거의 전무하다고 해도 과언이 아니다. 2023년 9월 13일, 김정은과 푸틴은 러시아 아무르주(州) 보스토치니 우주기지에서 만났다. 2023년 들어서 군사 정찰 위성 발사를 두 차례나 실패한 북한으로서는 우주기지에서 열린 이 정상회담에 남다른 목표를 설정했을 것이 분명하고, 김정은의 수행단에는 북한의 국방 책임자, 군사 담당자들이 대거 포함되었다. 이후 김정은은 전투기 생산 공장을 방문하고 태평양 함대를 시찰했는데, 이러한 회담 장소와 일정은 북한이 이번 북러정상회담에서 무엇을 의도하는지를 잘 보여주고 있다.

정부는 러시아 대사를 초치해서 북러정상회담에 대해 항의했다. 나는 북한이 우크라이나 전쟁을 치르고 있는 러시아에 재래식 무기를 지원하고, 러시아는 그 대가로 북한에 2% 부족한 ICBM 기술을 지원하면 한반도는 물론 세계적인 재앙이 올 것이라고 일찍이 경고해왔는데 불행하게도 이러한 예측이 점점 현실화되고 있다. 과거 노태우 정부 시절, 우리 정부의 재래식 무기 현대화 사업인 '백곰' 사업에 러시아가 북한이 아닌 우리에게 기술을 지원해서 오늘날 우리 재래식 무기의 위력이 한층 성장한 것과 비교하면 지금 우리의 러시아 외교는 주한 러시아 대사를 불러 북러 정상 간의 만남에 대해서 항의하고 대통령이 9월 UN 총회 연설에서 북러 군사·경제 협력의 위험성을 경고하는 것이 유일하다. 정상 간 만남에 대해서 항의하는 외교는 얼마나 초라한가.

중국과의 관계도 역대 최악이다. 대중국 외교 실패는 대중국발 경제 실패로 돌아오고 있다. 중국은 우리의 최대 교역국이다. 그러나 2023년 1~7월 동안 우리의 총 수출 규모는 3,574억 8,000만 달러로 전년 동 기간 4,107억 5,000만 달러보다 무려 532억 7,000만 달러가 감소했는데 여기에는 대중 수출 감소분이 차지하는 비중이 무려 46%에 달한다. 중국 시장이 반이나 사라진 것이다.

그러나 미국은 중국과 전쟁 일보 직전까지 가고 있지만 그와는 별개로 러몬도 상무부 장관, 옐런 재무부 장관, 미국 중국조정관 등 미국 정부의 주요 인사들이 중국을 잇달아 방문하고, 중국 왕이 외교부장도 미국을 방문하여 정상회담을 조율하는 등 양국은 서로 대화를 통해 시장 상황을 관리하고 교역을 늘리고 있다.

우리는 대중국 교역국 1위 자리도 대만에게 내주고, 2위 미국, 3위 일본, 4위 호주에 이어 5위로 추락했다. 머지않아 5위 자리도 베트남에 내어줄 수 있다.

그러나 중국발 위기에 윤석열 대통령과 정부는 속수무책, 무관심을 넘어 갈등을 키우고 있다. 윤석열 대통령이 2022년 6월 대통령 취임 후 첫 해외 순방 일정으로 "중국을 새롭게 부상하는 위협으로 간주"한 NATO(북대서양조약기구) 정상회의에 참석하고, 이 자리에서 대통령실 경제수석이 "시장 다변화", 즉 사실상 탈중국화를 이야기할 때 나는 이를 강하게 비판했다. 중국과의 관계를 지금처럼 방치해서는 안 된다. 2023년 11월, 미국에서 열린 아시아태평양경제협력체(APEC) 정상회의에서도 미국·일본은 중국과 정상회담을 했지만 우리는 하지 못했다. 2023년 말 한중일회담을 반드시 중국과의 관계 개선 기회로 삼아야 한다. 여기서 실패한다면 우리의 내년 경제는 더욱 어려워질 것이다.

외교 파탄은 결국 4강 외교의 실패다. DJ는 대한민국을 도랑에 든 소의 처지에 비유했다. 즉 도랑에 든 소는 미국 풀도 먹고 중국과 러시아 풀도 먹어야 산다고 했다. 주변의 4강과 외교만 잘하면 우리는 "휘파람을 불며 양쪽 풀을 모두 뜯어 먹을 수 있고, 평화도 얻고 돈도 벌 수 있다"고 늘 강조했다.

1998년 11월 중국 베이징에서 열린 동포들과의 간담회에서 DJ는 "우리의 지정학적 중요성 때문에 우리가 잘하면 주변의 4대국이 서로 협력할 것"이라며 "색시 하나를 두고 신랑감 넷이 프러포즈하게 만들 수 있다. 그것이 외교"라고 설명했다. 한미일동맹에 갇히면 급속하게 혈맹으로 대응 발전하는 북중러 블록에 접근할 수 없다. 대한민국의 지정학적인 상황에서 이러한 국제 블록의 한쪽에만 갇히는 것은 우리 역사가 증명하듯이 매우 위험천만한 일이다. 특히 윤석열 대통령이 의미도 불분명한 "가치 외교"를 기치로 우리 외교의 지평을 양분하고 어느 한쪽에만 서는 것은 기름을 들고 이미 불붙은 섶으로 뛰어드는 무모하기 짝이 없는 일이다.

남북 관계 개선 노력이 곧 4강 외교

남북 관계 개선을 4강 외교의 지렛대로 활용해야 한다.

북한은 소위 '벼랑끝 외교', '중러 등거리 외교'에 능하다. 북한이 궁극적으로 원하는 것은 미국과의 관계 개선, 북미 수교를 통한 체제 보장이다. 2000년 6·15 남북정상회담 당시 DJ가 확인했고 내가 이후 재방문하여 다시 확인한 김일성 주석의 유지 중 하나다.

북한은 유훈 통치의 나라다. 남북이 강대강 대치를 반복하고 북미 간에 외견상 대화 시도가 없다고 해도 북한은 늘 미국과 우리를 예의주시한다. 방북 당시 북한의 소위 대남 일꾼 중 한 사람이 나에게 다가와 알은체를 하며 "장관 선생, 곧 비서실장이 될 것 같은데"라고 말했다. 나는 그냥 의례적인 인사라고 생각했다. 서울로 돌아와서 신문을 꼼꼼하게 찾아보니 모 주간지에 정말 그 내용이 조그맣게 실려 있었다. 그만큼 북한은 미국과 우리에 대해 70년 동안 집요하게 관찰하고 연구해왔다.

북한은 늘 '어떻게 하면 미국과 수교할 수 있을까. 어떻게 하면 한국을 활용해서 미국과 대화할 수 있을까' 등등을 국가 전략의 우선순위로 삼고 있다고 해도 과언이 아니다.

윤석열 대통령은 지금 북한이 가장 필요로 하는 것을 읽어내고 북한을 향해 건설적인 제안을 건네고, 동시에 한반도 주변 4대 강국이 남북 관계 개선을 위해 협조할 수 있는 일들을 역으로 제안해 4강 외교를 복원해야 한다. DJ가 말한 4대 강국의 프러포즈를 받는 멋진 외교, 그리고 여기에 더해 이제 북한의 프러포즈까지 받아낼 수 있는 외교를 준비해야 한다. 우리가 남북 관계 개선이라는 대의명분을 가지고 미국·일본·중국·러시아 등의 주변 4대 강국들을 설득할 때 한미동맹·한미일동맹 등 소위 윤석열 정부의 "가치 외교"의 쇠창살에 갇힌 우리 외교의 공간이 비로소 열릴 것이다. 역사적으로도 본의든 타의든 편중 외교를 펴는 국가는 결국 실패하고 쇠락의 길로 간다. 동맹도 "가치 외교"도 이러한 교훈을 새기며 철저하게 국익 최우선의 관점에서 접근해야 한다.

2. 불멸의 외교 정책, 다시 햇볕정책으로

햇볕정책과 북중러 블록

DJ의 말씀처럼 외교는 우리에게 명줄(목숨)이다.

지금 우리는 '한미일동맹 쇠창살'에 갇혀 있는 소의 처지로 그 안에서 오직 미국 풀만 먹고 있는 것은 아닐까. 아니, 그 풀이라도 제대로 먹고 있는가. 노태우 정부에서 시작된 북방 외교·한중 수교로 자라난 중국 풀, 페레스트로이카(개혁)로 시작된 러시아 풀은 이제 우리가 먹을 수 없는 독풀인가.

DJ는 일찍이 미국의 중국과 러시아에 대한 견제, 미중·미러 간의 갈등을 염려했는데 그 이유는 동북아시아의 평화와 번영 속에서만 한반도 평화가 가능하고 남북 문제가 풀릴 수 있음을 오래전부터 잘 알았기 때문이다. DJ는 대통령 퇴임 후에도 이러한 질서가 다시 도래할 것을 우려했다.

나 또한 문재인 정부 국정원장으로 재임할 당시 미국 측 인사들에게 기회가 될 때마다 한미동맹을 강조하면서 미중·미러 갈등에 대한 우려를 전달했다. "우리는 미국 풀도 중국 풀도, 러시아 풀도 먹어야 산다. 그렇지 않으면 영양 실조에 걸린다"고 DJ 말씀을 예로 들면서 이야기하면, 그때마다 미국 고위 관료들은 "중국 풀과 러시아 풀은 독풀"이라고 답변했다.

DJ의 염려처럼 전례 없는 미중 갈등 시대가 도래했다. 우리에게는 이중의 위기임에 틀림이 없다. 그러나 발상을 전환하면 즉, 미중 사이에서 균형 외교를 할 수만 있다면 두 배의 기회이기도 하다. 나는 반기문 전 UN 사무총장은 물론, 폼페이오 전 국무장관 등 미국 측 고위 인사들에게 대북 문제에서 중국의 역할이 중요하다고 기회가 있을 때마다 강조해왔다.

우리가 간과하고 있지만 중국은 한국전쟁 정전(휴전) 협정 당사자다. 또한 중국은 한반도 비핵화를 위한 실질적인 해법인 2005년 9·19 선언의 6자회담 당사국 중 하나다. 한반도 평화에 중국이 우리 정부와 이해관계가 일치하는 것은 물론 나름의 역할을 할 수 있는 일들이 분명히 있다. 특히 중국은 대만·일본 등으로의 핵 확산을 우려해 북한의 핵 개발에 반대하고 있고, 이는 러시아도 마찬가지다.

DJ는 제2차 세계대전 후 미국과 소련의 냉전 질서가 한반도의 분단과 남북한 사이의 대립에 어떤 영향을 주었는지 너무나 잘 알고 있었기에 21세기 초반 G1·G2 국가인 미국과 중국의 갈등이 동북아시아 평화에 위협이 되고 결과적으로 남북 문제에 악영향을 줄 수 있다고 퇴임 후에도 끊임없이 촉각을 곤두세웠다. 그러한 질서 속에서는 남북 관계 개선을 향한 우리의 역할이 축소되고, 우리 외교의 자주성도 현저하게 위축되기 때문이다.

　DJ는 1990년대 초반부터 미국 내에서 끊임없이 대두되는 '중국 위협론'에 대해 강력하게 문제를 제기했고, 미국은 물론 일본, 유럽 등에 중국, 북한과 같은 공산주의 국가도 변할 수 있다고 호소했다. 이것이 햇볕정책의 배경이다.

　그 당시 《월간조선》 인터뷰에서 DJ는 "서방 세계가 소련, 중국의 인권을 문제 삼았지만 접촉하지 않고 욕만 해서는 안 된다. 두 나라의 인권이 개선되지 않았다는 사실을 교훈으로 삼아야 한다. 공산권을 다룰 때는 이솝 이야기 속 태양처럼 해야지 북풍의 정책으로는 안 된다. 북한 인권 상황도 심각하다. 그러나 북한 주민의 인권을 개선하려면 접촉하고 뚫고 들어가야 한다"고 말했다. 1993년 DJ는 미국 컬럼비아대학교 강연과 질의응답에서 이러한 비유를 적극 활용했고, 1994년 9월 30일의 헤리티지 재단 초청 연설에서는 '강한 의지에 입각한 태양 정책'이라는 제목으로 미국의 태양 정책과 강풍 정책의 성공 및 실패 사례를 대조하면서 비로소 '햇볕정책'이라는 외교 정책을 본격화했다.

즉, 햇볕정책의 시작은 냉전 시대에 미국의 대공산주의 정책이 더욱 강경한 정책이 되지 않도록 자제시키고, 이에 상응하여 중국과 소련 등 공산주의 세력도 강대강으로 맞서지 않도록 상황을 관리하자는 정책이다. 그리고 궁극적으로는 이러한 상황 속에서 북한을 설득해서 교류, 협력하며 동시에 미국·소련·중국·일본의 협조를 통해서 이를 달성하겠다는 적극적인 4강 외교 전략이었다. 공산주의의 현실적인 힘을 무시할 수 없는 시대적 상황에서 냉전적인 질서에 순응하는 것이 아닌 철저한 국익 중심의 현실주의 외교 정책인 셈이다.

1965년 한일협정 당시, DJ가 야당과 많은 국민의 반대에도 불구하고 "협상의 불이익이 있어서는 안 되지만 국익을 위해서 반대하지 않는다"는 입장을 가졌던 이유도 동북아시아에서 팽창하던 공산주의를 견제하기 위해서는 미국·일본과 함께해야 한다는 시대 흐름을 읽었기 때문이다. 마찬가지로 1992년 노태우 정부가 북방 정책 일환으로 중국과의 수교에 찬성했던 이유도 공산주의 국가지만 부상하고 있는 중국의 현실적인 힘을 무시할 수 없다는 것을 잘 알았기 때문이다. 이처럼 외교는 국익을 위해서 냉정하게 현실의 파도를 넘는 것이다.

DJ는 미국 내 신보수주의자들, 이른바 네오콘의 대중국 강경 입장을 관리하기 위해서 끊임없이 설득했으며 동시에 클린턴 대통령과 미국 민주당도 설득했다. 그러나 바이든 정부도 이러한 대중국 강경 정책의 연장선에 있고, 최근 이러한 경향은 더욱 가속화·노골화되고 있다. 윤석열 대통령은 이러한 미국의 전략에 아무런 문제의식 없이 우리의 운명을 맡기고 있는 것은 아닌지 되돌아봐야 한다. 특히 미국이 동아시아에서 중국을 견제하고자 하는 소위 '아시아 NATO'를 만드는 데 윤석열 대통령이 앞장서고 있다는 비판까지 나오고 있는 사실을 직시해야 한다. 미국과 수교를 원하는 북한은 동시에 중국과 러시아 사이에서 등거리 외교를 한다. 따라서 우리의 4강 외교는 선택의 문제가 아니라 급변하는 국제 정치 질서에서 살아남기 위한 실존의 문제다. 연못 위의 오리가 한가롭게 헤엄치지만 물속의 두 발은 끊임없이 움직이는 것처럼 우리는 한미일, 북중러 블록을 부단하게 오가며 바쁘게 움직여야 한다. 그렇지 않으면 남북 관계는 냉전의 쇠창살에 갇히고 과거처럼 우리가 우리의 운명을 결정할 수 없는 상황에 직면할 수도 있다.

위험한 구상, 아시아 NATO

실제로 윤석열 대통령은 2023년 4월 26일 워싱턴에서 열린 한미정상회담 직전 로이터 통신과의 인터뷰에서 남북 관계와 관련하여 NATO(북대서양조약기구)를 언급한 바가 있다. 즉 "평화회담에는 문이 열려 있지만 정치적 목적의 보여주기식 정상회담은 없을 것"이라며 "강력한 핵 공격에 대한 대응 차원에서 NATO보다 더 강력한 조치를 마련해야 한다"고 말했다. 윤석열 대통령의 이러한 인식은 2023년 8월 18일 미국 캠프 데이비드에서 열린 한미일정상회담에서 극명하게 나타난다. 한미일 정상은 회담 후 '캠프 데이비드 정신'과 두 가지 결과 문건인 '캠프 데이비드 원칙', '3자 협의에 대한 공약'을 채택했다.

그 주요 내용은 "한미일 3국 협력을 역대 최고 수준으로 끌어올려서 정상회의를 비롯한 최고위급 회의 정례화, 외교·안보 현안 공동 대응, 정기 합동군사훈련과 미사일 방어 협력, 그리고 나아가 기술·경제 안보까지 망라한 전방위 3자 안보 협력을 강화"하는 것이다. '3자 협의에 대한 공약'에서는 북한의 핵·미사일 도발 등 역내외 공동 위협과 도전 상황 시 한미일 3국이 즉각적으로 공동 대응하고, 북한 미사일 경보 정보 실시간 공유 메커니즘을 연내 가동해 북한 탄도미사일 탐지하고 추적하는 등의 대응 능력을 강화하기로 했다. 또한 한미일의 3자 군사훈련을 연간 계획으로 정례화하고, 안보 협력의 범위를 "우주 안보"까지 확대하기로 했다.

일부에서는 이러한 회담 결과에 대해 미국이 동아시아에서 오랜 숙원 사업이었던 유럽의 NATO에 버금가는 동북아 안보 협력체를 구축한 것이라고 평가했다. 이러한 합의 사항에 의한다면 최악의 경우, 앞으로 대만 해협 문제 등에 대해서 우리가 한미일동맹이라는 명분으로 우리 의지와 무관하게 참여 및 관여하는 날이 오지 않으리라고 그 누구도 장담할 수도 없는 상황이다.

부차적인 문제이지만 나는 윤석열 정부가 한미일 3자 안보 협력체, 한미일 군사 훈련에 수반되는 각종 비용 등에 대해서는 어떻게 합의하고 처리하고 있는지 의문이다. 또한 내년도 미국 대선과 관련해 우리 정부가 대선 결과, 그리고 대선 이후 예상되는 미국의 한반도 정책 등에 대해서도 어떤 준비를 하고 있는지도 의문이다. 아무리 한미동맹을 강조하더라도 우리가 요구할 것은 요구하고 예상되는 다양한 결과에 미리미리 준비를 해야 한다.

햇볕정책과 당당한 외교

DJ의 햇볕정책이 곧 우리의 외교 정책이다. 햇볕정책은 4강에 둘러싸인 우리가 북한과 전쟁하려는 것이 아닌 이상, 현실적으로 취할 수 있는 유일한 대북 정책이며, 이를 지렛대 삼아서 거꾸로 4강에 한반도 평화를 위해 적극적으로 나서달라는 협조를 요청할 수 있는 적극적인 외교 정책이다.

남북 관계가 좋아야 경제도, 사회도, 그리고 외교도 잘 돌아간다. 북한 조명록 차수가 직접 미국을 방문하여 클린턴 대통령에게 직접 방북을 요청하고, 미국의 올브라이트 국무장관이 클린턴 대통령 방북 준비와 관련해 북한을 방문하기 전에 DJ를 만나서 모든 것을 상의하고, 이후 북한을 방문해서 김정일과 면담 후에도 다시 DJ와 협의하고, 일본 고이즈미 총리가 DJ의 주선 등으로 김정일과 회동하는 일이 지금 시기에는 상상이나 할 수 있는 일인가. 햇볕정책을 적극적으로 추진했기에 이 모든 일이 가능할 수 있었다.

DJ정부 남북 관계 황금기에 미국·중국·일본·러시아와의 4자 외교는 우리의 의지가 적극 반영된 생산적인 외교였다. DJ는 취임 후 1998년 6월 9일 미국에서 열린 한미정상회담에서 클린턴에게 30분 넘게 햇볕정책과 그 배경에 대해 열정적으로 설명했다. 당시 공보수석이었던 내가 들어도 미국이 거부할 수 없는 강력한 명분이 있었다. DJ는 "햇볕정책은 미국의 경험과 실패에서 배운 것"이라며, 역대 미국 정부의 소련·중국·베트남·쿠바 등 공산 국가에 대한 외교 성공 및 실패 사례를 설명하고 그 원인을 차분하게 제시했다.

즉 '소련에 대해서는 미국이 1970년 데탕트 정책을 추진해서 소련과의 관계가 개선되어 소련이 개혁 개방을 추진했고, 중국도 닉슨 대통령이 중국의 UN 가입을 유도하고 개방하면 도와주겠다고 하여 중국에 중산층이 생겨나고 시장경제가 도입되었다. 베트남도 미국이 국교를 수립하고 경제 원조를 하여 지금은 친미 국가가 되었고, 쿠바는 미국이 40년 동안 봉쇄했음에도 굴복시키지 못했지만 만약 쿠바와 국교를 수립하고 교류했으면 쿠바는 지금쯤 개방되었을 것'이라고 설명했다. DJ는 "공산주의는 문을 열면 망하고 닫으면 강력해진다. 북한도 마찬가지다. 공산주의를 대할 때 군사적 힘으로 다른 도발은 못 하게 하고 다른 한쪽으로는 개방하도록 유도해야 한다. 이렇게 대한민국의 햇볕정책은 미국의 대외정책을 통해 이미 검증을 마친 것"이라고 역설했다. 곁에 있는 내가 봐도 참으로 열정적이었고 논리 정연했다. 철저하게 현실주의자였던 DJ는 북한과의 대화는 강조하되 구걸하지 않아야 한다는 것을 잘 알고 있었다. 따라서 북한이 넘볼 수 없는 튼튼한 안보가 전제되어야 하고 이는 또한 미국이 바라는 바였다. 모든 이야기를 경청하던 클린턴 대통령이 드디어 입을 열었다. "이제 한반도 문제는 김 대통령께서 주도해주시기 바랍니다. 김 대통령이 핸들을 잡아 운전하고 나는 옆자리로 옮겨 보조적 역할을 하겠습니다." 그 유명한 한반도 운전자론이 탄생하게 된 일화다.

DJ가 햇볕정책을 미국 정부에 설명하고 설득했던 과정을 자세히 이야기하는 이유는 단순히 남북 관계 개선에 미국의 동의와 지지가 있어야 한다는 점을 말하기 위해서가 아니다. 우리의 운명이 주변국들에 의해 결정되지 않도록 미국의 말만 듣는 것이 아니라 미국을 우리의 관점에서 설득하는 일에 집중하고, 나머지 중국·러시아·일본 등과의 협의에도 집중해야 한다는 점을 말하고자 함이다. 그렇게 하기 위해서는 우선 미국과 철저하게 모든 정보를 공유하고, 공유된 정보 속에서 미국이 우리와 같은 판단을 내릴 수 있도록 끊임없이 설득하고 협력을 구해야 한다. 실제로 DJ는 재임 기간 내내 이를 제1의 외교적 태도로 견지했다.

2000년 4월, 역사적인 6·15 남북정상회담 개최 합의가 발표될 때 DJ는 임동원 외교안보수석을 대미·대일 특사로 보내 그간의 협상 과정을 소상하게 설명하도록 했고, 나에게는 보스워스 주한 대사를 찾아가 "자네, 숨소리까지 설명해주라"고 했다.

나는 미 대사관을 직접 방문해 모든 이야기를 설명했다. 그런데 나는 미 대사관 관계자에게 베이징 밀사, 특사 회담 등 북한과의 협상 과정 등에 대해 자세하게 설명하면서 와인을 마셨는데, 속된 말로 그날 미 대사관 문턱을 기어서 나온 것 외에는 아무것도 생각이 나질 않았다. 다음 날 결국 집에서 DJ의 전화를 받게 되었다. 아내가 건네주는 전화를 받고 "대통령님, 제가 어제 술을 너무 많이 마셔서 미국 측에 했던 이야기가 하나도 기억이 안 납니다. 죄송합니다"라고 말씀드렸다. DJ가 "이 사람! 무슨 술을 그렇게 마셔, 그 정도 마셨으면 다 잘된 거야"라고 말씀하셨다. 그 정도 마셨으면 분위기가 당연히 좋아서 마셨을 테고 미국으로서도 매우 만족했기 때문이라고 판단하신 것 같다. DJ는 그 정도로 미국과 모든 것을 공유했다.

2000년 6월 15일, 남북정상회담이 성공적으로 끝나고 서울에 돌아왔을 때도 DJ는 미국을 비롯한 주변국들과 남북정상회담에 대한 정보를 공유했다. DJ는 다음 날, 클린턴 대통령과 통화해서 남북정상회담의 주요 내용 등을 상세히 설명했고 향후 해야 할 일에 대해서도 의견을 나누었다. 3일 후 미국은 대북 제재 일부를 해제하였다. DJ는 그해 9월 열린 UN 밀레니엄 총회에서 장쩌민, 푸틴 등의 중국과 러시아 지도자들에게 남북정상회담에 대해 소상하게 다시 설명한 것은 물론, 러시아의 철의 실크로드 등에 관한 후속 계획 등을 설명하고 지지를 얻었다.

또한 DJ는 내가 8월 6일 언론사 사장단들과 함께 재방북할 때, 남북정상회담에서 김정일 위원장이 했던 발언, 즉 "통일 후에도 주한미군의 주둔을 찬성한다"는 발언에 대해 "이 사실은 매우 중요하니 다시 확인해오라"는 특명을 내렸다. 우리 정부와 북한과의 대화 상황을 야당도 알수 있도록 당시 이회창 한나라당 총재의 방북 초청도 성사시키라는 미션도 함께 주셨다. 나는 김정일 위원장과 세시간 반 동안 이야기를 하면서 "통일 후에도 주한 미군 주둔 찬성"은 김정은 위원장의 진정한 입장이라는 사실을 다시 한번 확인했다. 물론 서울에 돌아온 후 미국에 이러한 입장을 재차 전달했음은 주지의 사실이다.

이회창 당시 야당 총재의 방북 건도, 김정일 위원장은 처음에는 반대했지만 결국 설득해서 성사시켰다. DJ는 북한의 야당 총재 초청 방북 등 당시 논의 내용들을 문서로 정리해서 야당에 보내라고 했고, 당시 이 문서가 이회창 총재 측에 전달되었다. 그러나 이후 기자들이 북한의 야당 총재 초청 문제에 대해 물었을 때 이회창 총재는 이러한 사실을 부인했던 것으로 기억한다. 부질없는 생각이지만 만약 이회창 총재가 이러한 사실을 시인하고 방북했으면 대한민국 역사는 어떻게 되었을까 궁금하기도 하다.

　이야기가 잠시 옆으로 흘렀지만, 지금처럼 꽉 막힌 남북 관계를 개선하고 미국과 일본에 편중된 4강 외교를 바로잡을 수 있는 해법이 DJ의 햇볕정책이다. 햇볕정책은 DJ 한 개인이 하루아침에 만들어낸 정책이 아니다. 북한에게는 신뢰할 수 있는 시간을 주고 끊임없이 설득했던 인내의 과정을 거치고, 또한 주변 4대 강국들과는 치열하게 협의하여 마침내 성과를 입증한 역사적 산물이다. 윤석열 정부가 지금 햇볕정책을 계승한다고 천명하더라도 미국은 물론 일본·중국·러시아·북한이 이를 명시적으로 반대할 이유나 명분은 없다. 햇볕정책을 추진할 때 우리는 북한과 주변 4대 강국에 당당했고 할 말을 다 했다. DJ 불멸의 햇볕정책이 지금 우리가 가야 할 외교 정책이며, 남북 관계의 해법이다.

3. 외교에 대한 참을 수 없는 가벼움

대통령과 참모들의 외교에 대한 참을 수 없는 가벼움

윤석열 정부의 외교 파탄으로 국익은 실종되고, 미국과 일본과는 굴욕적인 관계, 북한·중국·러시아와는 강대강의 적대적 관계가 지속되고 있다. 국민이 어떠한 비판을 해도 일방적으로 퍼주기만 하는 한일 관계는 이미 기울어진 운동장이 되었다. 핵 폐기 오염수 방류 국가가 역으로 자신들에 대한 수산물 수입 금지 조치를 해제하라고 촉구하고 있다. 대통령실 국가안보실 1차장은 미국 정부의 대한민국 대통령실에 대한 사실상의 도청 의혹에 대해서도 '친구니까 괜찮다'는 식으로 퉁치고 넘어갔다. 주권 국가의 자존심도 팽개치고 아무런 외교 항의도 하지 않고, 재발 방지 대책도 요구한 적이 없다. 우리 기업들은 미국에 약 133조 원을 투자하고도 일본과 달리 반도체와 배터리의 규제 및 보조금 문제에서 뒤통수를 얻어맞았다. 2023년 11월, 미국에서 열린 APEC 정상회의에서 미국과 일본은 각각 중국과 정상회담을 했지만 우리는 그렇게 하지 못했다.

반면 중국·러시아, 특히 북한과의 관계 개선 문제에 대해서는 무모할 정도로 방치해서 관리할 수 없는 수준까지 악화되고 있다. 중국이 가장 민감하게 생각하는 대만 문제를 건드려 관계 악화를 자초하고, 우크라이나에 살상 무기를 지원할 수도 있다면서 러시아와의 관계도 위험에 빠뜨린다. 윤석열 정부가 이러한 외교적인 고립과 굴욕, 그리고 때로는 무모할 정도로 대담하게 한미일동맹을 강조하면서 논란을 야기한 데에는 대통령 자신, 그리고 참모와 관료들의 외교에 대한 참을 수 없이 가벼운 처신과 태도에서도 기인한다고 생각한다.

한미정상회담 일정 중 발생한 그 유명한 '바이든 날리면' 사건은 우발적이지만 외교에서 이러한 문제가 언제든 다시 발생할 가능성이 농후해 걱정이 크다. "바이든 날리면, XX", "아랍에미리트의 적은 이란" 등의 말은 외교를 너무 가볍게 생각하는 윤석열 대통령과 참모들의 단면을 보여준다. 참모들은 대통령에게 대국민 사과를 건의하거나 잘못을 직언하지 않고 "날리면" 발언을 왜곡하고, 집권 여당 의원들과 정부 관료들도 벌떼처럼 나서서 "이렇게 들린다, 저렇게 들린다"고 해명하는 참으로 부끄러운 일이 벌어지고 있는데, 이런 상황에서 외교를 말하는 건 너무 고상한 일이라는 생각이 들 정도다.

일례로 2023년 9월 19일, 윤석열 대통령은 부산 엑스포 유치 홍보 및 UN 총회 참석을 위해서 미국을 방문했다. 출국일에 대통령실 관계자는 "한 달 내 가장 많은 정상회담을 연 대통령으로 기네스북 등재를 신청해볼 생각"이라고 밝혔다. 윤석열 대통령은 국무회의에서 취임 후 1년 4개월 동안 전 세계를 돌면서 50여 개국 정상들과 양자회담을 했다는 사실을 외교적 성과로 보고한 바 있는데 아마 이러한 발언에 참모들이 영감을 얻어 언론인들 앞에서 미국으로 출국하기 전 이러한 발언을 한 것인지도 모르겠다.

그러나 기네스북에 등재되려고 정상들을 만나는 것이 아니다. 1964년 DJ가 필리버스터를 한 것은 동료 의원 구속 동의안을 막기 위해서였지, 기네스북 기록을 세우려고 한 것이 아니었다. 기네스북 등재감으로 치면 취임 후 전직 대통령도, 야당 대표도 만나지 않은 것으로 올라야 할 것이다. 이처럼 외교에 대한 대통령실 참모들의 발상 자체도 유치하거니와 이러한 모습은 대통령과 정부가 왜, 어떤 목적으로 해외에 나가는지를 국민에게 설명하려는 준비가 하나도 되어 있지 않은 태도다. 우리의 명운이 걸린 외교에 대한 참을 수 없이 가벼운 태도다.

　김건희 여사 관련 문제도 있다. 나는 윤석열 대통령 내외가 나토 정상회의 참석차 유럽 등을 순방했을 때, 리투아니아 명품 매장을 방문했다는 현지 언론 보도를 보고 잘못된 뉴스라고 믿고 싶었다. 전쟁 인접국이고 길바닥에 일반인의 통행을 막은 경호원들이 다 깔려 있는데, 설마 저곳에 대한민국의 퍼스트레이디가 갔을까 의아해했다. 현지 언론에 의하면 김건희 여사가 수행원 등 약 10여 명을 데리고 명품 매장 여러 곳을 둘러보았다는 것이었다. 어이없는 일이 벌어졌지만 더 어이없는 상황은 그 이후에 벌어졌다. 김건희 여사의 사과는 당연히 없었으며, 대통령실 관계자는 "명품 매장을 방문한 것은 맞지만 물건은 사지 않았다. 가게 측이 영부인이 지나가는 것을 보았고, 영부인이 가게를 방문할 수 있도록 친절하게 초대했다"고 했다. 가게에서 퍼스트레이디 경호원들을 뚫고 호객 행위를 했다는 것 외에는 달리 해석할 수가 없는 해명이다. 이처럼 어이없는 해명이 국민적 분노를 사자 급기야 "문화 외교, 문화 탐방의 일환이었다"는 해명까지 나왔다.

　나는 전쟁 인접국에 공식 순방 중인 퍼스트레이디가 경호원을 대동하고 해당 국가의 유명한 명품 매장을 보란 듯이 쇼핑한다는 것을 상상할 수도 없지만, 함께한 수행원과 경호원들은 도대체 무엇을 하는 이들인지 지금도 이해할 수가 없다. 그렇기 때문에 지금 윤석열 대통령과 윤석열 정부는 외교를 이벤트, '대통령 놀이'로 취급하는 것이 아니냐고 국민이 의심하는 것이다.

외교는 의전이 생명이다. 컴퓨터처럼 한 치의 오차도 없이 정해진 약속, 프로토콜이다. 의전에 모든 메시지가 담겨 있다. 각국 정상의 발언·행동·동선·의상 하나하나에 외교 상대국, 그리고 각국 정상이 국내외적으로 보내고자 하는 의도된 메시지가 담겨 있다. 그럼에도 불구하고 윤석열 정부가 그렇게 중시하는 "가치 외교"라는 핵심 키워드를 국민에게 설명하는 태도와 방식을 보면 이러한 외교의 기본과는 거리가 멀어도 한참 멀다.

2023년 9월 6일, 아세안+3, 즉 동남아국가연합과 한중일 정상회의장에서 윤석열 대통령은 일본의 기시다 총리와 중국 리창 총리 사이에서 "한국, 일본, 중국, 3국의 협력이 활성화돼야 한다, 그게 아세안+3 협력의 새 도약을 위한 발판이 될 것이다"라고 했다. 그런데 언론과 국민은 윤석열 대통령의 한중일 호명 순서에서 '한중일이 아니고 한일중인 이유'를 궁금해했다. 일본과 과거사 문제가 얽혀 있는 우리에겐 '한중일'이라는 명칭이 더 익숙하기 때문이다. 다만 1999년 아세안+3을 계기로 매년 개최되는 3국 정상회담이 2008년부터는 세 나라가 돌아가며 의장국을 맡기 때문에 2010년 제주회담에서부터는 3국을 호칭할 때 자국, 의장국을 맡는 순으로 부르는 것이 관례가 되어 '한일중'이라는 표현을 사용하기도 한다. 박근혜 정부와 문재인 정부 때도 이 회의에서 이러한 순서에 입각해서 '한일중'이라는 표현을 사용했다.

그런데 이날 대통령의 발언은 이러한 3국 정상회의를 칭한 것이 아니고, 동북아시아에서의 3국의 협력을 호소하는 것이기 때문에 작심하고 한일중으로 대한민국 대통령이 공식 회의에서 명명한 최초 사례로 봐야 한다. 정부 관계자는 "이 정부 들어 가치와 자유 연대를 기초로 미국, 일본과 긴밀한 기술·정보·안보 협력이 이뤄지고 있다, 그런 맥락에서 정부는 미북회담, 일중 관계로 부른다"고 설명하여 윤석열 대통령이 의식적으로 한일중이라는 단어를 선택했음을 시사했다. 이미 문헌상에서는 2023년 6월 정부 외교·안보 비전과 기조를 총망라한 문서인 '국가안보전략'에 동일한 표현을 사용했다.

당시 이에 대한 언론 문의에 대해 대통령실 고위 관계자는 "윤석열 정부는 법치와 헌법, 자유 등 가치 지향점에서 더 가까운 나라를 먼저 배치했다"고 설명한 바가 있다. 아무런 실익도 없는 설명이고 순서가 뒤바뀐 중국과 러시아는 부글부글 끓을 것이다. "가치 외교"가 이 정부에서 그렇게 중요한 외교 철학과 원칙이라면, 그리고 "가치 외교"라는 개념이 몇몇 사람의 머리에서 어느 날 갑자기 뚝딱 나온 것이 아니라면, 국민과 언론이 묻기 전에 공개적으로 이러한 변경 과정을 성실하게 설명했어야 한다. 국내외적으로 당당하게 설명하고 명확하게 짚고 넘어가야 할 사안을 언론이 물을 때만 그때그때 임시방편으로 답변해서는 안 된다.

DJ는 젊은이들에게는 "외교를 하는 국민, 세계인이 되어야 한다"면서 "외국인 친구를 사귀는 것도 외교"라며 DJ 자신도 외교에 공을 들였고 외국에 나가서도 용어 하나하나를 사용할 때 형식과 파장을 고려해서 발언했다. 심지어 자신이 평생에 걸쳐서 다듬고 그래서 널리 알려진 '햇볕정책'이라는 용어를 사용하는 경우에도 신중을 기했다.

내 기억으로는 1998년 4월, 아시아유럽정상회의(ASEM) 회의차 의장국인 영국을 방문했을 당시 대통령 신분으로서 공식 연설에서 처음으로 햇볕정책이라는 용어를 사용했는데, 불과 한 달 보름 전에 있었던 취임식에서는 대북 3대 원칙만 언급했을 뿐 북한을 자극할 수도 있고 다소 비공식적으로 들릴 수 있는 햇볕정책이라는 말은 연설문에 담지 않았다. 또한 DJ는 외국에서 하는 중요한 행사의 연설은 꼭 영어로 준비했다. 영어 연설은 한국어 연설 준비 과정에 몇 가지 과정이 추가된다. 연설의 기본이 되는 메모를 만들고, 이 메모를 바탕으로 한글 원고를 작성하고, 한글 원고를 다시 영어로 번역해서 영어 원고를 작성한다. 우리말과 영어의 뉘앙스 차이를 메우는 이 과정이 너무나 어렵고 지난해서 심지어 연설문을 담당하는 비서는 미국 현지에 가서 공식 행사 직전까지 연설문을 수정하기도 했다. 영어 원고가 완성되면 DJ는 이를 외우다시피 완전히 숙지한다. 그러나 여기서 끝이 아니다. 이렇게 완성된 영어 원고는 영어 발음이 훌륭한 참모가 녹음을 하는데, DJ는 이 녹음 연설을 듣고 또 들었다. 이미 원고 내용을 다 숙지하고 영어로 암기하다시피 했지만 원어민 특유의 억양, 고저, 장단 등을 넣어 자신만의 영어로 비로소 강연을 했다. DJ는 이렇게 외교와 관련된 모든 것 하나하나에 혼을 바쳤다. 유독 추위를 많이 타는 대통령이었지만 정상회담 등의 공식 석상에서는 상대방을 배려하여 몇 시간씩 냉방기를 틀어도 전혀 내색하지 않았고 참모들에게도 불평 한번 하지 않았다. 국민의 명줄이 걸린 외교의 진중함, 국익을 둘러싼 냉정한 국제사회의 현실을 너무나 잘 알고 있었던 DJ에게는 자신의 기호나 호불호는 너무나 하찮은 일이었기 때문이다.

4강에 할 말 없는 대통령

윤석열 대통령과 참모들은 '왜 자신이 외국에 나가는지, 나가서는 무엇을 어떻게 해야 하는지'에 대해 제발 진지하게 자문자답해야 한다. 대한민국과 국민의 명줄이 대통령의 외교에 달려 있다. 외교에 진중하게 접근하지 않으면 모든 것을 잃는다. 대통령의 체면이 손상되는 것을 넘어 대한민국 국격이 손상되고, 나아가 평화도, 경제도 다 끝장날 수 있다.

나는 지금이라도 윤석열 대통령과 현 정부, 특히 외교 당국이 정상 외교의 허울 좋은 껍데기를 벗어던지고 남북 관계가 개선되면, 북한 그리고 한반도 주변의 4대 강국이 얻을 수 있는 구체적인 이익이 무엇인지를 잘 정리해서 이를 바탕으로 주변 4대 강국을 논리적으로 설득해야 한다고 충고한다.

세계 유일의 분단국가인 대한민국의 평화가 동북아시아의 평화이며, 나아가 아시아와 세계의 평화라는 기본적인 실익을 4대 주변국에 설명해야 한다. 특히 당장 실질적 위협인 북핵 문제에 대해서 4대 강국이 가지고 있는 공통분모도 있지 않은가. 이러한 대전제를 바탕으로 만약 남북 관계가 개선되고 한반도에 평화가 오면 무엇이 득이 되는

지, 반대 경우가 생기면 무엇이 실이 되는지를 주변 국가들에 확실하게 보여주어야 하는 것이다. 예를 들어 러시아의 철의 실크로드, 천연가스 사업, 일본의 납북자 문제 해결, 미국과 중국 갈등 해소 등, 우리가 남북 관계 개선을 통해서 주변 4대 강국들을 유인할 수 있는 정책적인 아젠다는 매우 많다. 지금이라도 미국 바이든(필요하다면 트럼프까지), 시진핑, 푸틴, 기시다에게 할 이야기를 준비해야 한다.

DJ는 내가 6·15 남북정상회담 밀사(당시 남북 최초 접촉은 공식적인 것이 아니어서 서로 공개하지 않기로 했기 때문에 밀사가 맞다)로 북한 송호경 밀사를 처음 만났을 때 "북한과 당당하게 대화해라", 그리고 무엇보다도 "북한에 대화하면 무엇이 이익이고 대화하지 않으면 무엇이 손해인지, 아주 구체적으로 설명하라"고 했다. 마찬가지로 지금 이 순간, 남북 관계가 개선되면 얻게 될 북한의 이익, 주변국들의 이익을 잘 정리한 우리의 제안서, 메시지를 준비해야 한다.

나는 과거 트럼프 대통령과 김정은 위원장의 정상회담이 부침을 거듭할 때 "과거에 북한은 살기 위해 핵을 개발했지만, 이제는 살기 위해서 핵을 포기해야 한다"라고 공개적으로 수없이 이야기했다. 실제로 미국 랜드연구소 등에 의하면 단거리 탄도미사일 한 발의 가격은 약 38억 원, 중거리 탄도미사일은 125억 원, 대륙간탄도미사일은 250억 원에서 300억 원으로 추정되는데, 미국 전략문제연구소(CSIS)에 의하면 김정은 집권 기간(2011년~현재) 동안 미사일 도발 횟수는 총 160회를 넘는다고 하니 엄청난 비용을 쓰고 있는 셈이다. 북미 관계만 개선된다면 북한도 이렇게 엄청난 비용을 낭비할 필요가 없고, 우리를 포함한 미국 및 국제사회도 그만큼 북한을 지원하는 부분에서 추가 비용을 절감할 수 있다는 점을 상기시키고자 하는 뜻이었다.

또한 나는 과거 DJ가 "미국이 중국과 대화할 때는 유교 국가로서 동양의 체면을 강조해야 한다"고 조언했던 것처럼 트럼프 대통령에게 "북한의 체면을 챙겨야 한다"고 이야기했는데, 이 역시 어떻게든 북미회담이 성사 및 성공되기를 바라는 마음에서 계속 조언한 것이었다. 물론 당시 문재인 대통령도 중재자 역할을 자처했고, 두 번의 남북정상회담으로 북한의 핵미사일 도발을 유예하는 등 북미정상회담 성공을 지원했다. 이후 나는 "한반도 비핵화는 문재인·김정은·트럼프 이 세 사람의 삼박자가 맞아야 달성될 수 있다"고 이야기하며 문재인 대통령의 중재자 역할을 지원하고 남북미 정상에게도 힘을 실었다. 특히 당시 백악관 안보보좌관 볼턴에 경도된 트럼프 대통령이 북한과의 하노이 협상에서 행동 대 행동의 원칙이 아니라 종이 한 장에 달랑 말로만 합의서를 써줄 것을 우려해 미국이 북한을 유인할 실질적인 조치를 해야 한다고 압박하기 위해서였다.

이렇듯 남북 관계는 우리에게 개선하려는 의지만 있다면 얼마든지 미국은 물론 중국·러시아·일본에 할 말이 생기고 우리가 말한 만큼 우리의 외교적 공간이 생긴다. 윤석열 대통령은 지금은 비록 요원한 것처럼 보이지만 남북 관계를 개선하려는 우리의 노력이 남북 관계 개선은 물론 4강 외교 복원으로 이어진다는 사실을 직시하고 지금이라도 대내외적으로 전할 진중하고 일관된 메시지들을 준비해야 할 것이다.

8부 지금 DJ라면

1. 윤석열 대통령을 위한 제언

성공한 DJ의 길을 가야 한다

내 경험으로 볼 때 청와대 대통령실은 구중궁궐이다. 즉 청와대에서 6개월만 있으면 대통령도, 참모들도 세상 물정 모르는 사람이 되기 십상이다. 그래서 나는 과거 대통령 참모들에게 기회가 있을 때마다 대통령의 일과 후 관리가 매우 중요하다고 이야기했다. 구중궁궐에 있더라도 대통령에게 민심을 전달하고 한편으로는 대통령의 심기와 안위를 살피면서 청와대 외부 사람들을 더욱 자주 만나게 해드려야 한다고 조언했다.

DJ도 이러한 사실을 잘 알고 있었는데, 그의 대통령 수칙 제9항에 "청와대 이외의 일반 시민과의 접촉에 힘써야"라는 다짐이 쓰여 있다. DJ는 퇴근 후 9시·10시 뉴스를 보고받고 수시로 외부인들의 의견을 경청했는데, 특히 고 김

수환 추기경, 고 강원룡 목사, 고 박권상 KBS 사장 이 세 분을 비롯해 수많은 일반 시민과 수시로 접촉했다.

문고리 권력이라는 말처럼 청와대라는 곳은 대통령이 만나고 싶은 사람이 있어도 측근이 이런저런 핑계를 대며 만남이나 전화 통화를 연결해주지 않으면 만날 길이 없는 곳이다. 그래서 대통령과 아무리 가까운 사람이라도 금세 눈 밖에 날 수 있는 폐쇄적인 곳이다. 대통령과 참모들에게 직언을 하고 고언을 전하려는 사람들을 만난다는 것은 얼마나 더 어렵겠는가. 나는 "박지원을 잘라야 DJ가 성공한다"고 DJ 면전에서 계속 직언하던 이들도 DJ와 국민의 정부 성공을 위해 조찬, 오찬, 만찬 등 때를 가릴 것 없이 DJ를 만나게 해드렸다. 물론 나중에 나에 대해 심한 말씀을 하던 분들도 이러한 진심을 이해하고 오해를 풀었다.

용산 대통령실도 마찬가지다. 윤석열 대통령이 국민과 소통하기 위해 용산으로 집무실을 옮겼다고 하지만 외부의 목소리를 더 들어야 한다. 특히 지금은 도어스테핑도 중단되었고, 언론과의 기자간담회나 국민과의 대화도 없고, 대통령실 참모들은 상명하복의 측근 검사 출신이 대부분이기 때문에 외부 목소리를 들을 기회가 매우 적다.

윤석열 대통령은 제발 국민과 언론의 충고를 새겨들어야 한다. 세계 각국은 미래로, 우주로 가고 있는데 대한민국만 윤석열 대통령이 만든 19세기·20세기 이념 논쟁, 가짜뉴스와의 전쟁에 갇혀 있다. 윤석열 대통령은 국민을 이념으로 갈라치기하고, 집권 여당을 백해무익한 이념 전쟁의 싸움꾼으로 징발하지 말아야 한다.

또한 대한민국은 대통령이 걱정하는 것처럼 가짜뉴스 천국이 아니다. 가짜뉴스가 있다면 대통령과 정부가 공격하고 대응할 것이 아니라, 언론 관련 기구를 통해 보도 내용 등에 대해 중재하고 정해진 절차에 따라 대응하면 된다.

변화된 정치 현실도 직시해야 한다. 야당 대표는 구속되지 않았고 아직 사법부의 최종 판단도 받지 않았다. 국회 제1당, 더불어민주당 이재명 대표 체제는 내년 총선까지도 계속될 것이다. 반면 윤석열 정부에 대한 국민의 평가는 점점 냉정해지고 있다. 대통령의 국정 수행 지지율 또한 30% 초중반에 1년 반 동안 정체되어 있고, 부정 평가도 60% 내외로, 정권에 대한 국민의 반감이 매우 크다. 대통령과 참모들은 '지지율에 일희일비하지 않겠다'는 입장이겠지만 국민과 언론은 지지율을 보고 대통령과 정권을 평가한다.

나라 밖으로 보면 내년에는 미국 대통령 선거가 있다. 미국 대선 결과에 따라서 미국의 외교 정책이 요동칠 수 있고, 당장 바이든 정부가 대선을 앞두고 어떠한 한반도·

대북 정책을 펼칠지도 예의주시해야 한다.

판문점을 견학하다 월북한 미군 트래비스 킹 이병이 추방 형식으로 중국을 경유해, 현지 시각 9월 28일 새벽에 미국으로 71일 만에 무사히 돌아왔다. 나는 북한의 과거 행태를 볼 때 이러한 북한의 조치는 매우 이례적인 조기 송환 조치이며, 특히 석방 과정에서 미국 고위 관계자의 북한 방문도 없었다는 점에서 북미 간에 어떤 형태로든 물밑 접촉이 있었거나 또는 중국·일본 등 제3자 중재를 통한 간접적인 대화가 있었을 가능성을 조심스럽게 추측하고 있다. 일본 내 보도에 의하면 금년 3월, 5월 두 차례 북한과 대화를 위해 접촉을 시도했다고 한다. 북한 역시 내년 미국 선거를 주시하며 자신들의 외교 전략을 펼칠 것이다. 이러한 때에 우리만 북한과 강대강 전략으로 일관한다면 내가 일찍이 우려했던 대한민국 패싱 상황이 미국·중국·일본·북한에 의해 벌어질 수 있다.

미국 대통령 선거에서 바이든과 트럼프가 다시 격돌할 수 있고, 물론 다른 후보들이 나올 수도 있겠지만 누가 당선되어도 그들 모두 대한민국 대통령이 아니라 미국 대통령이다. 익히 잘 알고 있듯이 미국에서, 특히 선거 시기에는 대한민국의 외교·안보 문제는 항상 우선순위에서 밀린다. 바이든 대통령이 전미자동차노동조합 집회에 참가해

4년 동안 40%의 임금 인상을 주장하는 노조에 적극적으로 찬성한다고 밝혔던 것처럼 결국 미국 대선은 미국인 표가 가장 많이 모이는 이슈와 이해관계에 집중한다. 내년도 미국 대선에서는 트럼프 이후 더욱 강화된 America First, 즉 미국의 이익과 미국인의 권리를 최우선으로 보호하는 인물이 대통령으로 뽑힐 것이다. 미국 대선 국면에서 우리의 경제 현안과 남북 관계 등 한반도 이슈를 얼마나 중요한 의제로 올려놓을 수 있는가도 향후 외교의 주요 과제로 부각될 것이다. 특히 G1·G2 국가인 미국과 중국이 평화 경쟁을 하는 것이 아니라 군비 경쟁·무역 전쟁만 하고 있기 때문에 국제사회의 긴장도가 그 어느 때보다도 높아지고 있는데 우리만 공허한 "가치 외교"를 외치면서 어느 한쪽, 즉 한미일동맹에 올인하는 것이 과연 현명한지도 다시 생각해봐야 할 때다.

이러한 국내외 상황을 직시하지 않고 윤석열 대통령과 현 정부가 국정운영의 기조를 전면 쇄신하지 않는다면 대한민국은 순식간에 추락할 수도 있다. 수십 년의 투쟁으로 쟁취한 민주주의가 mb·윤석열 정부 들어서 한순간에 무너진 것처럼 대한민국의 국격과 안보, 국제사회에서의 위상이 추락하는 것도 한순간이다. 윤석열 정부가 대비할 시간이 얼마 남지 않았다. IMF 외환 위기처럼 앞으로 몇십 년

간 국민은 고통 속에서 살고, 기업들은 망하고, 남북 관계
는 파탄나고, 외교는 4대 강국 손에 이끌려갈 수도 있다.

내가 너무 비관적으로만 이야기하는 것이 절대 아니다.
비상한 위기 상황임에도 비상한 해법이 보이지 않기 때문
이다. 윤석열 대통령과 정부는 자신이 초래한 이 4대 위기
를 극복할 비상한 해법을 내놓아야 한다. 그리고 민주당은
야당으로서 대통령과 정부가 정신을 번쩍 차리도록 강하
게 질책하고 강력하게 투쟁해야 한다. 윤석열 대통령도,
민주당도 성공한 DJ의 길을 가야 한다. 그 길에서 선의의
경쟁을 해야 대한민국이 다시 살아날 수 있다.

지금 DJ라면 윤석열 대통령에게

첫째, 대통령이 민주주의 위기, 서민 민생경제 위기, 남북
관계 위기, 외교의 위기, 이 4대 위기가 대통령 자신에게서
비롯된 위기라는 점을 인정해야 한다. 위기는 위기를 위기
로 인정할 때만 극복할 수 있다. 이와 관련해 직언을 들어야
하고 참모들도 직언해야 한다. 그렇게 할 수 없다면 외부인
들과의 소통을 강화해서 싫은 소리를 청해 들어야 한다.
나는 청와대 근무 시절에 언론인들이나 외부인들을 만나
서 국정운영에 대한 조언을 듣다가도 DJ와 정부에 대한

신랄한 비판을 들으면 이를 가감 없이 DJ에게 전했다. 차마 전달할 수 없을 정도의 심한 말들은 A4 용지 한 장에 따로 적어두었다가 다른 보고가 끝나면 맨 마지막에 "대통령님, 이것 한번 읽어보십시오" 하면서 전달해드리고 먼저 자리를 훌쩍 떠나기도 했다. 그러면 대통령 집무실을 떠난 지 얼마 되지 않아서 DJ로부터 전화가 와서 "자네는 왜 이런 것을 가지고 들어오느냐"고 크게 역정을 내셨다. 그러나 불과 몇 분 후 DJ는 다시 들어오라고 해서, "자네라도 이런 비판을 전해야지, 누가 하겠는가. 앞으로도 계속해서 보고해달라"고 지시하셨다.

지도자는 비판에 민감해야 하고 비판받는 것을 두려워해서는 안 된다. 나는 통 큰 윤석열 대통령이 자신에 대한 비판, 특히 언론과 야당, 그리고 국민의 비판을 인정하고 이에 대해 피드백을 해주는 것이 성공하는 지름길이라고 생각한다. 국무회의에서의 일방적인 전달이 아니라 기자회견, 국민과의 대화 등 다양한 방법이 있을 것이다. 문제는 진솔하게 비판에 답변해주어야 한다는 것이다. 당장 지금의 4대 위기에 대한 대통령의 입장을 국민은 듣고 싶을 것이다.

둘째, 대통령은 지난 1년 반 동안의 국정운영 실패를 책임지고 전면 쇄신해야 한다. 우선 국무총리를 비롯한 내각은 물론 대통령 주변 검찰 출신 핵심 측근들을 전원 교체해야 한다. 1년 반 동안 대통령의 직무에 대해서는 이미 국민의 평가가 끝났고, 공직 사회에서도 대통령의 령이 서지 않은 경우가 많아지고 있다.

최우선으로 해야 할 일은 검찰공화국을 해체하고 시스템을 바로잡는 것이다. 검찰 출신 측근들이 검사를 추천하고 또 다른 검찰 출신 측근들이 인사를 검증해서 검찰이 국정운영 요직에 앉아 국정을 집행하는 검찰공화국 인사 시스템을 바꿔야 한다. 그리고 검찰 출신 핵심 측근들이 정책 아젠다를 제시하고 이들 또는 이들에 의해 임명된 측근들이 대통령의 국정운영 철학을 설파하고 집행하는 검찰공화국의 국정운영 시스템도 중단해야 한다. 이러한 조치들은 인사와 국정운영의 난맥상을 바로잡기 위한 가장 기본적인 조치이기도 하지만 동시에 검찰을 바로 세우는 길이기도 하다. 특히 지금처럼 검찰 출신 측근들이 대통령실과 정부 요직에 포진하고 있는 한 전 정권과 야당 대표 및 야당에 대한 수사가 아무리 공정하게 진행되고 있다고 강변해도 앞으로 수긍할 국민이 점점 적어질 수밖에 없다는 점에서도 이는 가장 필수적인 조치다.

이와 관련해서 앞서 얘기했던 것처럼, 대통령실에 배치된 검찰 출신 측근들이나 한동훈 법무부 장관 등 정부의 요직에 있는 검찰 출신들이 대통령 곁을 떠나 내년 총선에 출마해 국민의 심판을 받는 것도 하나의 방법이 될 수 있다. 즉 지금까지 국정운영을 주도해온 사람으로서 국민의 평가를 받는 것이 책임 정치에도 맞거니와 또한 이들 검찰 출신 측근들이 국회에 진출해 여의도의 여론, 국민의 여론을 적극적으로 대통령에게 전달하는 등 정치인으로서 윤석열 대통령을 정무적으로 보좌하는 것이 지금과 같은 검사동일체, 상명하복의 국정운영보다는 조금 더 나은 상황을 만들 수 있다고 생각한다.

대통령도 측근들을 놓아주고 대신 그 자리를 새 사람으로 채워야 한다. 탕평 인사까지는 바라지 않아도 적어도 정치와 행정을 아는 사람, 윤석열 정부가 설정한 국정 과제를 뒷받침할 전문가, 그리고 여성과 지역을 안배해 그 자리를 채워야 한다. 국민 통합을 저해하는 극우 유튜버나 극우 성향 출신들을 배격해야 하는 것도 당연하다. 윤석열 대통령실에는 민정수석실이 없다. '민정'은 '국민의 사정이나 형편을 살핀다'는 뜻인데, 결국 국정운영의 시작인 인사에 관한 민심을 살피는 것으로 요약할 수 있다. 엄격하게 따지면 인사 추천은 대통령실이 하지만 추천된 인사의 검증을 담당하는 기능이 현 대통령실에는 없다. 추천은 대통령실, 검증은 법무부에서 한다면 실패한 인사에 대해서는 누구에게 책임을 물어야 하는가. 국회의 청문 보고서 채택 없이 대통령이 일방적으로 임명한 스무 명의 장관(급) 인사 참사 및 망사는 누가 책임져야 하는가. 인사를 추천한 인사기획관이나 인사비서관에게 책임을 물어야 하는가. 아니면 인사검증단을 관장하는 국무위원인 법무부 장관이 매번 책임을 져야 하는가.

민주주의의 원리로 볼 때 인사권자인 대통령이 책임지는 것이 당연하지만 윤석열 정부 검찰공화국은 가장 기본적인 인사 시스템에서도 책임질 사람이 없는 구멍을 만들어놓은 셈이다. 나는 이 점에서도 한동훈 법무부 장관이 물러나고 인사 검증 기능과 시스템을 어떤 방식으로든 다시 정비하는 것이 맞다고 판단한다.

셋째, 윤석열 대통령은 이재명 야당 대표를 국정운영의 파트너로 인정해야 한다. 좋건 싫건 이재명 대표가 대한민국 제1당의 대표, 야당 대표이다. 이것이 현실이다. 의회 소수 권력인 대통령이 국회, 야당을 인정하지 않으면 아무것도 할 수가 없다. 정치는 죽고, 통치만 남게 된다. 대통령이 이재명 야당 대표를 인정하지 않기 때문에 국민의힘도 이재명 대표를 인정하지 않으며, 그렇게 해서 지금 국회가 죽게 된 것이다. 국회의 행정부에 대한 견제 감시 기능이 죽게 되면 시행령 등을 통한 행정부 독재가 가속화한다고 지적한 바 있다. 대통령이 이재명 대표와 회동하는 것만으로도 국민에게 화합과 통합의 메시지를 줄 수 있다. 국민의힘도 야당과 대화를 해서 국회가 살아나고 조금은 더 생산적인 정치를 할 수 있을 것이다. 협치를 약속했던 대통령이 이제 야당 대표를 만나야 한다. 국민은 대통령이 야당 대표 등 지도부와 만나는 모습으로부터 국정운영의 안정감을 느끼게 되고, 부수적으로도 야당 대표에 대한 검찰의 수사가 공정하게 진행되리라고 믿게 될 것이며, 또한 대통령의 친인척과 관련된 수사도 공정하게 진행될 것이라고 믿을 수 있고, 또 실제로 그렇게 될 것이다.

넷째, 서민 민생경제 위기에 대통령과 참모들이 더욱 관심을 가져야 한다. 물론 대통령이 경제에 대해 잘 알아야 하고 모른다면 공부를 해야 하지만 현실적으로 대통령이 경제의 모든 사안을 알 수는 없다. 참모와 경제 전문가들의 도움을 받아야 한다. 그렇게 하려면 대통령 자신이 솔선수범하고 실사구시해야 한다. 이념과 가짜뉴스에 대통령의 모든 관심이 쏠려 있다면 참모들 누구도, 정책 전문가 누구도 대통령에게 경제 정책과 관련된 좋은 구상과 의제를 보고하거나 제시하지 않게 된다.

또한 대통령은 실물 경제인들과 지속적으로 대화해야 한다. 그들이 고민하고 또 요구하는 문제에 대해서 허심탄회하게 들을 때 대한민국 신성장 동력은 발굴될 것이다. DJ 이후 대한민국 정부가 앞으로 30년, 40년 미래 먹거리를 제시하지 못하고 있다는 점을 심각하게 받아들여야 한다. 아울러 전 정부가 잘못에 대해 책임질 일이 있다면 엄정한 사법적 잣대로 책임을 물어야 하지만 국내외 경제 현실을 무시한 광범위한 사정은 결국 경제의 발목을 잡을 수 있다.

다섯째, 남북 관계와 외교에서 햇볕정책을 적극적으로 계승, 활용해야 한다. 우리 민족의 문제를 우리가 결정할 수 없고, 주변 4대 강국 사이에서 아무것도 할 수 없다면 평화도, 경제도 다 잃게 된다. 북한 붕괴론 같은 환상을 철 석같이 믿으면서 북한을 상대할 수는 없으며, 주변 4대 강 국에 그 어떤 건설적인 제안도 할 수 없다.

또한 선제 타격론과 같은 군 합참의장의 최후 메시지를 대통령이 공공연하게 말하거나 이러한 분위기를 조성하 는 것도 남북 관계에 하등 도움되지 않는다. 북한은 과거 우리가 독재정권 시절일 때의 북한이 아니고, 김대중·노 무현·문재인 정부 때의 북한도, mb·박근혜 정부 때의 북 한도 아니다. 판에 박히고 변화되지 않은 대북 정책으로 북한을 국제사회로 유인할 수 없고, 북한에게 "국제사회의 책임 있는 일원이 되라"고 아무리 촉구해봐야 별반 소득 이 없다. 북한이 국제 제재를 지키고 핵과 미사일을 향한 집착을 버릴 때 어떤 이익을 얻을 수 있을지를 4대 강국과 충분히 협의하고 상의해서 가장 현실적인 제안을 북한에 공개적으로 제시해야 한다.

특히 향후 미국 대선 정국에 의해 변화될 미국의 대북·외교 정책에 대해 국가정보원 등의 정보기관은 물론 외교부·통일부·국방부 등의 외교 안보 당국을 총동원해 준비해야 한다. 다가오는 외교의 시간에 한반도 운전자론의 마지막 불씨라도 살려야 한다. 무엇보다도 대통령이 강조하고 있는 "가치 외교"에 너무 집착한 나머지 우리가 중국과 관계 개선을 통해 얻을 수 있는 실리를 놓쳐서는 안 된다. 중국은 한반도 비핵화를 위해 북한에 할 수 있는 역할이 있고, 우리의 경제에서 중요한 상수이기 때문에 연말에 있을 한중일정상회담을 반드시 성공시키고, 우리 외교의 한미일 편향을 수정하는 계기로 삼아야 한다. G1·G2 국가들이 지금처럼 무역·군비 경쟁이 아니라 평화 경쟁, 제3세계 국가들을 지원하는 경쟁을 해야 한다는 것을 분단국가의 지도자로서 UN 총회 연설 등을 통해 국제사회에 호소하는 것도 하나의 방법이 될 것이다.

마찬가지로, 한미일동맹 속에서 일본을 "가치 외교" 동맹으로 인정한다고 해도 일본의 진솔한 사과나 반성 없이는 역사적 가치에 대해 타협할 수 없다는 원칙을 견지해야 한다. 일본의 군국주의를 경계하고, 특히 강제 동원 문제와 같은 과거사 문제, 독도 문제, 후쿠시마 핵 폐기 오염수 문제와 맞바꾸는 우를 범해서는 안 될 것이다. 일본이 이러한 문제에 대해 국제사회에 책임 있는 모습을 보여줄 때 존경받는 국가가 된다고 일본을 끊임없이 설득하고 우리는 그와 같은 가치를 기반으로 일본과 관계 개선을 할 것이라는 대일 외교 원칙과 입장을 지속적으로 일본에게 확인시켜야 한다.

마지막으로 대통령 개인에 대한 문제이다. 대통령은 위기와 반대 속에서도 리더십을 더 발휘해야 한다. 당선자 시절부터 집권 전반기 내내 외환 위기 극복에 매진했던 DJ에게도 국내 정치 상황은 만만치 않았다. 임기 초반 야당의 반대로 이중·삼중의 위기를 겪었다. 김종필 국무총리 임명 동의안 표결은 한나라당의 반대로 국회 본회의 표결조차 어려운 상황에서 우여곡절 끝에 합의해서 표결 처리를 하기로 했지만, 당시 한나라당의 백지 투표로 본회의 투표가 중단되어 총리 서리 체제를 한동안 끌고 가야 했다.

또 정부 출범하기 전부터 기획하고 민간에 컨설팅까지 의뢰해 4개월 만에 완성된 DJ의 역작 정부 조직법도 무산되었다. 정부 조직 개편안은 "작지만 강한 정부"라는 DJ의 국정운영 철학을 가장 잘 표현했지만 대통령에게 권한이 집중된다는 야당의 반대, 부처 통폐합으로 사라지게 될 정부 부처들의 반대 등으로 결국 전면 백지화되었다.

정치 경험이 일천하고 정치적 부채 의식이 없는 윤석열 대통령이 여의도정치에 적응하거나 이를 인정하는 것은 쉽지 않을 것이다. 그러나 이제 1년 반이 지났다. 그사이 대통령이 책임지고 반성해야 할 일들이 수없이 생겼으며, 동시에 대통령으로서 앞으로 해야 할 정치가 있다고 나는 믿는다. 선배 정치인이자 선배 대통령 DJ는 재임 중에 위기에 봉착할 때마다 국정 노트에 기록한 '대통령의 수칙'을 읽고 읽으며 역사와 국민 앞에서 포기하지 않겠다고 다짐했다. 자신의 원칙을 고집하겠다는 것이 아니라 위기에 굴복하지 않고 국민과 야당을 설득하고 통합하는 노력을 포기하지 않겠다고 다짐한 것이다.

나는 DJ의 이 대통령 수칙을 윤석열 대통령도 간직하고 어려울 때마다 꺼내볼 것을 권한다. 한 장짜리 종이에 적힌 메모로 길지도 않다. 그 메모에는 정치 9단의 지혜, 5년 단임제 대통령 선배의 조언이 있다. 자신의 외로운 결정이 국민과 정치권에서 받아들여지지 않을 때 대통령은 어떻게 해야 하는지, 치열한 고민이 그 속에 있으며, 특히 야당, 언론, 국민에 대한 진정한 자세가 녹아 있다. 지금 DJ라면 그 수칙을 읽어보라고 하시지 않으실까.

2. 민주당은 단결로 강한 야당이 되어야

총선은 목표가 아니라 성적표

나는 더불어민주당이 지금보다 더욱 절실하고 더욱 치열해야 한다고 생각한다. 대한민국 정치사에서 야당, 그리고 민주당의 역사에서 한 정당으로서 이렇게 많은 의석을 가졌던 적이 일찍이 없다. 따라서 윤석열 대통령과 윤석열 정부가 만든 민주주의·서민 민생경제·남북 관계·외교 위기, 이 4대 위기를 극복하는 데 있어서 제1야당으로서 더욱 고민하고 노력해야 한다. 지금 상황에서 대한민국이 추락하면 야당도 그 책임에서 자유로울 수 없을 것이다. 민주당이 흔들리면 대한민국의 민주주의가 흔들리고 대한민국이 위기에 봉착한다는 객관적인 사실을 민주당 의원들은 엄중하게 받아들여야 한다.

정치는 남의 불행이 반드시 나의 행복으로 오지 않는다.

윤석열 정부 성공을 위해 잘한 것은 잘했다고 칭찬하고 잘못한 것은 잘못했다고 비판해서 정권이 성공할 수 있도록 해야 한다. 그것이 책임 있는 국회 제1당, 야당의 자세다. 그러나 불행하게도 윤석열 대통령과 정부가 하루아침에 인사와 국정운영의 모든 면에서 쇄신을 단행하고 국민 통합 정치를 할 가능성은 거의 없어 보인다.

그렇다고 민주당이 당장 대통령 탄핵에 나설 수도 없고, 또 그렇게 한다고 해서 실제로 국회에서 탄핵안이 통과될 수도 없다는 것은 주지의 사실이다. 결국 지금 민주당은 제1야당으로서 4대 위기를 극복하기 위한 야당의 역할이 어디까지인지, 야당은 무엇을 어떻게 하는 것이 가장 효과적일지에 대해 당원·국회의원·지지자들과 함께 흔들리지 않게 준비하고 공유하고 있어야 한다. 눈앞에 놓인 내년 총선을 보지 말고 현재 민주당 상황에서 무엇을 할 것인가, 무엇을 할 수 있는가를 정리하고 여기에 모든 당력을 집중해야 한다.

나는 지금 상황으로 볼 때 민주당이 다음 총선에서 윤석열 정권의 독주를 견제하기 위해서는 과반 의석, 나아가 180석, 200석이 필요하니 이러한 의석을 확보해달라고 국민을 설득할 명분이 없다고 생각한다. 민주당은 지금도 과반 의석이고 지난 총선 직후에는 민주당에 우호적인 의석까지 합하면 거의 180석에 육박했다. 그러나 지난 4년 동안 민주당이 180석에 가까운 의석을 가지고 국회에서, 현실 정치에서 어떤 역할을 해왔는가.

민주당은 분열해서 2021년 대선에 패배했고, 이후 국회에서는 제1당, 야당으로서의 강한 존재감을 보여주지 못했다. 윤석열 대통령이 1년 반 동안 지금의 4대 위기를 자초하는 동안 민주당도 반대 급부와 반사 이익에 안주했다는 비판에서 자유로울 수 없다. 그런데도 다음 총선에서 다시 "윤석열 정부를 견제하기 위해 과반 의석을 달라, 180석을 달라"고 할 염치가 서지 않는다. 총선 의석수는 국민이 거저 주는 것도 아니고 지금 민주당이 목적으로 삼을 목표치가 아니다. 앞으로 남은 기간 동안 민주당이 할 일에 대한 국민의 평가이자 성적표로서 나오는 것이 바로 총선 의석이다. 윤석열 대통령과 윤석열 정부의 독재를 끝까지 비판하고, 야당으로서 대안을 제시해야 한다. 그래서 국민이 보기에 윤석열 정부가 도저히 바뀌지 않는다고 판단할 때, 그때 비로소 더 강력하게 일하라고 180석, 아니 나아가 언제든 대통령 탄핵까지 가능한 200석을 줄 수 있는 여론이 형성될 수도 있고, 민주당 또한 국민에게 윤석열 정부가 자초한 4대 위기를 극복하기 위해 그러한 의석을 달라고 요구할 수 있을 것이다.

총선 이후 대한민국을 준비해야

나는 총선이 끝나면 결과와 상관없이 윤석열 대통령과 윤석열 정부는 레임덕으로 급격하게 진입할 수도 있다고 판단한다. 왜냐하면 물은 안에서 밖으로 새듯이 레임덕은 그 속성상 밖이 아니라 집권 여당 내부, 대통령실 참모에서부터 비롯되기 때문이다.

첫째, 대통령과 윤석열 정부는 국정 철학이 빈약하기 때문에 정권을 유지하고 지탱할 강력한 유인이 없다. 지금 국민과 언론이 윤석열 대통령의 국정 과제에 대해 얼마나 알고 있는가. 이러한 일이 발생하게 된 근본적인 원인은 집권 여당, 정부 내에서 이 정권이 끝나기 전에 자신들이 '무엇인가를 꼭 해보겠다는 치열함과 철저함이 없다'는 증거다. 그래서 레임덕은 더 쉽게 찾아오고, 극복하기가 어려울 것이다.

둘째, 윤석열 대통령이 여의도정치를 혐오하고, 집권 여당 내의 정치를 인정하지 않기 때문에 여당 내부에서도 총선 직전 새로운 당이 출현하거나 총선 후에는 대통령에 대한 반발이 확산될 것이다. 셋째, 야당도 이렇게 반성하지 않은 대통령의 국정운영에 더욱 협조하지 않을 것이다. 넷째, 우리는 물론 전 세계적으로 어려운 경제 사정으로 인해 민심은 매우 악화할 것이다. 나는 민주당이 이러한 상황까지 고려하며 21대 국회를 마무리하고 총선 전략을 수립해야 한다고 주장한다.

지금 DJ라면 민주당을 향해 다음과 같은 조언을 하지 않았을까.

첫째, 민주당은 단결해 강한 야당으로 거듭나야 한다. DJ는 mb정부가 만든 3대 위기를 극복하기 위해 민주당을 중심으로 재야 운동단체, 시민사회 세력, DJ·노무현 진보 정권의 10년 집권 세력이 다 함께 하나의 단일 대오를 구성해야 mb정부에 대항할 수 있다고 호소했다. 바깥에 커다란 빅 텐트를 치려면 우선 민주당 내부에서 단결해야 한다. 제1야당 이재명 대표와 관련된 사법 리스크는 오지 않았다. 구속영장 기각이 곧 무죄는 아니지만, 이재명 대표 주변 관련자들을 샅샅이 압수수색하고 구속하고, 또한 수사 및 재판 과정에서 이들의 진술이 여과 없이 언론에 보도되면서 이재명 대표가 곧 구속될 것처럼 대한민국을 흔들었던 누군가는 정치적으로도 사법적으로도 책임져야 할 것이다. 굳이 헌법에 규정된 무죄 추정의 원칙을 언급할 필요도 없다.

그러나 동시에 체포동의안 가결 소신을 밝힌 국회의원들을 당에서 내모는 것은 하수 정치다. 물론 본인이 싫으면 당을 떠날 수는 있겠지만 당에서 내치는 것은 무리가 모인, 정당의 정신에도 맞지 않는 것이다.

민주당의 최고 혁신과 개혁은 단결, 통합이다. 민주당은 분열하면 실패했고, 단결하면 성공했다. DJ 이후 152석, 180석의 열린우리당과 민주당은 갈등과 분열로 정권을 빼앗겼다. 공천 룰과 공천 제도 혁신에 대한 갈등으로 당이 밤을 지새운다면 그것 역시 누군가 바라는 분열의 민주당으로 들어가는 어리석은 일이다. 국민은 물론 나 역시 이재명 대표가 지금 대한민국의 위기를 극복하기 위해 당내 통합과 단결의 행보를 보일 것이라고 믿는다. 민주당부터 DJ, 노무현, 문재인, 김근태 세력, 그리고 소위 '개딸'과 '수박' 세력까지 총 단결해야 한다. 그리고 이러한 통합을 바탕으로 국회 내에서부터 소수 진보 야당과도 힘을 합쳐야 한다. 제1야당이 소수 야당으로부터 인정받지 못하면 국회에서 할 수 있는 일이 극히 제한된다. 우선 국회 안에서부터 정의당 등과 '하나의 링'을 만들어야 이를 기반으로 국회 밖의 노동조합, 시민단체 등과 함께 '더 큰 하나의 링'을 만들 수 있고, 그때 비로소 윤석열 정부와 강력하게 맞서 싸울 수 있다.

둘째, 윤석열 정부가 망친 외교에 민주당이 나서야 한다. 국회 제1당이고, 국회의장도 민주당 출신이다. 민주당이 중심이 되어 의회 외교·의원 외교를 강화할 필요가 있다. 지금 윤석열 정부의 외교는 가히 재앙적이다. 정권이 바뀌어도 의회 차원의 외교로 외교 위기를 극복할 수 있도록 해야 한다. 특히 민주당에는 중국·일본·러시아와 풍부한 네트워크를 가진 인사들도 많다. 미국에 대해서도 마찬가지다. 나는 민주당이 이와 같은 인적 자원을 활용해서 윤석열 정부의 편향된 "가치 외교"를 실리 외교로 전환하는 데 일조해야 한다고 생각한다. 또한 필요하다면 국민의 의견을 수렴해 의회 차원에서도 꽉 막힌 남북 관계를 개선하도록 나설 수 있을 것이다.

외교는 평화이고, 곧 돈이다. 나는 2023년 4월 23일 민주당 제주도당 초청 특강 직전, 서울에서 싱하이밍 대사를 만났다. 과거 문재인 정부 시절의 요소수 사태 때도 싱하이밍 대사가 적극적으로 협조해줘서 급한 불을 끈 적이 있고, 국정원장 재직 이전부터 교류가 있었다. 싱하이밍 대사와 여러 이야기를 나누다가 중국 정부에서 우리 방송이나 드라마를 방영하지 않고, 무엇보다 당시 코로나19가 끝났는데도 자국민의 한국 단체 관광을 허용하지 않은 것을 지적하면서 한중 관계 개선을 위해서는 "중국이 우리 국민의 마음을 움직여야 한다"고 말했다. 이에 대해 싱하이밍 대사는 "곧 좋은 소식이 있을 것이다, 기다려보자"고 했고,

나는 "이 사실을 내일 있을 제주도 특강에서 알려도 되겠느냐"고 다시 물었다. 싱하이밍 대사가 "그래도 좋다'고 답해서 이러한 대화 내용을 제주도 특강에서 소개했는데, 실제로 2023년 8월에 중국 정부가 자국민의 한국 단체 관광 금지를 풀었고, 지난 2023년 8월, 9월 한국을 방문한 전체 외국인 숫자 중 중국 관광객이 30%를 차지하며 다시 1위로 올랐다. 이제는 우리 정부와 민주당 그리고 민간 등이 나서서 중국이 우리의 영화·드라마·방송·공연 등에 관한 금지를 풀 수 있도록 외교적 역량을 총집중해야 한다.

셋째, 민주당은 디테일에 더욱 강해져야 한다. 그리고 실수하지 않아야 한다. DJ의 말씀처럼 정치는 잘하는 것도 중요하지만 실수하지 않는 것이 더 중요하다. 특히 디테일한 부분에서 실수하는 모습은 치명적이다. 이재명 대표가 싱하이밍 대사를 만나서 우리 외교의 중국과의 관계 개선을 꾀하면서 윤석열 정부의 외교 파탄을 막으려고 한 것은 매우 좋았다. 그러나 외국 대사와의 면담을 유튜브로 생중계한 것은 당시 어떠한 사정이 있었는지는 모르겠지만 나로서는 이해할 수가 없다. 이 중계로 보수 언론에서는 싱하이밍 대사의 내정 간섭이 지나치다고 비판하여 이재명 대표가 싱하이밍 대사를 만난 문제의 본질이 흐려졌던 것을 기억한다.

나는 민주당 지도부가 소속 의원들의 각종 의혹과 관련된 신상을 처리하는 데 전광석화 같은 조치를 취하지 못하는 모습이 아쉽다. 사람은 누구나 실수할 수 있다. 그러나 똑같은 실수를 두 번 저지르면 바보이고, 세 번째 똑같은 실수를 한다면 자신이 잘못하고 있다는 것을 모르거나 전혀 인정하지 않는 오만한 모습이라고 봐야 한다. 민주당이 디테일한 부분에서 많은 실수를 반복하는 모습을 보고 있는 국민들은 아직도 민주당이 그만큼 절박하지도, 진실하지도 않다는 느낌을 받게 된다. 이러한 모습이 계속 쌓이면 제1당이지만 여전히 수권 정당이라고 하기에는 뭔가 부족하다는 느낌이 고착화될 수 밖에 없다.

넷째, 민주당은 DJ의 실사구시 자세를 견지하며 국민을 믿고 포기하지 않아야 한다. 윤석열 대통령과 정부가 어느 날 갑자기 자신들의 잘못을 인정하지는 않을 것이다. 어쩌면 집권 기간 내내 그 잘못을 인정하지 않을 수도 있지만 그렇다고 민주당이 포기해서는 안 된다. 최선이 아니면 차선, 또는 최악을 피해 차악이라도 선택해야 하는 것이 정치다. 그래서 원칙은 서생처럼 굳건하게 지키되, 그러나 그 방법은 돈을 버는 상인처럼 유연해야 한다.

망한 나라를 물려받고 나서야 다시 한탄하고 비판하는 것만큼 어리석은 일이 없다. 윤석열 대통령이 전혀 변하지

330

않더라도 민주당은 망해가는 나라를 더 망하지 않게 할 수 있다. 그래서 조금이라도 더 상황을 악화하지 않는 길이 무엇인가를 늘 현실적으로 생각해야 한다.

원칙과 방법은 대립하는 것이 아니라 보완적인 관계다. 원칙에 충실할수록 방법은 더 풍부해지고, 방법을 더 풍부하게 준비하면서도 원칙을 버리지 않는다면 현실에서 원칙은 훨씬 더 빨리 더 수월하게 달성될 것이다. 《경향신문》 기자 출신이며 시인이자 작가로서 DJ 자서전 집필은 물론 DJ에 관한 책을 여러 권 내었던 김택근의 책 제목처럼 '기적은 기적처럼 오지 않는다.' 앞서 말했듯이, 정치는 남의 불행이 반드시 나의 행복으로 돌아오지는 않는다. 민주당도 이 위기 속에 함께 있다. 긴 가뭄 때는 임금을 욕하며 하늘만 바라볼 것이 아니라, 고개를 숙이고 땅을 파야 한다.

곧 총선이 다가온다. 이미 정당은 선거 체제로 돌입했다. 국회의원도, 민주당도 21대 국회를 마무리할 때가 다가오고 있다. 나는 민주당이 내년도 총선 전략을 수립하기 전에 우선 대차대조표, 'TO DO LIST', '버킷리스트'를 작성해보라고 권고하고 싶다. 180석에 가까운 국회 의석을 가지고 21대 국회를 시작할 때 무엇을 하려고 했고, 이룬 것은 무엇이고, 꼭 했어야 함에도 불구하고 지금까지 하지 못한 것은 무엇인지, 이러한 평가 계산서를 당 차원은 물론 국회의원 개개인들도 정리해보면 어떨까 한다.

DJ는 어려운 시기에 봉착하면 자신을 되돌아보며 일종의 SWOT 분석, 즉 강점(strength)과 약점(weakness), 기회(opportunity)와 위협(threat) 요인 등을 적은 메모를 작성하곤 하셨다. 흰 종이를 반으로 갈라 왼쪽에는 희망적 내용, 반대쪽에는 부정적인 내용을 적고 자신의 현재 상황을 냉철하게 분석하고 해야 할 일의 우선순위를 정했다. 나는 지금 민주당도 이러한 방법을 통해 21대 국회가 끝나기 전까지 이것만은 반드시 처리하겠다는 대국민 약속을 할 필요가 있다고 생각한다. 거듭 강조하지만 민주당은 윤석열 정부의 4대 위기 앞에 더욱 치열하게 투쟁해야 하고, 더욱 절실해져야 한다. 그렇게 하려면 첫째도 둘째도 셋째도 단결·통합해야 한다. 민주당이 갈등과 분열로 나약해지는 만큼 지금의 위기는 방치되고 더 커질 것이라는 사실을 명심해야 한다.

지금 DJ라면

초판 1쇄   2023년 12월 16일 발행

지은이   박지원

편집   최세정, 유온누리, 이솔림
디자인   조주희
마케팅   최재희, 신재철, 김예리
인쇄   한영문화사

펴낸이   김현종
펴낸곳   (주)메디치미디어
경영지원   이민주, 김도원
등록일   2008년 8월 20일 제300-2008-76호
주소   서울특별시 중구 중림로7길 4, 3층
전화   02-735-3308
팩스   02-735-3309
이메일   medici@medicimedia.co.kr
페이스북   facebook.com/medicimedia
인스타그램 @medicimedia
홈페이지   www.medicimedia.co.kr

ⓒ 박지원, 2023

ISBN 979-11-5706-317-8(03300)